대가야의 성장과 금공문화

이 저서는 2020년 대한민국 교육부와 한국연구재단의 저술출판지원사업의 지원을 받아 수행된 연구임
(NRF-2020S1A6A4043700)

대가야의 성장과
금공문화

이한상 지음

서경문화사

도1. 지산동 32호분 금동관(1)과 비교자료(2.황남대총 남분 은관, 3.니혼마쓰야마고분 동관)

1

2

도2. 지산동 30호분 2곽 금동관 표면(1)과 이면(2)

1

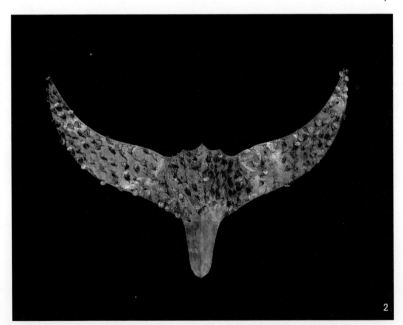

2

도3. 지산동 73호분 서순장곽 금동제 관식(1)과 비교자료(2.황남대총 남분 금제 관식)

도4. 지산동 45호분⑴과 옥전 M2호분⑵ 금귀걸이

도5. 옥전 M6호분 금귀걸이

도6. 금공품에 표현된 짐승 얼굴 무늬(1.지산동 75호분, 2.옥전 M3호분, 3.비교자료: 수촌리 1호분)

9

도7. 대가야 장식대도(1.지산동 73호분, 2.지산동 구 39호분)와 비교자료(3.무령왕)

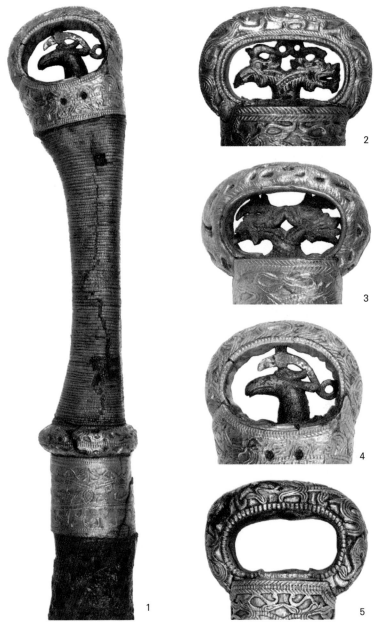

도8. 옥전 M3호분 장식대도 세부(1 · 4.단봉문대도, 2 · 3.용봉문대도, 5.용문대도)

대가야는 5세기 전반부터 역사의 무대에 본격적으로 등장하여, 백제 · 신라와 함께 한반도 남부의 정세를 주도하는 국가로 성장하였습니다. 금관가야를 이은 가야연맹의 중심 세력으로 자리매김하였으며, 중국 남조에 사신을 파견하고 주변국과 외교적으로 긴밀한 관계를 형성하는 등 뚜렷한 정치적 실체로 존재하였습니다.

그럼에도 불구하고 오늘날 대가야는 여전히 '수수께끼의 왕국'으로 남아 있습니다. 이는 『삼국사기』, 『삼국유사』 등 주요 사서에서 대가야에 대한 서술이 극히 제한적이기 때문입니다. 문헌 자료의 절대적 부족은 대가야사를 규명하는 데 큰 장벽이 되어 왔으며, 이에 따라 대가야의 실체는 오랫동안 역사적 상상력의 영역에 머물 수밖에 없었습니다.

다행히도 고령 지산동고분군을 비롯한 대가야의 고총들이 남아 있으며, 그 가운데 일부에 대한 발굴에서 귀중한 고고학 자료들이 세상에 드러났습니다. 특히 금동관, 금귀걸이, 장식대도 등은 단순한 금공품을 넘어, 대가야 사회의 구조, 문화, 그리고 외교를 드러내는 실질적인 증거로서 중요한 가치를 지니고 있습니다. 이러한 금공품은 단절된 기록의 공백을 메우고, 대가야라는 국가의 존재를 구체적이고 생생하게 보여주는 창(窓)의 역할을 합니다.

이 책은 이러한 무덤 출토 금공품을 주된 소재로 삼아, 대가야가 어떻게 성장하였는지를 조명하고자 기획되었습니다. 금공품은 비록 물질 자료이지만, 이를 면밀히 분석하면, 마치 역사기록을 들여다보듯 대가야 사회의 다양한 측면을 살펴볼 수 있습니다. 이 책은 이러한 금공품이 지닌 역사적 의미를 해석함으로써 대가야사에 접근하고자 하였습니다.

제1부에서는 그간 국내외 학계에서 진행한 대가야 금공품에 관한 연구의 흐름을 정리하였습니다. 1980년대까지, 1990년대, 2000년 이후 등 세 시기로

나누어 연구가 어떻게 심화되어 나갔는지를 살펴보았습니다.

제2부에서는 대가야 금공품 가운데 대가야적 특색이 가장 현저한 관, 귀걸이 등 장신구와 용봉문대도의 변천 양상을 종합적으로 검토하였습니다. 어떤 요소를 대가야적 특색으로 볼 수 있는지, 대가야양식 금공품의 시간적·공간적 분포를 살피면서 그것의 의미를 추론하였습니다.

제3부에서는 대가야양식 금공품이 만들어질 수 있었던 토대를 살펴보았습니다. 너무나도 당연한 이야기지만, 금공품의 탄생에는 기술력이 전제되어야 합니다. 그런데 기술력이 아무리 뛰어나도 그것을 운용할 수 있는 시스템이 갖추어지지 않는다면 소용이 없습니다. 아울러 금공품에 적용된 최고의 문양인 용문에 대하여 상세히 살펴보면서, 대가야의 용문이 다른 나라의 용문과 어떤 차이가 있는지도 설명하였습니다.

제4부에서는 대가야 금공문화의 특색을 한층 더 뚜렷하게 드러내기 위해, 주변국의 금공문화를 함께 개관하고 비교하는 작업을 진행하였습니다. 그 과정에서 대가야 금공문화의 어떤 면모가 주변국과의 교류 양상을 반영하고 있는지에 대해서도 설명하였습니다.

아직은 초보적 시도에 불과하지만, 본 연구가 향후 대가야사의 해명에 작게나마 보탬이 되기를 바랍니다. 아울러 이 책이 물질문화 연구를 통해 문헌사의 공백을 메우고, 대가야사 연구의 외연을 확장하는 하나의 시도가 되기를 기대합니다.

끝으로, 이 책의 집필 과정에 조언과 지원을 아끼지 않으신 최종규·우지남 선생님, 대학원에 입학한 이래 한결같은 가르침을 주고 계시는 송기호 선생님, 그리고 본서를 출판해 주신 서경문화사 김선경 사장님과 편집을 맡아 주신 김소라 선생님께 깊은 감사의 말씀을 드립니다.

2025년 4월
대전 용운골에서 **이한상**

차 례

차 례

총론

1. 지산동 언덕에서 찾은 대가야

    가야의 고도(古都)라고 하면 흔히 경남 김해를 떠올린다. 금관가야의 시조 김수로왕과 허황후의 능, 수로왕 탄생 신화가 스민 구지봉, 궁궐터인 봉황대 등 곳곳에 그 흔적이 남아 있기 때문이다.

    그러나 가야 여러 나라 가운데 가장 강력했던 존재는 경북 고령의 대가야였다. 금관가야를 중심으로 한 초기 가야연맹이 5세기 초반 고구려의 침입으로 약화되고 신라 문화권에 편입된 후, 낙동강 서쪽의 여러 가야가 대가야를 중심으로 다시 연맹체를 이루었다. 이후 대가야는 가야의 맹주로서 국제 무대에서도 강력한 존재감을 드러냈다.[1]

    그럼에도 불구하고, 고령에는 대가야의 위상을 보여줄 기념물이나 신성

---

1) 김태식, 1993, 『가야연맹사』, 일조각.

도1. 지산동 산정에 열을 이루며 분포하는 대형 무덤들과 주산성(오른쪽 높은 산) 원경

한 공간이 거의 전해지지 않는다. 오직 지산동 산정에 무리지어 자리한 거대한 무덤들만이 그 옛날 대가야의 영광을 웅변할 뿐이다. 일제강점기부터 이 무덤들에 관심이 쏠렸지만, 실체가 드러난 것은 1970년대 후반 이후의 일이다.[2]

고령 사람들은 오래전부터 마을 뒷산에 있는 거대한 무덤 하나를 금림왕릉(錦林王陵)이라 불렀다. 조선 전기에 간행된 『신증동국여지승람』에 기록[3]되어 있는 만큼, 그 연원은 더 오래되었을 가능성이 있다. 그러나

---

2) 이희준 외, 2015, 『고령 지산동 대가야고분군』, 대가야박물관.
3) 『新增東國輿地勝覽』 권29 慶尙道 高靈縣 古跡, "錦林王陵. 縣西二里許有古藏 俗稱錦林王陵."

가야에 대한 역사 기록이 부족하여, 대가야에 금림왕이 실존했는지조차 알 수 없다.

1939년, 조선총독부 외곽 단체인 조선고적연구회(朝鮮古蹟硏究會)는 이 무덤을 발굴 대상으로 지목했다. 지산동고분군에서 가장 큰 무덤이었고 39호분이라는 번호를 붙였다. 발굴의 목적은 한반도 남부를 지배했다는 '임나일본부설(任那日本府說)'을 뒷받침하려는 것이었다. 김해나 함안에서 이를 입증할 흔적을 찾지 못한 일본은 결국 시선을 고령으로 돌린 것이다.

발굴 결과 황금 장신구, 금동제 화살통 부속구[盛矢具], 용과 봉황 장식을 갖춘 환두대도(環頭大刀) 등 화려한 유물이 출토되었다. 당시 기록에는 발굴된 유물을 조선총독부로 보냈다고 적혀 있으나, 현재 국립중앙박물관에 남아 있는 것은 화살통 부속구와 환두대도뿐이다. 나머지 유물의 행방은 확인되지 않으며, 조선고적연구회 발굴품 상당수가 학술 연구를 명목으로 일본으로 반출된 점을 고려하면, 이들 또한 유출되었을 가능성이 크다. 발굴자는 2003년 간략한 보고서를 통해 무덤의 주인을 신라 이찬의 딸과 결혼한 대가야 이뇌왕(異腦王)으로 추정했다.[4]

지산동고분군 발굴사에서 가장 주목할 만한 발견은 1977년 44호분과 45호분에서 이루어졌다. 당시 정부는 가야문화권 유적 정화 사업을 진행하며 지산동고분군의 봉분 보수를 계획하였고, 훼손이 심한 두 고총을 발굴하기로 결정했다.

발굴을 맡은 경북대·계명대 조사팀은 토층을 확인하기 위해 둑을 남긴 채 조심스럽게 발굴을 시작했다. 두 고총 모두 중앙에 유해와 부장품을 안치한 대형 석실이 있었으며, 주변에서는 소형 석곽이 하나둘씩 드러났다.

---

4) 有光敎一·藤井和夫, 2002, 「附篇 高靈主山第39號墳發掘調査槪報」『朝鮮古蹟硏究會遺稿Ⅱ』, 유네스코 東아시아문화연구센터·財團法人 東洋文庫.

도2. 지산동 44호분 주곽 및 순장곽 노출 모습

44호분에서는 32기, 45호분에서는 11기의 소형 석곽이 확인되었다. 조사팀은 석실과 석곽이 동시에 축조되었음을 확인하고, 석곽에서 나온 인골을 수습했다.[5]

44호분에서 출토된 백제산 청동그릇과 일본 오키나와산 야광패(夜光貝) 국자 조각은 당시 대가야의 국제 교류 수준을 보여주는 중요한 자료이

---

5) 윤용진, 1979, 「고령 지산동 44호 고분 발굴조사보고」 『대가야고분발굴조사보고서』, 고령군.
   김종철, 1979, 「고령 지산동 제45호 고분 발굴조사보고」 『대가야고분발굴조사보고서』, 고령군.

다. 특히 44호분에서 수습된 인골들은 연구자들의 주목을 받았다. 감정 결과, 22구의 인골 중 다수는 20~30대 남녀였으나, 50대 남녀와 10대 이하 여아도 포함되어 있었다. 한 석곽에 남녀가 함께 묻히거나, 두 명의 여아가 합장된 사례도 확인되었다. 후속 연구 결과, 44호분은 6세기 전후에 축조된 대가야 왕릉이며, 소형 석곽의 인물들은 사후에도 왕을 모시기 위해 순장된 이들이라는 사실이 밝혀졌다.[6]

가야 사회의 순장 풍습은 이 발굴을 통해 처음 확인되었으며, 최근 연구에 따르면 순장은 대가야뿐만 아니라 금관가야와 아라가야에서도 행해졌던 것으로 밝혀졌다.

고대 사회에서 왕족은 고급 의복과 황금 장신구를 통해 높은 지위를 강조하곤 하였는데, 대가야도 예외가 아니었다. 대가야의 장신구 중 관과 귀걸이는 독자적인 양식을 보이며, 특히 관의 입식(立飾) 도안은 꽃이나 풀을 형상화한 것으로 보인다. 전형적인 대가야식 금동관은 지산동 32호분과 30호분에서 출토되었다.

1978년 계명대학교박물관이 발굴한 지산동 32호분은 도굴 피해를 입었으나, 무덤 주인의 발치 쪽에서 철제 갑옷, 투구, 각종 무기, 그리고 금동관이 출토되었다.[7] 1994년 영남매장문화재연구원이 발굴한 지산동 30호분에서도 금동관 1점이 발견되었는데, 크기가 매우 작았으며 금동관 안에 어린아이의 두개골이 들어 있어 더욱 주목을 받았다.[8]

---

6) 김종철, 1984, 「고분에 나타나는 삼국시대 순장양상-가야·신라지역을 중심으로-」『윤무병박사 회갑기념논총』.

7) 김종철, 1981, 『고령 지산동고분군 32~35호분·주변석곽묘』, 계명대학교박물관.

8) 영남매장문화재연구원·고령군, 1998, 『고령 지산동30호분』.

지산동고분군에서 봉분이 확인된 무덤은 704기이며, 최근 발굴 결과 지하에 훨씬 더 많은 무덤이 있는 것으로 밝혀졌다. 대부분 대가야 전성기의 무덤이지만, 일부는 562년 대가야가 신라에 멸망한 이후 조성된 것이다. 따라서 이 고총군은 기록이 부족한 대가야사를 연구할 수 있는 귀중한 사료라고 할 수 있다. 대가야사를 더 명확히 해명할 수 있을지는, 이 고총군이 품고 있는 수수께끼를 얼마나 풀어낼 수 있느냐에 달려 있다.

2. 베일에 가려진 대가야의 흥망

학계 일각에서는 고구려, 백제, 신라 중심의 삼국시대론을 비판하며 사국시대론(四國時代論)을 주장한다. 대가야, 소가야, 금관가야, 아라가야 등 가야 여러 나라가 6세기 무렵까지 엄연히 존재했으며, 특히 대가야가 국제 외교 무대에서 활약했다는 점을 근거로 든다. 대가야가 두각을 나타낸 시점은 5세기 후반으로, 당시 백제가 고구려의 침공을 받아 위기에 처하자 대가야는 백제의 후방을 공격해 섬진강 및 금강 상류 지역을 차지했고, 이를 발판 삼아 가야 맹주의 지위를 굳혔다.

그러나 강국이 되려던 대가야의 꿈은 한 세기가 채 지나지 않아 위기를 맞았다. 백제와 신라가 대가야를 견제하며 공세를 펼치자 제대로 힘 한번 써보지 못한 채 역사의 무대에서 사라지고 말았다. 강국을 꿈꾸던 대가야의 이상은 그렇게 물거품이 되었으며, 다만 최근 발굴되는 유적과 유물이 사라진 왕국의 안타까운 역사를 전해줄 뿐이다.

5세기 이후 대가야는 금관가야를 대신해 가야연맹을 이끌게 되었다. 당시 한반도 남부는 비교적 평화로웠다. 오랫동안 적대 관계였던 백제와 신라가 국혼을 통해 동맹을 맺으며 가까워졌고, 이에 따라 백제와 친밀했던 가야도 자연스럽게 신라와 협력하는 구도가 형성되었다. 이를 반영하듯 5세기 초 대가야 무덤에서는 백제와 신라에서 유입된 귀중품이 다수 출토되었다.

그러나 475년 전쟁이 발발하며 이 평화는 깨졌다. 고구려 장수왕이 이끄는 대군이 백제의 왕도 한성을 공격해 함락시킨 것이다. 신라는 군사 1만을 보내 지원했지만, 대가야는 전쟁에 개입하지 않고 실리를 추구했다. 그 결과 남원 운봉고원을 비롯해 무주, 진안, 장수 등 금강 상류 지역으로 진출했다. 이 무렵 대가야에 편입된 전북 동부지역 곳곳에 대형 고총군이 조성되었으며, 그 내부에서 대가야양식 유물이 다량 출토되었다.

대가야는 국제 무대로 나아가기 위한 항구를 확보하고자 섬진강 하구를 장악했다. 여수 고락산성과 순천 운평리고분군에서 고령산 토기와 함께 현지에서 제작된 대가야양식 토기가 다량 발견되었다. 자신감을 얻은 대가야는 중국 남제(南齊)에 단독으로 사신을 보내 '보국장군본국왕(輔國將軍本國王)'이라는 작호를 받았고[9], 이때 수입한 남제 청자가 가야 유적에서 발굴되었다.

그러나 이러한 대가야의 위세는 오래가지 못했다. 6세기 초 왕위에 오른 백제 무령왕과 신라 법흥왕은 대가야를 압박했다. 무령왕은 5세기 후반 상실했던 백제의 옛 영토를 되찾았고, 법흥왕은 낙동강을 넘어 가야 여러 나라를 차례로 정복했다. 두 나라의 공세로 가야연맹이 동요하면서 대가야의 위상도 흔들리기 시작했다.

신라의 압박이 거세지자 함안의 아라가야는 외교적 해결을 모색했다.

---

9) 『南齊書』 권58 列傳 제39 東夷 加羅國, "加羅國 三韓種也. 建元元年 國王荷知使來獻. 詔曰 量廣始登 遠夷治化. 加羅王荷知款關海外 奉贄東遐. 可授輔國將軍本國王."

529년 함안에서 열린 안라회의(安羅會議)에서 아라가야는 백제와 왜의 지원을 받아 신라를 견제하려 했으나 기대했던 성과를 거두지 못했다. 대가야는 이 회의에 참여하지 않았는데, 그 이유는 정확히 알려져 있지 않다.

한편, 신라의 확장을 경계하던 백제 성왕은 가야를 지원한다는 명목으로 541년과 544년 두 차례에 걸쳐 가야 유력자들과 왜 사신을 사비성으로 초청해 회의를 열었다. 그러나 각국의 입장이 달라 별다른 성과 없이 끝났다. 2020년 부여 쌍북리에서 발굴된 백제 대형 건물지에서 대가야 토기 조각이 출토되었는데, 이를 두고 사비회의 당시 대가야 사람들이 남긴 흔적일 가능성이 제기되었다.[10)]

대가야는 이후 가야연맹에서 리더십을 상실하고 백제와 신라 사이에서 국권을 유지하는 데 급급했다. 그러다가 562년 9월, 마침내 최후의 순간을 맞았다. 신라 진흥왕은 대가야가 신라를 배반했다는 명분을 내세워 이사부에게 공격을 명하고, 화랑 사다함에게 보좌하도록 했다. 사다함이 5,000명의 기병을 이끌고 대가야 왕성으로 달려가 흰 깃발을 세우자 성안 사람들은 두려움에 어찌할 바를 몰랐고, 이사부의 군대가 도착하자 결국 항복하고 말았다.

한때 한반도 남부를 주름잡았던 '큰 가야'가 제대로 싸우지도 못한 채 신라군의 위세에 눌려 항복했다는 사실은 쉽게 믿기 어렵다. 이는 스스로의 군사력을 강화하기보다 외교에 의존해 생존하려 했던 전략적 판단이 가져온 결과였을지도 모른다. 대가야의 영광을 상징하던 지산동 산정의 거대한 무덤들은 퇴락의 길을 걸었고, 왕궁 또한 폐허가 되었을 가능성이 크다.

---

10) 국립부여문화유산연구소, 2024, 『부여 쌍북리 525-1번지 유적 발굴조사 보고서』.

한편, 1992년 동해 추암동 신라 무덤군에서 대가야양식 토기가 출토되었으며, 2003년 삼척 갈야산에서도 같은 양식의 토기가 발견되었다. 이 중 일부는 고령에서 제작된 것이었고, 일부는 대가야 사람들이 현지에서 만든 것으로 추정된다. 학계에서는 이를 대가야 유민의 '강제 이주'와 연관짓는다. 대가야가 멸망하면서 백성들은 졸지에 유민이 되었고, 원치 않는 이주를 강요받아 머나먼 동해와 삼척까지 흘러갔다. 그곳에서 발견된 자그마한 석곽묘와 토기 몇 점이 당시 대가야 유민들의 고단한 삶을 말해준다.

금관가야를 대신해 가야의 맹주로 떠오른 대가야는 한때 영남 지역의 강자로 자리 잡았지만, 그 지위를 오래 유지하지 못하고 끝내 신라에 복속되었다. 패망 후 역사 기록이 산일됨에 따라 대가야사 연구는 여전히 미궁 속에 갇혀 있다.

3. 대가야사의 꽃, 금공문화

대가야권역에서는 다수의 고총이 발굴되었고, 대가야인의 삶과 역사를 복원할 수 있는 중요한 유물이 출토되었다. 그중에서도 금공품(金工品)은 고구려, 신라, 백제와 구별되는 대가야적 디자인과 제작 기법을 보여주며, 높은 수준의 기술력과 미적 감각이 구현된 점이 확인된다.

대가야의 금공품은 대가야가 본격적으로 발전한 시기에 제작되었다. 대가야의 성립 시점은 분명하지 않으나, 5세기 후반 이후 기록에서 비교적 뚜렷한 실체로 등장한다. 그중에서도 대가야적 색채가 가장 현저한 것으로 평가되는 관(冠)은 고령 지산동고분군과 합천 옥전고분군에 주로 분포한다. 한성기의 백제 금동관이 화성, 서산, 천안, 공주, 익산, 고흥 등지에 널리 퍼져 있는 것과 차이를 보이며, 신라 역시 금동관이 주요 요충지의 대형 고총에서 다수 출토된 바 있다.

관 가운데 대가야양식이 명확히 나타난 것은 지산동고분군 32호분과 30호분 2곽 출토품뿐이다. 이는 귀걸이와는 양상이 다르다. 그 이유로는

도3. 지산동고분군에서 출토된 각종 장신구류

대가야 사회에서 금속제 관의 제작이 활발하지 않았거나 신분을 상징하는 물품이 아니었을 가능성이 있다.

금귀걸이는 관보다 출토 수량이 많아 대가야 금공문화의 전개 양상을 이해하는 데 중요한 단서를 제공한다. 금귀걸이는 5세기 전반 무렵 등장했으며, 이는 백제·신라보다 다소 늦다. 이후 5세기 중엽부터 출토량이 증가하며 대가야양식이 형성된다. 대가야권 전체에서 가장 이른 시기의 자료는 합천 옥전 23호묘 출토품으로, 원판상 장식이 중간식으로 사용되었다. 이는 천안 용원리 9호 석곽, 서산 부장리 6호분구 6호묘 출토품처럼 백제 한성기 귀걸이와 유사하며, 정교함을 고려할 때 백제산일 가능성이 있다.

고령에서는 아직 5세기 전반까지 올라가는 고총이 많이 발굴되지 않아 이른 시기에 제작된 귀걸이의 출토 사례가 없다. 그러나 옥전고분군 발굴조사 성과를 참고하면, 향후 5세기 전반까지 거슬러 올라가는 귀걸이들이 다수 출토될 것으로 예상된다.

귀걸이는 출토되지 않았으나, 지산동 73호분에서는 다양한 금공품이 발견되었다. 단봉대도(單鳳大刀)에서 볼 수 있듯이, 73호분 출토 금공품 가운데는 백제·신라의 영향을 함께 반영한 사례도 있다. 이는 대가야 사회에서 금공품 생산체계가 5세기 전반부터 이미 성립되어 있었음을 보여준다.

5세기 전반 한반도 중남부의 정치적 상황을 고려할 때, 특정 국가의 장인이 자발적으로 이주하여 금공 기술을 전파했다고 보기는 어렵다. 오히려 외교 관계의 산물로 보는 것이 더 설득력이 있다. 399~400년 전쟁에서 가야는 백제의 동맹국이자 신라의 적국이었으며, 당시 가야(금관가야)는 백제와 함께 큰 타격을 입었다. 성립 초기의 대가야 또한 이 전쟁에 참여했을 가능성이 있다. 그러나 433년 나제동맹이 체결되면서 국제

정세가 급변했고, 신라 · 가야 · 백제 등 중남부 국가들 사이에 화친 관계가 조성되었다.

따라서 옥전 23호묘와 지산동 73호분의 황금 유물에서 확인되는 다양한 계보의 혼재는 399~400년 전쟁 이후 재편된 외교 관계의 산물로 평가할 수 있다. 또한, 외래 문화인 황금문화가 정착하여 대가야양식으로 발전한 배경에는 대가야의 성장이 전제되어 있으며, 이미 완숙한 수준에 도달한 대가야 제철기술이 금공 문화 수용의 바탕이 되었을 것이다.

무덤의 규모나 출토 유물의 격을 고려할 때, 대가야양식 금공품의 제작지는 고령 지산동고분군 피장자의 거주 구역과 인접해 있었을 가능성이 크다. 다만, 금공품 출토 사례가 많은 합천 옥전고분군 조영 세력이 독자적으로 공방을 운영했을 가능성도 배제할 수 없다.

대가야양식 귀걸이는 고령과 합천에 집중적으로 분포하며 함양, 산청, 진주, 고성, 거창, 창원, 순천, 남원, 장수 등지에서도 출토된다. 무덤으로 보면, 지산동고분군과 합천 옥전고분군에 집중하는 경향이 뚜렷하다. 귀걸이가 묻힌 무덤의 연대는 5세기 전반부터 6세기 중엽까지 약 1세기에 걸치지만, 중심 연대는 5세기 후반~6세기 전반이다. 신라권에 속하는 경산과 창녕에서도 3점의 출토 사례가 있으며, 일본열도에서는 완제품뿐만 아니라 현지에서 제작된 방제품이 다수 확인된다.

귀걸이와 장식대도 등 대가야양식 금공품의 제작지를 대가야로 보고, 그것의 확산 계기를 대가야의 성장과 관련지어 해석한다면, 당연히 그 중심에 있던 대가야 왕은 금공품 사여(賜與)의 주체였을 것이다.

이처럼 대가야의 금공품에는 대가야의 문화적 수준과 성장 과정이 투영되어 있다. 대가야는 고구려 · 백제 · 신라와 구별되는 독자적인 금공문화를 창출했으며, 이를 주변국과 공유했다. 대가야의 금공문화가 형성되는 과정에서 백제와 신라의 영향이 있었지만, 5세기 후반 이후에는 대가야적 특색이 더욱 뚜렷해졌다. 특히, 풀과 꽃 모양의 도안을 관과 귀걸이에 적용한 점은 대가야 금공문화의 특징을 잘 보여준다.

5세기 후반 이후 대가야는 더욱 정교하고 화려한 장신구를 제작하며 독창적인 금공문화를 완성했다. 이는 대가야가 동아시아 금공문화의 중요한 축을 담당했음을 의미하며, 국제 교류 속에서 독창성과 다양성을 갖추었음을 보여준다.

서설
유물로 본 대가야

　　1980년대 이후 한국 고대사학계와 고고학계가 거둔 큰 성과 가운데 하나가 가야의 실체를 해명하였다는 점이다. 영남 각지에서 활발하게 진행된 유적 발굴조사는 문헌 기록이 절대적으로 부족한 가야사 연구와 복원에 중요한 실마리를 제공해 주었다. 그에 따라 지난 반세기 사이 미지의 세계로 남아 있던 가야의 실체를 어느 정도 뚜렷하게 복원할 수 있었다. 물론 세부적으로 보면 아직 연구 과제가 산적해 있지만 가야사의 대강(大綱)이 수립되었다는 점에서 의미를 부여할 수 있다. 특히 고령의 대가야는 금관가야나 아라가야, 소가야사에 비하여 연구의 축적이 많은 편이다.

　　주지하듯 고령은 562년에 대가야가 신라에 멸망할 때까지 대가야의 왕도였다. 대가야의 성립 시점에 대한 정보는 부족하지만 늦어도 가라왕(加羅王) 하지(荷知)가 남제에 사신을 보내는 479년 무렵이면 국가 단계로 성장해 있었을 것으로 보인다. 고령 지산동의 산등성이 곳곳에 열을 이루며 분포하는 고총 가운데는 아마도 이 시기 이후 축조된 것이 상당수 포함되어 있을 것이다. 기왕에 발굴된 지산동 구(舊) 39호분, 32·44·45호분, 73~75호분에서는 토기, 금공품, 철기 등 다량의 유물이 쏟아져 나와 대가야의 역사와 문화 연구에 결정적으로 기여하였다.

　고령과 그 주변의 가야 유적에서 출토된 유물을 살펴보면, 대부분 대가야양식으로 설정할 수 있는 여러 특징을 공유하고 있으며, 그것은 낙동강 이동지역에 분포하는 신라양식 유물과 뚜렷이 구분된다. 학계에서는 이미 1990년대부터 대가야 유물에 보이는 양식에 주목하여 검토를 진행해 왔으며 양식의 분포권을 대가야의 영역 혹은 정치적 영향권으로 해석하는 등 상당한 성과를 거두었다.[1]

1. 대가야양식 토기

　5세기를 전후하여 가야토기의 양식적 특색이 현저해진다. 물론 모든 가야 소국이 특색 있는 토기 문화를 꽃피운 것은 아니며 김해의 금관가야, 함안의 아라가야, 고령의 대가야, 고성의 소가야 토기에서 독자적인 특색이 확인된다. 가야 토기 가운데 대가야 토기의 분포권이 가장 넓다. 고령에 인접한 합천이나 함양의 토기 문화도 전형적인 대가야양식이며, 한때 대가야의 영향권에 편입되었던 전남 및 전북 일부 지역에서도 대가야적인 토기 문화가 확인된다.

----

　1) 이희준, 1995, 「토기로 본 대가야의 권역과 그 변천」 『가야사연구』, 경상북도.
　　이한상, 2000, 「대가야권 장신구의 편년과 분포」 『한국고대사연구』 18, 한국고대사학회.
　　박천수, 2004, 「토기로 본 대가야권의 형성과 전개」 『대가야의 유적과 유물』, 대가야박물관.

도1. 대가야양식 토기 각종

　　대가야양식 토기는 고령지역 토기를 표지로 하며 아라가야나 소가야 토
기와는 외형이 판이하게 구별된다. 삼국시대 토기를 섞어 배열해 보면 유
독 대가야 토기가 눈에 띈다. 고령 일원에서 출토된 토기들 가운데 다수를
대가야 토기라 부를 수 있는 것은 기형, 색조, 문양, 소성흔(燒成痕) 등에서

현저한 특징을 갖추고 있기 때문이다. 이와 같은 특징은 특정 기종에 국한하지 않고 대가야 토기 전체를 관통하며 드러나 있다. 그러한 특징은 토기의 제작기법이나 소성방식 등 생산체계의 차이에서 생겨난 것으로 이해할 수 있다. 그것이 일정 기간 동안 존속할 때 이를 하나의 양식으로 설정할 수 있다. 대가야의 토기는 바로 대가야양식으로 규정할 수 있는 여러 특징을 공유한다.

대가야 토기의 양식적 특징에 대해서는 이미 상세한 검토가 있으므로[2] 재언할 필요는 없다. 다만 논지 전개에 필요한 정도만 언급하려 한다. 대가야 토기를 대표하는 기종으로는 이단직렬투창유개고배(二段直列透窓有蓋高杯), 일단투창유개고배(一段透窓有蓋高杯), 일단다투창고배(一段多透窓高杯), 통형기대(筒形器臺), 고배형기대(高杯形器臺), 저평통형기대(低平筒形器臺), 고리형 기대, 유개식장경호(有蓋式長頸壺), 개배(蓋杯), 유개식중경호(有蓋式中頸壺), 무개식장경호(無蓋式長頸壺), 대부파수부소호(臺附把手附小壺), 대부양이부완(臺附兩耳附盌), 파수부완(把手附盌), 우각형파수부발(牛角形把手附鉢), 단경호, 편구호(扁球壺), 호리병형 토기, 단추형 꼭지 유충문개(幼蟲文蓋) 등이 있다.[3] 도1은 대가야 토기 여러 기종의 사진을 모아본 것이다. 고배는 곡선적인 대각에 상하 일렬의 투창이 뚫려 있고 배신이 낮으며 넓다. 보주형 꼭지를 갖추고 점열문이 시문된 개가 공반한다. 개배는 말각평저의 납작한 배신에 유두형 꼭지를 갖춘 개가 조합한

---

2) 박천수, 2008, 「고고학을 통해 본 대가야사」 『퇴계학과 한국문화』 42, 경북대학교 퇴계연구소.

3) 이희준, 2008, 「대가야토기양식 확산 재론」 『영남학』 13, 경북대학교 영남문화연구원, pp.119~128.

다. 개의 표면에 소엽문(消葉文)[4]이라고 불리는 소성흔이 남아 있다. 장경호는 경부에 밀집파상문이 시문되고 경부가 넓으며 뚜껑을 갖추었다. 단경호는 와질소성이며 격자타날되어 있고 말각평저인 점이 특이하다. 기대 가운데 통형기대는 윗부분이 호형이고 중간에 세로로 뱀 모양 토우가 부착되어 있으며 아랫부분은 종 모양이다. 고배형기대는 대각이 곡선적이고 아래쪽이 여타 양식의 기대에 비해 넓다.

그러면 대가야양식 토기는 언제쯤 형성되었을까. 이미 여러 선행 연구에서 지적된 것처럼 영남지방의 4세기 토기는 크게 보아 공통 양식을 띤다.[5] 물론 마산-함안지역의 공자형(工字形) 대각을 갖춘 고배나 부산–김해지역의 기대 등 지역적인 요소가 보이지만 가야토기의 지역색에 비하면 미미한 것이다. 아직 고령지역의 4세기대 유적조사의 사례가 많지 않아 그 시기의 토기 양상이 불분명하다. 그렇지만 단편적으로 수집된 자료와 인접 지역의 조사 사례를 함께 살펴보면 고령지역의 4세기 토기는 영남의 다른 지역과 마찬가지로 고식도질토기문화(古式陶質土器文化)에 포함됨을 알 수 있다.

대가야 토기의 성립 시점에 대한 연대 비정은 다양한 편인데, 고령 쾌빈동 1호분[6] 토기에 후속하는 지산동 35호분 토기가 그에 해당한다는 점에 대해서는 의견이 일치한다. 이 단계의 토기 기종 가운데 이단투창고배, 발형기대, 장경호, 개, 평저단경호에서 지역성이 잘 관찰된다. 이 무덤의 연대

---

4) 최종규, 1999, 「소엽문-대가야계 도질토기의 인식 수단-」『고대연구』 7, 고대연구회.
5) 최종규, 1982, 「도질토기의 성립전야와 전개」『한국고고학보』 12, 한국고고학회.
6) 영남매장문화재연구원, 1996, 『고령 쾌빈동고분군』.

를 5세기 초 혹은 전반으로 보는 견해가 많다. 이보다 늦은 시기의 무덤인 지산동 32호분이 축조되는 시점, 즉 5세기 후반이 되면 대가야양식 토기가 정형화되는 것으로 이해하고 있다.

대가야 토기의 역연대(曆年代)를 알 수 있는 자료는 거의 없다고 하여도 과언이 아니다. 대신 대가야 토기는 형태와 기종 변화가 현저한 편이므로 순서배열법을 활용한 상대편년표의 작성이 가능하다. 선행 연구에 따르면 고배의 경우 시간이 흐르면서 대각의 높이가 낮아지고, 장경호는 목이 넓어지는 특징을 보인다고 한다.[7] 그것은 각 시기마다의 미감이나 유행이 바뀌었기 때문이다.

대가야 토기의 역연대 가운데 가장 안정적인 것은 역시 멸망기의 토기이다. 즉, 대가야가 신라에 복속되는 562년 이후 고령을 비롯한 대가야 영역에서는 신라 토기가 제작된다. 따라서 대가야 영역에 소재한 무덤에서 대가야 토기와 신라 토기가 공반하는 사례를 검토해보면 562년 직전의 대가야 토기가 어떤 것인지 인지할 수 있으며[8], 기왕에 발굴된 대형분 가운데 지산동 45호분이 그와 시기적으로 가깝다는 점을 알 수 있다. 따라서 이 무덤에 6세기 중엽에 가까운 연대를 부여할 수 있다. 이보다는 상대적으로 이른 시기의 표지적인 무덤으로 지산동 44호분, 지산동 32호분, 지산동 35호분, 지산동 73호분을 들 수 있고 이 4기의 무덤은 지산동 73호분 → 지산동 35호분 → 지산동 32호분 → 지산동 44호분 순으로 편년된다. 다만 각 무덤 사이에 어느 정도의 시차가 나는지를 환산하기가 쉽지 않다. 그렇기

---

7) 우지남, 1986, 「대가야고분의 편년」, 서울대학교 석사학위논문.
   박천수, 1998, 「대가야권 분묘의 편년」『한국고고학보』 39, 한국고고학회.
8) 高正龍, 1996, 「加耶から新羅へ-韓國陜川三嘉古墳群の土器と墓制について-」
   『京都市埋蔵文化財研究所研究紀要』 3, 京都市埋蔵文化財研究所.

도2. 남원 월산리고분군 출토 대가야양식 토기

때문에 백제로부터, 혹은 신라나 왜로부터 이입된 유물에 주목하여 교차 편년을 시도하기도 한다.[9] 삼국시대 고고학 자료 가운데 백제유적 출토품의 경우 역연대 비정 자료가 상대적으로 많은 편이다. 한성기 및 웅진기 무덤에서 중국 도자의 출토 사례가 증가하고 있기 때문이다.[10]

기왕의 제 연구에서도 지적하고 있듯이 대가야양식 토기 가운데는 고령산 토기가 양식 변화를 선도하고 있지만, 현지에서 제작된 토기가 상당수 포함되어 있다. 도2와 도3[11]에 제시한 토기는 남원 월산리[12]와 순천 운평리고분군[13] 출토품이다. 전자의 경우 장경호의 목과 발형기대의 대각이

9) 김두철, 2001, 「대가야고분의 편년 검토」 『한국고고학보』 45, 한국고고학회.

10) 성정용, 2003, 「백제와 중국의 무역도자」 『백제연구』 38, 충남대학교 백제연구소.

11) 대가야박물관, 2006, 『토기로 보는 대가야』, 대가야박물관, p.50과 61.

12) 전영래, 1983, 『남원 월산리고분군 발굴조사보고』.

13) 이동희 외, 2008, 『순천 운평리유적 Ⅰ』, 순천시 · 순천대학교박물관.

도3. 순천 운평리고분군 출토 대가야양식 토기

좁고 길쭉하여 고령산 토기와는 다른 모습을 보인다. 후자의 경우 소성이 불량한 예가 많고 색조에서도 차이를 보인다.

　고령 이외의 지역에서 대가야양식 토기가 출토되는 경우 그 토기는 다음의 세 가지 가운데 하나일 것으로 보인다. 즉, ① 현지의 장인집단이 고령의 토기제작법을 모방하여 생산한 경우, ② 고령에서 공급받은 경우, ③ 고령 세력이 각 지역의 생산체계를 장악하여 제작한 경우이다. ②의 경우는 고령에서 거리가 멀어질수록 수량이 적을 것이며, ①과 ③을 통해 제작된 것이 다수를 차지할 것이다.[14] 다만 고고학적으로 이를 구별하기가 쉽지 않다.

---

14) 이희준, 2008, 앞의 논문, p.147.

2. 대가야양식 금공품

대가야가 국제사회에 모습을 드러내는 479년을 전후하여 최고급 공예 기술이 구사된 각종 금공품이 많이 만들어졌다. 누금세공 등 높은 수준의 제작기술이 구사되었을 뿐만 아니라 세련된 디자인까지 갖추고 있어 대가야 장인의 예술적 안목을 짐작할 수 있다.

첫째, 금속 장신구에 표현된 대가야양식이다. 5~6세기 대가야의 지배층은 자신의 지위를 장엄하기 위하여 금관이나 금귀걸이를 만들어 사용하였다. 백제와 신라의 영향을 다소 받았지만 디자인이나 제작기법에서 대가야적인 특색이 현저하게 드러나 있다.[15]

대가야의 금관은 2점이 알려져 있다. 고령 출토로 전하는 삼성미술관 리움 소장품[16]과 오구라 수집품으로 일본 동경국립박물관에 기증된 금관[17]이 그것이다. 이 중 삼성미술관 소장품의 경우 일괄유물로 알려진 귀걸이가 고령 지산동 45호분 출토품과 유사도가 높고 유물의 격 또한 가야에서는 최상급이므로 고령 지산동고분군에서 출토된 것으로 보아도 좋을 것 같다.

발굴품 중에서는 고령 지산동 32호분 출토 금동관(도4)이 대표적이다. 대륜 위의 입식 도안이 꽃이나 풀 등 식물에서 소재를 가져온 듯 간소하면서

---

15) 이한상, 2011, 『동아시아 고대 금속제 장신구문화』, 고고, pp.169~179.

16) 김원룡, 1971, 「전 고령 출토 금관에 대하여」 『미술자료』 15, 국립중앙박물관.
호암미술관, 2001, 『황금의 미, 한국미술 속의 금빛』, 호암미술관.
정동락, 2022, 「전 고령 출토 가야금관의 출토지」 『문물연구』 41, 동아시아문물연구소.

17) 국립문화재연구소, 2005, 『오구라컬렉션 한국문화재』.
함순섭, 1997, 「小倉Collection 금제대관의 제작기법과 그 계통」 『고대연구』 5, 고대연구회.

도4. 지산동 32호분 금동관

도 자연스럽다. 신라 금관처럼 정형화되거나 추상화되어 있지 않다. 무덤의 주인이 착장한 것은 아니며 부장한 토기 위에서 출토되었다.[18] 지산동 30호분 2곽 출토 금동관은 소형이고 더 간소한 형식이며 역시 착장품은 아니다.[19] 지산동 73호분 서순장곽에서 금동제 관식, 지산동 75호분에서 철제 관식이 출토되었다. 신라의 조익형(鳥翼形) 관식과 유사한 점이 주목된다. 성주 가암동에서 출토된 금동관[20]도 가야양식 금동관으로 볼 수 있다. 현재까지의 자료로 보면, 전형적인 가야 관의 분포 중심은 대가야이다.[21]

---

18) 김종철, 1981, 『고령 지산동고분군 32~35호분 · 주변 석곽묘』, 계명대학교박물관, pp.14~15.

19) 영남문화재연구원, 1998, 『고령 지산동30호분』.

20) 김기웅, 1979, 「가야의 관모에 대하여–성주 가암동 파괴고분 출토 금동관을 중심으로-」『문화재』 12, 문화재관리국.

21) 박보현, 1997, 「가야관의 속성과 양식」『고대연구』 5, 고대연구회.

대가야의 금공품 가운데 귀걸이가 가장 많이 출토된다. 특히 고령 지산 동 구 39호분과 합천 옥전 M4호분 출토품[22]을 백미로 꼽을 수 있다. 중간 장식으로 공구체와 사슬, 수하식으로 산치자 열매모양 장식이 쓰였다. 수 하식은 세 조각의 금판이 땜으로 접합된 것으로 그 상하에 금알갱이가 부 착되어 있어 화려하다. 이외에 진주 중안동 출토 귀걸이는 주환의 형태가 특이하다. 마치 나선형처럼 보이는데, 단면 사각형의 금봉(金棒)을 집게로 잡고 꼰 다음 둥글게 휘어 완성한 것이다. 중간 장식인 공구체의 표면과 수 하식에도 금알갱이가 조밀하게 부착되어 있다. 이처럼 대가야 귀걸이는 모

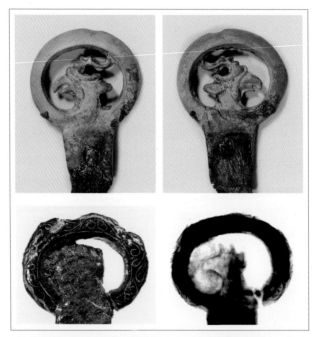

도5. 대가야의 장식대도(상: 지산동 I-3호묘, 하: 지산동 32NE-1호묘)

---

22) 조영제 외, 1993, 『합천 옥전고분군IV-M4, M6, M7호분-』, 경상대학교박물관.

두 세환이식이며 신라나 백제에 비하여 매우 간소한 점이 특징이다.[23]

대가야의 장신구는 주변국 장신구에 비하여 구조가 심플하다. 즉, 신라의 장신구가 극히 화려함을 추구한 것이라면 대가야의 장신구는 간결하면서도 세련된 모습을 보여준다. 대가야의 황금 장신구는 대가야의 성장과 궤를 같이하며 제작되었다. 장신구의 소유자는 대가야의 왕족뿐만 아니라 연맹 내 지배층까지 포괄하며, 위상에 따라 재질이나 수량 등에서 차이를 보여준다. 이는 이 시기의 장신구가 단순히 신체를 치장하기 위한 목적으로 만들어졌다기보다는 한 걸음 더 나아가 위세품으로서의 성격을 지니고 있었음을 알려준다.

둘째, 장식대도에 보이는 대가야양식이다. 4세기 후반 한반도 남부지방의 정세는 백제 · 가야 · 왜와 고구려 · 신라라는 양축이 극한 대립 관계를 이루고 있었다. 390년대에 접어들면서 군사적인 충돌이 자주 일어났고 특히 400년에 벌어진 전쟁은 국제전의 성격을 지녔다. 백제 · 가야 · 왜의 연합군이 신라의 수도 경주를 포위하고 압박을 가하자 고구려의 광개토왕은 5만의 군사를 파견, 신라를 구원하였다. 이 전쟁에서 패배한 가야는 큰 타격을 입었던 것으로 보인다. 패전의 상처가 아물고 주변국과의 관계가 개선되는 5세기 전반의 늦은 시점이 되면 가야, 특히 대가야의 무덤에서 용봉문대도가 다수 출토된다. 이 같은 장식대도는 실제 전투에서 사용되었다기보다는 그 칼을 가지는 것만으로도 소유자의 사회적 지위가 높음을 상징적으로 보여주는 물품이었다. 이 무렵 고령의 대가야는 가야연맹을

---

23) 三木ますみ, 1996, 「朝鮮半島出土の垂飾附耳飾」 『筑波大學 先史學 · 考古學 研究』 7(西野元先生退官記念號).
이경자, 1999, 「대가야계고분 출토 이식의 부장양상에 대한 일고찰」 『영남고고학』 24, 영남고고학회.

주도하는 맹주로서의 지위를 확고히 다지게 되며, 이러한 성장에 기반하여 대가야 왕 하지는 중국 남제에 사신을 보내어 보국장군본국왕이라는 작호를 받기에 이른다.

대가야 용봉문대도의 기원은 백제에서 찾을 수 있다. 고령 지산동 I-3호묘[24]나 합천 옥전 35호묘 출토품[25]처럼 백제의 용봉문대도와 도안이나 제작기법이 극히 유사한 예가 존재하기 때문이다. 특히 옥전 35호묘 대도에는 천안 용원리 12호 석곽묘[26]나 공주 수촌리 1호분 출토품[27]에 비견되는 고급스러운 기술력이 구현되어 있어 완제품이 반입된 것이거나 백제 장인의 기술지도에 의한 제작품이라 추정할 수 있다. 그뿐만 아니라 지산동 32NE-1호묘 출토 철제 상감대도 또한 주목된다. 대도의 환두부에는 수려한 당초문이 상감기법으로 표현되어 있다. 주조된 철제 환두의 표면을 끌로 쪼아내 당초문 모양의 홈을 판 다음 은선을 그 속에 두드려 넣어 무늬를 표현한 것이다.

용봉문의 도안이나 제작기법에 기준하여 볼 때 대가야적인 대도가 본격적으로 제작되는 시기는 5세기 후반이며 합천 옥전 M3호분 대도[28]에서 전형을 볼 수 있다. 옥전 M3호분 대도 가운데는 둥근 고리의 내부에 용과 봉황이 머리를 교차하는 도안이 표현된 사례가 있는데, 이러한 도상은 아직 백제유적에서는 확인된 바 없어 대가야 대도의 특징이라고 지적할 수 있다. 또한 둥근 고리를 만들 때 파이프처럼 속이 비게 만들거나 바탕 금속

---

24) 영남문화재연구원, 2004, 『고령 지산동고분군 I』.

25) 조영제 외, 1999, 『합천 옥전고분군VIII-5·7·35호분-』, 경상대학교박물관.

26) 이남석, 2002, 『용원리고분군』, 공주대학교박물관 외.

27) 충청남도역사문화연구원·공주시, 2007, 『공주 수촌리유적』.

28) 조영제 외, 1999, 『합천 옥전고분군 II-M3호분-』, 경상대학교박물관.

의 표면에 문양을 1차로 조각한 다음 그 위에 금판을 덧씌워 문양을 드러내는 기법이 활용되었다. 아울러 환두 주룡문(走龍文)은 백제 대도에서 계보를 찾을 수 있으나 이미 대가야적인 도안으로 변모된 것이다.[29]

고령에서 출토된 용봉문 환두대도 역시 전형적인 사례이다. 지산동 구 39호분 대도의 고리 안에는 봉황으로 추정되는 도상이 끼워져 있다. 철로 주조한 다음 금동판을 덧씌운 것이다. 환은 속이 비어 있고 표면에 귀갑문과 화문이 표현되어 있다. 지산동 73호분 대도는 환두가 금동제이며 환 표면에는 아무런 장식이 없지만 내부에는 봉황이 표현되어 있다. 봉황 모양장식은 입을 다문 형상이고 머리 위의 뿔모양 장식은 한 가닥만 있어 지산동 I지구 3호 석곽묘 대도와 다르다. 병부에는 인상문(鱗狀文)[30]이 베풀어져 있다.

용봉문대도는 대가야 지배층이 공유한 위세품이었으며, 일부이긴 하지만 신라와 왜로도 완제품이 전해졌다. 물론 그 배경을 사여로 보기는 어렵고, 상호 문물 교류 과정에서 전해진 것으로 보아야 할 것 같다.

대가야 토기와 금공품은 주변국의 그것과 외형적으로 뚜렷하게 구분되는 대가야양식을 발현한 것이다. 고총군의 규모와 위상, 대가야양식 유물의 형성 및 전개 과정을 종합적으로 검토하면 대가야의 중심지를 고령으로 보는데 이론을 제기할 수 없다. 대가야의 성장이 본격화하면서 대가야적인 유물이 주변 지역으로 넓게 확산된다. 각지에서 출토되는 대가야양식 토기 가운데는 고령산 토기도 있지만 현지에서 제작된 것이 많다. 이에 비

---

29) 이한상, 2012, 「백제 대도의 환두 주룡문 검토」 『고고학탐구』 12, 고고학탐구회.
30) 穴澤咊光·馬目順一, 1979, 「日本·朝鮮における鱗狀紋裝飾の大刀」 『物質文化』 33, 立敎大學.

해 금공품의 경우 다수가 고령에서 제작, 사여된 것으로 볼 수 있다. 중심 시기는 5세기 후반~6세기 전반이었던 것으로 보인다.

　대가야양식 토기와 금공품의 분포권은 기본적으로 대가야의 영향이 강하게 미쳤던 곳으로 볼 수 있는데, 여러 가지 가능성 가운데 대가야의 영역과 등치시켜 볼 여지가 많다. 특히 금공품의 소유자는 금공품 사여의 주체였을 대가야 왕과 일정한 수준의 정치적 관계를 맺었던 것으로 추정된다. 대가야 왕이 사여한 금공품 가운데는 신라나 백제의 경우와 달리 복식 구성품이나 장송의례용품이 드문 점이 특징적이다. 또한 고령과 합천을 제외한다면 금공품 세트 가운데 일부만이 부장되거나 정형성이 다소 미약한 점은 이 시기 대가야 금공품 사여의 양상을 보여준다. 대가야양식 토기나 금공품이 아라가야나 소가야지역에서도 출토된다. 대가야를 중심으로 하는 후기 가야연맹[31]의 경우 국제회의에 함께 참여하고 주변국과의 전쟁에 군사를 파견하는 등 대외적인 공조체제를 유지하였음이 기록에 나타나는데, 그러한 공조에서 보이는 결집성과 고고학 자료에서 확인되는 주요 유물의 공유현상이 유관할 것으로 보인다.

---

31) 김태식, 1993, 『가야연맹사』, 일조각.

제1부 │ 금공품 연구사

제1부
금공품
연구사

금공품에는 대가야의 문화적 수준과 성장 과정을 엿볼 수 있는 여러 단서가 들어 있다. 1990년대 이후 대가야의 금공품에 대한 연구가 본격화하였고 지금까지 많은 연구 성과가 쌓였다. 기왕의 연구는 금공품의 분류와 편년, 제작기법 분석, 양식 설정, 제작지 비정 등에 집중되었다.

선행 연구의 성과를 종합하면, 대가야 금공문화가 탄생하기까지 백제와 신라 등 주변국으로부터의 영향이 절대적이었던 것으로 보인다. 백제는 대가야에 새로운 문화를 지속적으로 전해주는 원천이었고, 430년대 이후 신라 역시 대가야와 활발한 교류를 펼친 것으로 보인다. 대가야에서 금공문화가 개시된 시점은 5세기 전반 무렵이며, 5세기 후반이 되면 대가야적 특색을 현저히 갖춘 금공품이 만들어진다. 대가야의 금공문화는 일본열도로 확산되었다.

여기서는 그간 진행된 대가야 금공품 연구의 성과를 3기로 나누어 개관하고자 한다. 금공품은 귀금속으로 만든 장신구, 장식무기와 무구, 장식마구, 금속용기 등을 포괄하지만 전체를 망라하지 못하였고 대가야양식이 발현된 장신구, 장식대도, 그리고 화살통 부속구에 한정하여 논지를 전개하고자 한다.

1. 1980년대까지의 연구

1980년대까지만 하여도 대가야 무덤에 대한 발굴이 많지 않았고 출토된 금공품도 드물었다. 그런 이유로 대가야 금공품에 대한 연구가 적었고 가야의 장신구를 포괄하여 연구가 진행되었다.

1) 장신구

이은창은 1970년대 후반까지 발굴된 고고학 자료와 사료를 활용하여 한국 고대 복식사의 흐름을 한 권의 책으로 정리하였다. 관과 허리띠장식을 다루면서는 신라와 가야를 함께 서술하였고 귀걸이 항목에서는 가야를 분리하여 설명하였다.[1]

윤세영은 삼국시대의 관과 관식에 대하여 검토하면서 의성 탑리고분 1곽, 대구 달성 37호분 1실, 창녕 교동 7호분, 부산 복천동 1호분(동아대 발굴)과 11호분(부산대 발굴), 양산 부부총 출토품을 모두 가야 금동관으로 분류하였지만 정작 고령 지산동고분군 출토품 등 전형적인 가야 관에 대해서는 다루지 않았다. 가야의 관모류에 통일성이 없고 백화수피제 관모를 쓴 채 의식을 진행하기 어려웠을 것으로 상정하면서 모든 유물을 부장 전용품으로 보았다.[2]

이인숙은 가야 장신구의 양식을 다루면서 동래, 양산, 경산, 대구, 칠곡, 의성, 선산 출토품을 모두 가야로 귀속시켰다.[3] 이은창과 윤세영의 시각을

---

1) 이은창, 1978, 『한국 복식의 역사-고대편-』, 세종대왕기념사업회.
2) 윤세영, 1985, 「장신구-가야」 『한국사론』 15, 국사편찬위원회.
3) 이인숙, 1988, 「가야시대 장신구양식고-관류와 이식 · 경식-」 『한국학논집』 14, 한양대학교 한국학연구소.

그대로 이은 것이지만, 3년 후의 다른 논문에서는 이러한 관점에 변화가 생겼다. 즉, 신라와 가야의 경계를 낙동강으로 설명한 점이다. 그러나 신라와 가야의 장신구를 함께 대상으로 삼아 분류를 진행하였다. 또한 가야의 장신구가 정형화하지 않은 이유를 가야 문화의 분산성(分散性)에서 찾았다. 의성 탑리고분 1곽, 창녕 교동 7호분, 부산 복천동 1호분, 월성로 가13호분 출토품을 가야 귀걸이로 분류하였다.[4]

김기웅은 가야의 장신구 항목에서 낙동강 이동지역 출토품을 함께 설명하면서 신라와 가야의 장신구 문화가 기본적으로 동일한 것으로 인식하였다. 그와 같은 현상이 생기게 된 계기를 양국 사이에 전개된 긴밀한 교류 관계에서 찾았다. 출자형 입식을 갖춘 관을 전형으로 보면서 경주 교동 금관과 전 고령 출토 금관을 예외적 사례로 이해하였다.[5]

한편, 일본학계의 사오토메 마사히로(早乙女雅博)는 일본 도쿄국립박물관 소장 오구라(小倉) 수집품 속 신라와 가야의 관에 대하여 검토하였다. 가야의 관 가운데 신라와 공유하는 형식이 있고 지산동 32호분 출토품처럼 가야만의 독특한 것이 있다고 언급하였다.[6] 이 논지에 문제가 없는 것 같지만, 검토 대상 자료를 보면 신라 고고학 자료를 가야의 소산으로 인식하였음을 알 수 있다. 일본 학계의 통상적 시각처럼 가야의 영역을 확장시켜 보는 입장에서 이와 같은 논지를 펴게 된 것 같다.

노가미 죠스케(野上丈助)는 일본열도 귀걸이에 대하여 종합적으로 살폈

---

4) 이인숙, 1992, 「신라와 가야의 장신구」 『한국고대사논총』 3, 가락국사적개발연구원 한국고대사회연구소.
5) 김기웅, 1988, 「신라와 가야의 문화교류-고분 출토 장신구류를 중심으로-」 『신라문화제학술발표논문집』 1, 신라문화선양회.
6) 早乙女雅博, 1982, 「新羅·伽耶の冠-小倉コレクションの硏究(一)」 『MUSEUM』 372, 東京國立博物館.

다. 열도 각지에서 출토된 귀걸이의 실측도를 다수 제시하고 세부 특징에 대하여 상세하게 설명하여 이후 관련 연구의 진전에 기여하였다. 그가 제시한 자료 가운데는 전형적 대가야양식 귀걸이에 해당하는 산치자형 귀걸이가 많이 포함되어 있다. 제작지나 계보에 대한 상세 검토가 없지만 대가야 귀걸이와의 관련성을 언급하였다.[7]

2) 화살통 부속구

최종규는 각지에서 발굴된 화살통 부속구[盛矢具]를 역사 기록과 일본 쇼소인(正倉院) 소장 화살통 등과 비교하며 검토했다. 삼국시대 화살통 부속구를 새롭게 분류하고 형태를 복원하였으며, 지산동고분군과 옥전 23호 묘 출토품에 대해 다루었다. 산자형(山字形) 장식을 갖춘 화살통 부속구의 정확한 명칭이 시복(矢箙)임을 지적하였고 지산동 구 39호분 화살통 부속구에 투조된 용문의 특징을 설명하였다.[8]

3) 장식대도

아나자와 와코우(穴澤咊光) · 마노메 준이치(馬目順一)는 백제 무령왕릉 출토품을 중심으로 한일 용봉문대도를 검토하면서 지산동 구 39호분 대도에 대한 관찰 내용을 소개하였다. 한반도에서는 5세기 말에 용봉문대도가 출현한 것으로 보았고 그 계기를 중국 남북조문화의 파급과 관련지어 해석하였다.[9]

---

7) 野上丈助, 1983, 「日本出土の垂飾附耳飾について」『藤澤一夫先生古稀記念 古文化論叢』, 古代を考える會.
8) 최종규, 1986, 「성시구고」『부산직할시립박물관 연보』9, 부산직할시립박물관.
9) 穴澤咊光 · 馬目順一, 1976, 「龍鳳文環頭大刀試論」『백제연구』7, 충남대학교

2. 1990년대의 연구

1990년대 중반부터 대가야 금공품 연구가 크게 늘었다. 그것의 계기로 다음의 몇 가지를 들 수 있다.

첫째, 합천 옥전고분군이 발굴되고 출토 유물이 차례로 공개된 점이다. 경상대학교박물관이 실시한 옥전고분군 발굴에서 가야 금공품이 쏟아졌다. 이 고분군에 대한 발굴은 1985년에 시작되었고 1988년 첫 보고서가 발간되었지만 옥전고분군에 대한 학계의 본격적 연구는 옥전 M3호분 발굴조사보고서가 발간된 1990년부터 시작된 것으로 볼 수 있다. 옥전 M3호분은 다라(多羅)의 왕묘일 가능성이 있고 내부에서 4자루의 용봉문대도, 갑주류, 마구류 등 중요 유물이 출토되었다. 이후 2000년대 초반까지, 발굴된 금공품 전부가 보고됨에 따라 금공품 연구를 촉발하는 계기로 작용하였다.[10]

둘째, 1983년에 공간된 '금공품 분배론'이 이 시기에 들어서서 학계의 주목을 받게 된 점이다. 경상도 여러 곳에서 출토된 삼국시대 금공품은 2~3개의 유력 집단이 집중적으로 제작하여 일부는 자신들의 수요에 충당하고 나머지는 다른 집단에 배포하였을 것으로 보는 견해이다. 금공품은 권위의 상징물이므로 교환의 대상이 아니며, 유력 정치체가 자신들과 유대를 맺고 있던 집단에 한정하여 유포하였을 것으로 보았다. 분포의 중심은 경주였고 신라와 연맹관계를 맺은 유력 단위집단에 연맹의 표지로 분배한 것으로 보았다.[11] 이러한 주장이 여러 연구자들에게 수용됨에 따라 가야

백제연구소.

10) 조영제, 2007, 『옥전고분군과 다라국』, 혜안.

11) 최종규, 1983, 「중기고분의 성격에 대한 약간의 고찰」 『부대사학』 7, 부산대사학회.

금공품의 범위를 낙동강 이서지역 출토품에 한정하는 경향이 생겨났다.

셋째, 금공품의 제작기법에 관심을 가지는 연구자들이 많아지면서 삼국시대 금공품에 대한 관찰 결과 및 연구의 성과가 『고고학지(考古學誌)』나 『고대연구(古代硏究)』에 게재되기 시작한 점을 들 수 있다. 관, 귀걸이, 허리띠장식을 중심으로 자료를 재보고하거나 제작기법을 분석하여 의미를 부여하는 연구가 이루어졌다.

1) 장신구

이한상은 고령, 합천, 함양, 진주, 고성, 장수에서 출토된 장신구가 양식적 특징을 공유하는 점에 주목하고 대가야 토기와 가야사 연구의 성과를 활용하여 이를 대가야계 귀걸이로 묶어 설명하였다. 대가야 귀걸이의 특징적 요소는 공구체(空球體)와 사슬의 조합임을 강조하였으며, 그 무렵까지 발굴된 귀걸이를 망라하여 3류 14형식으로 세분하고 단계화하였다. 아울러 지산동 45호분의 귀걸이 출토 양상을 들어 대가야 귀걸이에도 소유자의 위계차가 반영되어 있음을 지적하였다.[12]

1999년에는 고구려, 백제, 신라, 대가야의 장신구가 각기 어떤 특징을 지니고 있는지에 대하여 개관하였다. 학술대회 발표요지문이어서 간략한 편이지만 삼국시대 장신구 전체를 아울러 검토하면서 대가야 장신구의 특징을 드러내고자 하였다.[13]

박보현은 지산동 32호분 금동관, 오구라 수집 금동관 2점, 호암미술관 소장 금관, 전 성주 가암동 금동관 등 6점의 관을 대상으로 검토하였다. 가

---

12) 이한상, 1995, 「대가야계 이식의 분류와 편년」, 『고대연구』 4, 고대연구회.
13) 이한상, 1999, 「삼국시대 이식과 대금구의 분류와 편년」, 『삼국시대 장신구와 사회상』, 부산광역시립박물관 복천분관.

암동 금동관은 신라 관의 요소를 지닌 것으로 보았고 여타 5점만을 가야 관으로 분류하였다. 신라처럼 5세기에는 끌과 송곳으로, 6세기에는 송곳만으로 시문하는 양상이 확인된다고 설명하였다. 제작 의장(意匠)에서는 중앙 입식(立飾)을 크게 만드는 것에서 크기가 작은 입식 3~4개를 결합시키는 것으로 변화한다는 점을 지적했다. 가야 관의 경우 신라 관과 차이가 있다고 보면서 이를 가야양식이라고 규정하였다.[14]

함순섭은 도쿄국립박물관 소장 오구라 수집 금관에 대하여 상세히 관찰하고 복원 도면을 그리는 한편 제작기법에 대하여 상술하였다. 이 관은 제작기법과 초화형 모티브를 기본으로 하는 점으로 보아 낙동강 이서지역, 그 가운데서도 고령 대가야의 대관이라고 보았다. 또한 원형타출문 등 신라 대관의 일부 속성을 수용한 배경을 대가야와 신라의 혼인동맹이라는 정치적 관계에서 찾으면서 이 대관의 연대를 6세기 중엽경으로 보았다.[15]

주경미는 삼국시대 귀걸이에 구사된 금공기법을 형성(形成)기법과 표면장식기법으로 대별하였다. 형성기법에 대해서는 재료, 주환·중간식·수하식의 제작방법을 살폈고 표면장식기법에 대해서는 도금기법, 새김눈기법, 누금세공기법을 중점적으로 검토하였다. 같은 형식 안에서 발견되는 제작기법의 차이를 제작자의 솜씨 차이보다는 시간적 선후관계를 알려주는 단서가 될 수 있다고 설명하였다.[16] 검토 대상의 대부분이 신라 귀걸이이지만 대가야를 비롯한 삼국시대 귀걸이 연구의 진전에 기여하였다.

이경자는 옥전고분군 출토품을 포함한 대가야 권역 귀걸이 전체를 분석

---

14) 박보현, 1997, 「가야관의 속성과 양식」 『고대연구』 5, 고대연구회.
15) 함순섭, 1997, 「小倉Collection 금제대관의 제작기법과 그 계통」 『고대연구』 5, 고대연구회.
16) 주경미, 1997, 「삼국시대 이식의 제작기법」 『고대연구』 5, 고대연구회.

하였다. 개별 귀걸이의 특징을 찾아내 형식을 분류한 다음 4단계로 나누었
으며 단계별 분포양상을 살펴보았다. 또한 귀걸이 출토 무덤의 계층성을
논하였고 대가야와 동일한 제사권역에서 귀걸이가 출토되는 현상에 주목,
대가야 귀걸이를 정치적 목적 하에 제공된 물품으로 이해하였다.[17]

한편, 일본학계에서도 많은 성과가 나왔다. 이시모토 준코(石本淳子)는
일본 출토 귀걸이 48점을 4형식으로 분류하였다. 그 가운데 사슬과 중공구
(中空球)가 조합을 이루는 귀걸이의 계보를 지산동고분군 출토품에서 구
할 수 있다고 보았다.[18] 다만, 낙동강 이동지역 출토 귀걸이를 가야 귀걸이
로 인식한 점은 한계로 남았다.

다니하타 미호(谷畑美帆)는 일본 및 한반도 출토 귀걸이를 망라하여 분
류 및 편년작업을 진행하였다. 가야 귀걸이를 분류하면서 이시모토 준코
와 마찬가지로 낙동강 이동지역 자료를 함께 포함시켰고 계열을 나눈 다
음 변화의 양상을 찾아내려고 하였다.[19]

산키 마스미(三木ますみ)는 한반도 출토 귀걸이를 종합적으로 검토하였
다. 귀걸이의 기본 구조를 설정하여 크게 3류로 대별한 다음 다시 세분하
였다. 귀걸이를 구성하는 부품의 형태를 상세히 살펴 분류를 시도하였으
며 공간적 분포 양상까지 파악하려고 하였다. 지산동고분군 및 옥전고분
군 출토 자료에 대한 상세한 검토가 눈에 띈다. 특히 옥전고분군 출토품을

---

17) 이경자, 1999,「대가야계고분 출토 이식의 부장양상에 대한 일고찰」『영남고고
    학』 24, 영남고고학회.
18) 石本淳子, 1990,「日韓の垂飾附耳飾についての一考察」『今里幾次先生古稀
    記念 播磨考古學論叢』.
19) 谷畑美帆, 1993,「日本及び朝鮮半島出土の垂飾附耳飾について」『考古學研
    究』 40, 考古學研究會.

직접 실측하고 그 성과를 논문에 반영하였다. 각 유형별 귀걸이의 공간 분포가 곧 정치적 권역을 반영하는 것으로 이해하였으며, 낙동강 이동지역 출토품 가운데 다수를 신라 귀걸이로 보았다는 점에서 새로운 지견을 보여주었다.[20]

또한 일본 구마모토현 모노미야구라고분(物見櫓古墳) 발굴조사보고서 집필에 참여하여 이 무덤 출토 세환이식이 고령 본관동 36호분, 지산동 45호분 출토품과 같은 유형에 속하며, 가야와 왜 사이의 교류를 반영하는 자료라고 설명하였다.[21]

모리미쓰 토시히코(毛利光俊彦)는 지산동 32호분 금동관을 액대식(額帶式) 대관(帶冠)으로 분류한 다음 세부 특징을 서술하였다. 그와 함께 신라와 가야 관을 상세히 분류하여 계층 설정을 시도하였다. 그렇지만 부산, 양산, 울산, 창녕, 대구, 경산, 순흥, 성주, 의성, 안동을 모두 가야의 영역으로 인식하였다.[22]

2) 장식대도

조영제는 자신이 발굴한 옥전고분군 출토품을 중심으로 신라와 가야의 장식대도를 검토하였다. 우리나라 용봉문대도를 단봉문상감대도, 가야식 환두대도, 백제식 환두대도로 대별하였고 지산동 32NE-1호묘와 옥전 35

---

20) 三木ますみ, 1996,「朝鮮半島出土の垂飾附耳飾」『筑波大學 先史學·考古學研究』7(西野元先生退官記念號).

21) 三木ますみ, 1999,「物見櫓古墳出土の垂飾附耳飾について」『野津古墳群Ⅱ』7, 熊本縣龍北町敎育委員會.

22) 毛利光俊彦, 1997,「朝鮮古代の冠-伽耶-」『堅田直先生古稀記念論文集』, 論文集刊行委員會.

호묘 출토 단봉문 상감대도가 가장 이른 시기에 제작된 것으로 보았다. 옥전고분군 출토 장식대도 가운데는 일부 백제의 영향을 받은 것도 있지만 대부분 고구려에서 원류를 찾을 수 있다고 보았다.[23]

일본학계의 아나자와 와코우와 마노메 준이치는 옥전고분군 용봉문대도에 대하여 상세히 검토하고 제작지에 대하여 논하였다. 가야 대도의 용문 도상이 중국 자료에 비하여 붕괴된 것에 주목, 한반도에서 제작되었다고 전제하였다. 백제의 높은 공예기술 수준과 5세기 말~6세기 초의 국제 정세를 고려하여 옥전고분군 용봉문대도의 제작지가 백제일 것으로 추정하였다.[24]

마치다 아키라(町田章)는 장식대도가 의장용 패도(佩刀)이므로 중국 남조문화에 익숙한 백제에 패도 문화가 존재하였고, 그것이 가야로 전해진 것으로 보았다. 옥전고분군 출토 장식대도 가운데 일부는 백제왕이 다라 왕에게 하사한 것이고, 다수는 웅진 천도 초반 백제의 어려운 정세를 감안하면 고령의 대가야가 제작하여 옥전고분군 피장자에서 전해준 것으로 추정하였다.[25]

3. 2000년 이후의 연구

2000년 이후 대가야 금공품에 대한 연구가 많아졌다. 상세한 실측도와

---

23) 조영제, 1992, 「신라와 가야의 무기 무구」 『한국고대사논총』 3, 가락국사적개발연구원 한국고대사회연구소.

24) 穴澤咊光・馬目順一, 1993, 「陝川玉田出土の環頭大刀群の諸問題」 『古文化談叢』 30(上), 九州古文化研究會.

25) 町田章, 1997, 「가야의 환두대도와 왕권」 『가야제국의 왕권』, 신서원.

세부 사진이 학계에 공개되면서 연구의 토대가 만들어졌다. 즉, 외형에 대한 양식론적 접근에 더하여 제작공정, 문양 분석 등으로 연구 분야가 확장되었다.

낙동강 이동의 여러 지역을 가야의 영역으로 보려는 견해가 여전히 남아 있지만, 이전 시기에 비하여 줄었다. 일본학계에서도 가야를 낙동강 이서지역으로 한정하려는 견해가 늘었다.

이전 시기에는 장신구가 연구의 중심을 이루었지만 이 시기에 들어서면서 장식대도에 관한 연구가 많아졌다. 그 이유 가운데 하나로 한성기 백제 장식대도의 출토 사례가 점증했다는 점을 꼽을 수 있다. 이러한 여건 변화에 부응하여 한성기 백제 대도와 대가야 대도를 비교해보는 연구가 생겨났다. 그 결과 대가야 장식대도의 대부분을 백제산으로 보는 견해에서 벗어나 백제의 영향을 받아 대가야 공방에서 만든 것이 다수였을 것으로 추정하는 연구가 주류를 이루게 되었다.

이 시기에는 금공품을 소재로 고대 한반도와 일본열도 사이의 교류 양상을 검토하는 연구가 본격화하였다. 그 과정에서 자연히 대가야 금공품에 대한 연구 성과가 축적되었다. 근래에는 장인이나 장인집단에 대한 연구가 많아졌고 그러한 연구에 기반하여 양식이나 기술의 창출 및 확산을 둘러싼 논의가 활발해졌다. 또한 금공품의 분포 양상을 살펴 그것을 대가야사의 전개와 관련지어 해석하기도 한다.

1) 장신구

권향아는 삼국시대 금공품에 보이는 선조(線彫)기법을 통해 조금(彫金) 장인집단의 차이를 찾아내려고 하였고, 지산동 30호분과 32호분 금동관에 구사된 조금기법을 상세히 검토하였다. 장인집단 준별의 기초적인 검토로

서 매우 유효한 작업이었다.[26]

함순섭은 고령과 합천 출토 관을 비롯하여 삼국시대 관 전체를 모관(帽冠), 대관(帶冠), 입관(笠冠)으로 대별하고 형태에 따라 세분하면서 신라 관과 가야 관을 분명히 구분하였다. 이어 가야 관의 제작기법에 대해 검토하였다. 가야 관이 전액형 대관에서 초화형 대관으로 변화함을 지적하였고, 신라와 달리 가야 관의 형식이 다양한 점에 대하여 대가야의 지역지배가 확보되지 않았음을 보여주는 현상이라고 추정했다.[27]

성정용은 5세기대 대가야 무덤에서 출토된 백제산 혹은 백제계 금공품을 정리하였다. 5세기의 대가야는 자체 제작기반을 갖추지 못하였기 때문에 신라와 백제로부터의 공급에 의지했으며 특히 선진문물의 유입창구였던 백제로부터 수입한 것으로 보았다.[28]

이한상은 2019년 대가야의 장신구 자료를 집성하였다. 장신구를 소재로 5세기 후반 이후 대가야의 왕이 연맹을 구성한 유력자들을 결속하고 또 그들을 매개로 대가야 사회를 유지하기 위해 장신구를 본격적으로 제작, 활용한 것으로 추정하였다. 그러나 백제나 신라에 비해 정형성이 낮은 점으로 보아 대가야의 왕권 내지 집권력에 한계가 있었던 것으로 추정하였다.[29]

이은영은 옥전고분군 출토 귀걸이를 4기로 편년하고 각 시기별 귀걸이

---

26) 권향아, 2000, 「삼국시대 금속유물의 선조기법양상-축조기법을 중심으로-」『문물연구』4, 동아시아문물연구학술재단.

27) 함순섭, 2002, 「신라와 가야의 관에 대한 서설」『대가야와 주변 제국』, 고령군·한국상고사학회.

28) 성정용, 2002, 「대가야와 백제」『대가야와 주변 제국』, 고령군·한국상고사학회.

29) 이한상, 2019, 「관과 이식으로 본 대가야 권역」『가야사의 공간적 범위』, 고령군 대가야박물관·계명대학교 한국학연구원.

의 제작기법 및 양식적 특징을 찾아보려 시도하였다. 이어 귀걸이를 통해 다라국과 백제, 신라, 왜 사이의 교류양상을 살펴보았다.[30]

박보현은 지산동 73호분 순장곽 출토 금동제 관식을 중심으로 대가야 관모 전립식(前立飾)의 제작기법에 대하여 검토하였다. 지산동 73호분 출토품처럼 조익형을 띠는 관식은 대가야에서는 유례가 매우 드물기 때문에 신라로부터 전해진 물품일 가능성이 높다고 전제하고, 신라 왕경 출토품과의 차이에 주목하여 신라의 지방 소재 공방에서 제작되었을 것으로 추정하였다. 이어 대가야의 중심 고총 속에서 금속제 관이 출토되지 않는 이유에 대하여 대가야에서는 용봉문대도의 중요도가 높았고 신라만큼 관이 중요한 위치를 차지하지 않았기 때문이라고 해석하였다.[31]

한편, 일본학계의 우노 마사토시(宇野愼敏)는 일본열도와 한반도 출토 산치자형 수하식을 갖춘 귀걸이에 대하여 종합적으로 검토하였다. 귀걸이의 변화 순서를 상정하고 제작기법에 대하여 상세하게 살폈다. 옥전 M6호분 → 옥전 M4호분, 교동 31호분 → 다마시마고분(玉島古墳) → 히하이즈카고분(日拜塚古墳) 출토품 순으로의 변화를 상정했다. 5세기 말 신라의 영향을 받은 가야 여러 나라의 장인집단이 산치자형 수하식을 만들어 유행시킨 것으로 보았다. 그리고 6세기 전반 무렵 신라가 가야로 진출함에 따라 장인들이 왜국으로 도래하여 일본에서 동일한 형태의 귀걸이를 만들었을 것으로 추정하였다.[32]

다카타 칸타(高田貫太)는 2007년 학위논문에서 일본열도 출토 한반도

30) 이은영, 2011, 「다라국의 귀걸이[耳飾] 연구」 『신라사학보』 21, 신라사학회.
31) 박보현, 2014, 「대가야의 관모전립식고」 『과기고고연구』 20, 아주대학교 박물관.
32) 宇野愼敏, 2004, 「山梔子形垂飾附耳飾とその背景」 『福岡大學考古學論集-小田富士雄先生退職記念-』, 小田富士雄先生退職記念事業會.

계 유물을 집성하고 3기로 편년하였으며 그것에 토대를 두고 고대 일본열
도와 한반도 사이의 교섭문제를 설명하였다. 백제, 신라, 대가야 사이의 길
항관계에 따라 일본열도의 교섭 주체 및 교섭 양상이 변하였음을 해명하
려고 하였다. 그는 일본열도 출토 한반도계 금공품을 정치적, 외교적 관계
의 산물이라고 보았으며, 왜왕권이 도래 장인들을 편성하여 관영공방을
편성하였을 가능성은 인정하지만 일본열도의 독자성이나 특수성을 지나
치게 강조하는 일본 학계의 견해를 비판하였다.[33] 2014년에는 학위논문의
많은 부분을 수정 보완하여 저서로 출간하였다.[34]

김우대(金宇大)는 수하식이 대가야 귀걸이에서 가장 의장성이 강한 부
분이라고 하면서 그것의 종류에 따라 계통을 설정하였다. 5세기에는 백제
와 신라로부터 기술을 받아들였고 5세기 후엽 이후 새로운 의장을 창출하
려는 기운이 높아져 6세기 초 산치자형 계통이라는 대가야적 의장을 확립
한 것으로 보았다. 그는 고령 출토품과 의장적 공통성을 가진 금공품을 대
가야계 금공품이라고 정의하였다. 다만 그것의 분포 범위가 반드시 대가
야의 직접적인 지배 영역을 나타내지는 않음을 지적하였다.[35]

2) 장식대도

구자봉은 삼국시대의 환두대도를 종합적으로 정리하였다. 환두대도를
문양에 따라 분류하고 편년하였으며 환두대도의 제작에 투입된 제작기술
을 찾아내려고 시도하였다. 환두대도의 패용방식, 도상의 의미, 소유자의

---

33) 高田貫太, 2007, 「일본열도 5, 6세기 한반도계 유물로 본 한일교섭」, 경북대학
교 박사학위논문.
34) 高田貫太, 2014, 『古墳時代の日朝關係』, 吉川弘文館.
35) 金宇大, 2017, 『金工品から讀む古代朝鮮と倭』, 京都大學學術出版會.

성격 등 다양한 논점에 대하여 검토하였다.[36]

이한상은 가야의 장식대도 자료를 집성하고 분포 및 부장방식을 살폈다. 5세기를 전후하여 백제의 영향을 받아 장식대도의 제작이 시작되었고 5세기 중엽 이후 분포가 확산되는 것으로 파악하였다. 대가야 왕실을 대도 제작 및 사여의 주체로 보았다.[37]

이어 가야 대도에 영향을 준 백제의 대도 문화에 대하여 중점적으로 검토하였다. 대가야의 대도를 4단계로 구분하고 그 가운데 백제로부터의 영향이 3차에 걸쳐 파급되었다고 주장하였다. 천안 용원리나 공주 수촌리고분군 출토품을 적극적으로 활용하여 대가야 장식대도와 비교한 점이 특징이다. 그 외에 옥전 M11호분 출토 대도의 환두 소편을 복원하여 그것이 일본 쇼군야마고분(將軍山古墳) 출토품과 동일 유형에 속함을 지적하기도 하였다.[38]

2010년에는 대가야 장식대도에 대한 상세 관찰 결과를 논문으로 담아냈다. 옥전 35호묘 대도의 제작기법이 수촌리 1호분 대도 등 한성기 백제 대도와 유사함을 지적하였다. 옥전 M3호분 용봉문대도의 특징으로 환두의 둥근 고리 제작 시 파이프처럼 속이 비도록 만든 점, 주출된 환두에 금판을 덧씌워 장식한 점을 들었다. 대가야권에서 출토된 장식대도는 대가야 지배층이 공유한 위세품이었으며 신라권에 속하는 경주, 창녕으로 완제품이 전해졌고 일본열도로는 제작기술이 전파된 것으로 파악하였다.[39]

---

36) 구자봉, 2005, 「삼국시대의 환두대도 연구」, 영남대학교 박사학위논문.

37) 이한상, 2004, 「삼국시대 환두대도의 제작과 소유방식」 『한국고대사연구』 36, 한국고대사학회.

38) 이한상, 2006, 「장식대도로 본 백제와 가야의 교류」 『백제연구』 43, 충남대학교 백제연구소.

39) 이한상, 2010, 「대가야의 성장과 용봉문대도문화」 『신라사학보』 18, 신라사학회.

2013년에는 논의를 더 진전시켜 옥전 35호묘와 옥전 M3호분 대도의 제작기법을 분석함으로써 대가야 장식대도의 계보와 특징을 구체화시켰다.[40)]

2015년에는 지산동 구 39호분 장식대도의 제작기법과 제작지에 대한 의견을 제시하였다. 이 대도의 문양 표현기법, 환내상(環內像)의 제작 및 결합방식, 병두금구와 파부의 제작기법 등에 대하여 설명하였다. 그것에 토대를 두고 이 대도는 옥전 M3호분 출토품 등 이전 시기 대가야 장식대도와 공통하는 요소를 갖추고 있음에 비해 백제 장식대도와는 차이가 큰 점에 주목하여 이 대도의 제작지를 대가야로 추정하였다.[41)]

이승신은 가야 환두대도에 대한 기존 연구의 성과를 정리한 이후 환두대도의 제작에 투여된 금공기술에 대하여 검토하였다. 아울러 문양의 도상에 대한 분석은 향후 연구에서 많이 활용될 수 있는 성과로 보인다.[42)]

박천수는 지산동 44호분 재보고서를 발간하면서 대가야 유물 전체에 대하여 검토하였다. 그 과정에서 대가야 환두대도의 특징을 정리하였다. 생초 M13호분 대도처럼 환두에 유리옥이 감입된 점, 환두 내연(內緣)에 각목문(刻目文)이 베풀어진 점을 들고 있는데 새로운 지견이다. 지산동 44호분에서 금동제 칼집장식이 출토되었으므로 이 무덤에 용봉문대도가 부장되었던 것으로 추정하면서 옥전고분군 출토 용봉문대도의 제작지를 고령으

---

40) 이한상, 2013, 「합천 옥전 35호분 용봉문대도의 금공기법과 문양」, 『고고학탐구』 13, 고고학탐구회.
이한상, 2013, 「합천 옥전 M3호분 용봉문대도의 환부 제작공정」, 『고고학탐구』 14, 고고학탐구회.

41) 이한상, 2015, 「지산동고총군 금속장신구와 장식대도 검토」, 『고고학탐구』 17, 고고학탐구회.

42) 이승신, 2008, 「가야 환두대도 연구」, 홍익대학교 석사학위논문.

로 보았다.[43)]

　김도영은 대가야 장식대도의 환두에 선상 흔적이 남아 있다고 하면서 그것을 주조 분리선으로 보고 환두를 합법으로 주조한 증거라고 추정하였다.[44)] 이러한 주장은 후속 연구로 이어졌고 후술할 김우대의 연구에도 받아들여졌다. 후속 논문에서는 가야 용봉문대도를 상세히 관찰하여 제작공정 및 기법을 알 수 있는 정보들을 확인하고 그것을 통해 도구, 장인의 행위, 숙련도 등 여러 문제에 접근하였다. 특히 옥전 M3호분 단봉대도에 남아 있는 흔적을 통해 여러 명의 장인이 협업을 통해 완성했음을 밝힌 점이 주목된다.[45)]

　김낙중은 가야계 용봉문대도의 성립에 백제의 영향이 컸음을 지적하였다. 가야계 대도의 쌍룡문, 교호사선문, 환두 주룡문은 이미 백제에서 5세기에 사용되었으므로 백제의 영향을 받아 성립된 소위 가야계 용봉문 대도는 대가야에서만 제작되어 유행한 것이 아니라 백제에서도 유사한 대도가 병행하여 만들어졌을 가능성을 제기하였다. 즉, 용봉문대도의 성립과 확산에 백제-대가야(고령)-합천-신라(창녕, 경주), 백제-고창-나주로 이어지는 이중의 루트가 존재했을 것으로 보았다.[46)]

　오타니 코지(大谷晃二)는 일본열도에서 출토된 용봉문대도의 기술적 계

---

43) 박천수, 2009, 「5~6세기 대가야의 발전과 그 역사적 의의」 『고령 지산동 44호분 -대가야왕릉-』, 경북대학교박물관 외.

44) 김도영, 2011, 「대가야 용봉문환두대도 외환의 제작방법과 복원실험」 『경북대학교 고고인류학과 30주년기념 고고학논총』, 고고학논총간행위원회.

45) 김도영, 2012, 「삼국시대 용봉문환두대도의 제작기술론적 접근」, 경북대학교 석사학위논문.

46) 김낙중, 2014, 「가야계 환두대도와 백제」 『백제문화』 50, 공주대학교 백제문화연구소.

보를 추적하기 위하여 '병두(柄頭)'의 제작기법, 주룡문 도상에 대하여 검토하였다. 일본열도 출토품을 여러 개의 계열과 양식으로 구분하였는데, 그 가운데 '이치스카(一須賀)양식'에 포함된 대도의 경우 칼자루 끝의 제작기법이 열도의 여타 대도와는 다르고 가야 대도와 유사한 요소를 갖추었음을 지적하였다.[47]

김우대는 선행 연구의 성과를 정리한 다음 대가야 장식대도의 계보와 변천 양상을 살폈다. 옥전 M3호분 단계 이후 백제계 기술 전파를 기초로 하는 대도 공방이 본격적으로 정비되어 고도의 금공기술을 필요로 하는 대도(용봉III군)를 제작하기 시작한 것으로 보았다. 6세기는 대가야 금공품의 최전성기이며 이 시기에는 산치자형 귀걸이와 함께 장식대도가 활발하게 일본열도로 전해진 것으로 보았다.[48]

3) 화살통 부속구

쯔치야 타카후미(土屋隆史)는 지산동 구 39호분 화살통 부속구의 제작지가 백제일 가능성을 언급했다. 논지의 근거는 부품의 일부 요소가 백제에서 유래한 것으로 보이는 점, 백제 금동관에 용문 투조가 많은 점 등이다. 그는 대가야의 화살통 부속구를 3단계로 구분하여 살폈다. 처음에는 주변국에서 반입되었지만 옥전 M1호분 단계부터 일부 만들어지기 시작해 옥전 M3호분 단계부터 제작이 급증한다고 지적했다. 그는 화살통 부속구

---

47) 大谷晃二, 2006, 「龍鳳文環頭大刀研究の覺え書き」 『財團法人大阪府文化財センター · 日本民家集落博物館 · 大阪府立彌生文化博物館 · 大阪府立近つ飛鳥博物館 2004年度共同研究成果報告書』.

48) 김우대, 2011, 「제작기법을 중심으로 본 백제 · 가야의 장식대도」 『영남고고학』 59, 영남고고학회.

제작기술에 대한 검토를 통해 대가야의 화살통 부속구 제작에 신라, 백제 장인집단이 관여했고 차츰 대가야의 주체성이 강해진 것으로 보았다.[49]

이한상은 지산동 구 39호분 화살통 부속구의 용문 구도와 표현에 대해 검토하였다. 시통(矢筒) 측판과 저판의 문양을 복원하였다. 용의 세부 표현은 신라와 차이가 있고 백제 용문과 유사하지만 용의 머리 표현이 간략한 점, 조금을 통한 세부 묘사가 없는 점, 쌍룡문에서 두 마리 용이 마주보는 자세를 취한 점은 이 용문만의 특징이라고 설명했다. 따라서 문양에 기준하여 볼 때 이 화살통 부속구는 백제산이라기보다 대가야 공방산일 가능성이 더 크다는 점을 지적했다.[50]

이상에서 살펴본 것처럼 가야의 금공품 연구는 주로 대가야에 집중되어 있다. 그 이유는 금관가야, 아라가야, 소가야 등 여타 가야의 금공품에 대한 연구가 거의 이루어지지 않았기 때문이다.

근래 학계에서는 고고학 자료를 분석하여 가야의 영역을 논하는 연구가 많아졌다. 대가야를 비롯한 가야의 공간적 범위를 잘 보여주는 자료는 물론 토기이지만 그에 못지않게 금공품에도 가야의 영역과 가야사의 전개과정에 오롯이 투영되어 있다.

그런데 오랫동안 가야 금공품 연구가 진척되지 못한 이유로 가야의 영역을 둘러싼 논란을 들 수 있다. 즉, 가야의 금공품을 연구하면서 '가야적 특징'을 찾으려 하기보다 가야의 영역을 먼저 획정한 다음 그곳에서 출토된 유물 전체를 아울러 가야의 장신구로 파악했던 것이다. 낙동강 이동지

---

49) 土屋隆史, 2018, 『古墳時代の日朝交流と金工品』, 雄山閣.

50) 이한상, 2019, 「고령 지산동 구 39호분 성시구의 용문 검토」 『고고학탐구』 23, 고고학탐구회.

역을 가야의 영역으로 보는 견해가 특히 그러하다.

이러한 견해는 물론 임나(任那)의 공간적 범위를 넓혀 보려는 일제강점기 이래의 역사관에 맞닿아 있다. 1990년대 이후 가야 금공품 연구자들도 이러한 시각에서 벗어나 신라와 가야의 고고학 자료를 분명히 구분하게 되었고, 근래에는 일본학계에서도 가야 금공품 분포권을 낙동강 이서로 보는 연구자가 많아졌다.

가야 가운데 출토 유물의 수량이 많은 대가야의 경우 앞으로 금공품 연구가 더욱 정밀해질 필요가 있다. 특히 상세한 실측 도면과 세부 사진을 이용하여 제작공정 및 기법을 복원하는 연구가 더 많아지길 기대한다. 연구의 토대가 견실해져야 금공품을 소유한 사람과 그들이 살았던 사회에 대한 이해가 가능해질 것이다. 그와 더불어 금관가야, 아라가야, 소가야 금공품과의 비교 연구가 필요하며 그것을 기반으로 금공품 양식이 어떤 과정을 거쳐 발현되었는지에 대하여 해명할 필요가 있다.

제2부 │ 금공품 양식의 발현

제1장 장신구
제2장 용봉문대도

제2부
금공품
양식의 발현

제1장
장신구

    삼국시대의 고총에서는 화려한 장신구가 출토되곤 한다. 장신구는 무덤 주인공의 생전 위세를 잘 보여주기 때문에 지배층의 등장, 그들 사이에 존재했을 정치적 관계를 추론하는데 유효한 단서를 제공한다.

    가야 여러 나라의 중심지에서는 다수의 왕릉급 무덤이 발굴되었고 가야인의 삶과 역사를 복원할 수 있는 중요 유물이 다량 출토되었다. 그 가운데 관(冠)[1]과 귀걸이[2] 등 장신구는 같은 시기 고구려, 신라, 백제의 그것과 구

---

1) 박보현, 1997, 「가야관의 속성과 양식」 『고대연구』 5, 고대연구회.
  함순섭, 2002, 「신라와 가야의 관에 대한 서설」 『대가야와 주변제국』, 한국상고사학회 외.
2) 이한상, 1995, 「대가야계 이식의 분류와 편년」 『고대연구』 5, 고대연구회.
  이경자, 1999, 「대가야계고분 출토 이식의 부장양상에 대한 일고찰」 『영남고고학』 24, 영남고고학회.
  高田貫太, 1998, 「垂飾附耳飾をめぐる地域間交渉」 『古文化談叢』 41, 九州古文化研究會.
  金宇大, 2017, 『金工品から讀む古代朝鮮と倭』, 京都大學學術出版會.

별되는 가야적인 외형을 갖추었고, 그 속에는 매우 높은 수준의 기술력과 미감이 구현되어 있음을 확인할 수 있다.

그 가운데 특히 대가야의 장신구가 가장 전형적 사례이다. 대가야에서 장신구는 소량 제작되었고 소유 또한 엄격히 제한되었던 것으로 보인다. 현재까지의 자료로 보면 고령 지산동고분군과 합천 옥전고분군에 집중하는 현상이 뚜렷하다. 신라의 사례에서 전형을 볼 수 있듯이 고대사회의 장신구 생산과 유통에는 국왕의 권력, 국가의 지배력이 강하게 개재되어 있었다. 대가야에서도 장신구는 지배층의 위세품(威勢品)이자 신분의 표상이었던 것 같다.

여기에서는 대가야 관과 귀걸이의 출토 사례를 집성하고 그것의 출토 맥락과 양식적 특징을 종합적으로 검토하고자 한다.

1. 관

1) 사례 분석

관은 고령 지산동고분군에서 여러 점이 출토되었다. 32호분, 518호분, 구 39호분, 30호분 2곽, 73호분 서순장곽, 75호분 봉토 내 1호 순장곽 출토품이 있다. 32호분과 30호분 2곽 출토품은 대륜(臺輪)을 갖춘 것이고, 나머지는 대륜이 없는 모관(帽冠)에 해당한다. 지산동고분군 이외에는 합천 옥전 23호묘와 M6호분에서 출토된 바 있다. 그밖에 소가야 유력자의 무덤에 해당하는 진주 수정봉 2호분에서도 대가야권에서 제작된 것으로 추정되는 신라양식 금동관 조각이 출토된 바 있다.[3]

---

3) 경상문화재연구원, 2022, 『진주 수정봉고분군』, p.108의 도면 23.

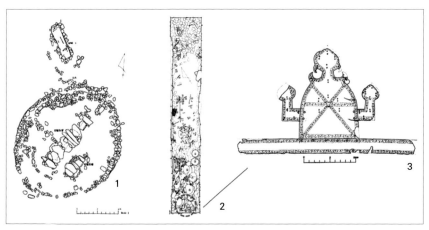

도1. 지산동 32호분 금동관

• 지산동 32호분 출토품(도1)

지산동 32호분의 매장주체부는 세장방형 평면을 가진 수혈식석곽이다. 관은 주곽 내 피장자의 발치에 해당하는 남쪽 단벽에서 갑주, 철모, 철촉, 등자, 재갈 등과 함께 출토되었다. 세부적으로는 병렬된 2점의 유개고배 위에 놓여 있었다. 광배형(光背形) 입식을 갖춘 대관이며 대륜과 입식에 파상점열문(波狀點列文) 등이 시문되어 있다.[4]

• 지산동 30호분 출토품(도2)

지산동 30호분의 매장주체부는 부곽을 갖춘 수혈식석곽이다. 부곽은 주곽과 T자상으로 배치되었고 봉토 내에 3기의 석곽이 축조되어 있다. 금동관은 주곽 남쪽에 위치한 2호 석곽에서 출토되었다. 동단벽 쪽에 치우쳐

----

4) 김종철, 1981,『고령 지산동고분군 32~35호분 · 주변석곽묘』, 계명대학교박물관, pp.14~15.

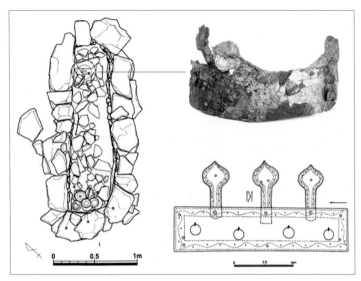

도2. 지산동 30호분 2곽 금동관

두개골과 함께 출토된 것으로 보아 착장품임을 알 수 있다. 두개골을 감정한 결과 유아 또는 소아라는 소견이 나왔다. 보주형(寶珠形) 입식을 갖춘 대관이며 대륜과 입식에 파상점열문이 시문되었다.[5]

- ▪ 지산동 518호분 출토품

지산동 518호분 주곽에서 금동제 관식편이 출토되었으나 도굴갱에서 수습된 것이어서 착장 여부는 알 수 없다. 매장주체부는 주곽과 부곽이 병렬로 배치된 수혈식석곽이다. 전립식은 거의 남아 있지 않으나 좌우 대칭의 날개모양 장식 2개와 가삽부(加揷部) 조각[6]으로 미루어 원래는 경주 황

---

5) 영남매장문화재연구원 외, 1998, 『고령 지산동30호분』, p.30 · 96.

6) 국립가야문화재연구소, 2016, 『고령 지산동고분군 518호분 발굴조사보고서』,

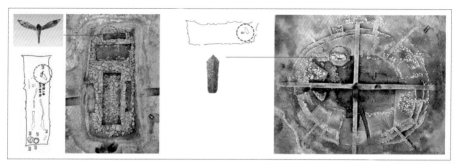

도3. 지산동 73호분 순장곽(좌)과 75호분 순장곽(우) 관 출토 위치

남대총 남분 금제 관식[7])과 유사한 형태였을 것 같다.

- **지산동 73호분 출토품(도3-좌)**

73호분 서순장곽에서 관식 1점이 출토되었다. 73호분은 하나의 묘광 내에 주곽과 부곽이 T자상으로 배치된 목곽묘이다. 묘광 내 서, 남, 북쪽에 각 1기씩의 순장곽이 배치되어 있다. 부곽 주변에 배치된 서순장곽의 중앙부에서 30대 남성의 인골이 검출되었고 남동쪽 단벽부 가까이에서 피장자의 머리에 착장하였던 것으로 보이는 금동제 관식 1점이 출토되었다. 능형문과 점열문이 베풀어져 있다.[8])

- **지산동 75호분 출토품(도3-우)**

75호분 봉토 내 1호 순장곽에서도 관식 1점이 출토되었다. 75호분은 주

---

pp.57~60.

7) 문화재연구소, 1993, 『황남대총 남분 발굴조사보고서(도면 · 도판)』, 도면 25.

8) 조영현, 2012, 『고령 지산동 제73~75호분(본문)』, 대동문화재연구원 외, pp.85~88.

곽과 부곽이 T자상으로 배치된 수혈식석곽묘이다. 도굴 때문인지 주곽에서는 관이 출토되지 않았다. 주광(主壙) 내에 7기의 순장곽, 봉토 내에 3기의 순장곽이 배치되어 있었다. 그 가운데 봉토 내 1호 순장곽의 북동 단벽 가까이에서 모관의 부품인 철제 관식 1점이 출토되었다. 착장품으로 보이며 좌우 날개가 없는 간소한 유형이다. 중간에 횡으로 돌대가 있다.[9]

- 지산동 구 39호분 출토품

지산동 구 39호분 주곽 서단(西端)에서 은제 관모전립식(冠帽前立飾)이 출토되었다. 매장주체부는 수혈식석곽이며 서단에서 귀걸이와 관모전립식이 출토되었고, 동단에서 귀걸이·목걸이·팔찌가 출토된 점으로 미루어 복수의 인물이 묻혔음을 알 수 있다. 관모전립식의 도면과 사진이 없어 어떤 형태인지 알 수 없다. 관모전립식이라는 표현[10]으로 보면 위 73호분 서순장곽, 75호분 봉토 내 1호 순장곽 출토품과 연결되는 외형을 갖추었을 것 같다.

- 옥전 23호묘 출토품(도4-1·2)

옥전고분군에서는 4점의 관이 출토되었다. 모두 지산동고분군 출토품과는 외형이 다르다. 옥전 23호묘는 옥전 M1호분에 선행하며 5세기 전반대로 편년할 수 있는 큰 무덤이다. 내부에서는 금귀걸이, 갑주류, 마구류가 공반되었다. 금동관은 모관이며 고깔모양 몸체 좌우에 조우형 입식이 부착되었고 내부에 삼엽문이 투조로 표현되어 있다. 정수리 부분에는 대롱

---

9) 조영현, 2012, 위의 책, pp.337~339.
10) 有光敎一·藤井和夫, 2002,「附篇 高靈主山第39號墳發掘調査槪報」『朝鮮古蹟研究會遺稿Ⅱ』, 유네스코 東아시아문화연구센터·財團法人 東洋文庫, p.58.

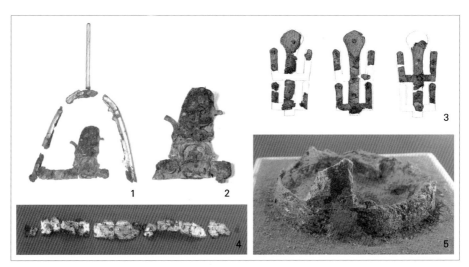

도4. 옥전 23호묘(1 · 2)와 옥전 M6호분 출토 금속제 관(3~5)

모양 장식이 부착되어 있으나 꼭대기에 반구형 장식은 없다.[11] 문양이나 입식의 형태로 보면 고흥 길두리 안동고분[12], 공주 수촌리 4호분[13] 등 백제 한성기 금동관과 유사하다.

- 옥전 M6호분 출토품(도4-3~5)

옥전 M6호분은 옥전고분군에서 늦은 단계에 위치하는 대형 무덤이다. 용봉문대도, 팔찌, 장식마구, 유자이기 등과 함께 금동관 2점, 은관 1점이 출토되었다. 관은 피장자의 머리 쪽에서 출토되었지만 귀걸이 등 공반유물로 보면 머리에서 조금 이격되어 있고 모두 정치된 양상을 보이고 있어

---

11) 조영제 외, 1997, 『합천 옥전고분군Ⅵ』, 경상대학교박물관, pp.74~76.
12) 전남대학교박물관 외, 2015, 『고흥 길두리 안동고분』, pp.25~28.
13) 충청남도역사문화연구원 외, 2007, 『공주 수촌리유적』, pp.134~135, 250~251.

상자 속에 매납되었을 가능성이 있다.[14]

은관은 입식 없이 대륜만 갖춘 것이다. 주연부에 점열문이 시문되어 있다. 2점의 금동관 가운데 1점은 부식이 극심해 세부적인 특징을 파악하기 어려우나 출자형 입식과 녹각형 입식으로 볼 수 있는 부품이 남아 있다. 신라로부터 전해진 완제품인지, 현지에서 신라 관을 모방하여 제작한 물품인지 분명하지 않다. 다른 1점의 금동관은 입식이 신라에서 유행한 수지형[15]이지만 세부 형태에서 차이가 있어 신라 관을 모방하여 제작한 것으로 볼 수도 있다.

2) 양식과 분포

지금까지 발굴된 관 가운데 대가야양식을 갖춘 사례는 지산동 32호분과 30호분 2곽 출토품에 불과하다. 여타 관은 백제 혹은 신라양식을 갖춘 것이다. 옥전 23호묘 관은 백제 양식을 갖추었고 제작의장으로 보면 백제산 완제품이 전해진 것으로 볼 여지가 있다. 신라양식 관의 범주에 넣을 수 있는 사례는 지산동 518호분(1점), 지산동 73호분 순장곽(1점), 옥전 M6호분 금동관(2점) 등이다. 이 4점 가운데 3점 이상은 신라 관과의 차이가 상당하므로 대가야 공방에서 신라 관을 모방하여 제작한 것 같다.

발굴품은 아니지만 Leeum(전 고령 출토)[16]이나 도쿄국립박물관 소장

---

14) 조영제 외, 1993, 『합천 옥전고분군Ⅳ』, 경상대학교박물관, pp.83~89.

15) 박보현, 1986, 「수지형입화식관 형식분류 시론」 『역사교육논집』 9, 경북대학교 역사교육과.
함순섭, 2012, 「신라 수지형대관의 전개과정 연구」, 경북대학교 석사학위논문.
김재열, 2024, 「4~6세기 신라 귀금속 장신구 연구」, 영남대학교 박사학위논문.
김정희, 2025, 「신라 마립간기 대관 연구」, 울산대학교 박사학위논문.

16) 삼성미술관 Leeum, 2011, 『삼성미술관 Leeum 소장품 선집, 고미술』, p.279.

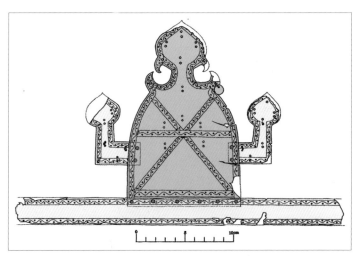

도5. 지산동 32호분 금동관 채회도(보고서 원도에 필자 가채)

금관(전 경남 출토)[17] 등을 통해 보면 주변국과는 다른 대가야적 색채가 뚜렷한 금관도 제작되었음이 분명하다. 32호분과 30호분 2곽 출토품에 기준할 때 이미 5세기에는 초화형(草花形) 입식을 갖춘 대가야양식 관이 제작되고 있었음을 알 수 있다.

　지산동 32호분 금동관(도5)은 대륜에 큼지막한 광배형[18] 입식이 부착된 점이 특징이다. 입식의 정부(頂部)는 보주형을 띠며 소형 곁가지가 따로 부착되어 있다. 대륜에는 상하 가장자리를 따라가면서 파상점열문이 시문되어 있고 6개의 원두정으로 입식이 고정되어 있다. 입식 중상위에 영락이 달

---

17) 小倉武之助, 1964, 『小倉コレクション目錄』, p.55.
　　東京國立博物館, 1982, 『寄贈 小倉コレクション目錄』, p.58의 사진 139.
　　함순섭, 1997, 「小倉Collection 금제대관의 제작기법과 그 계통」 『고대연구』
　　5, 고대연구회.
18) 김종철, 1981, 앞의 책, p.26.

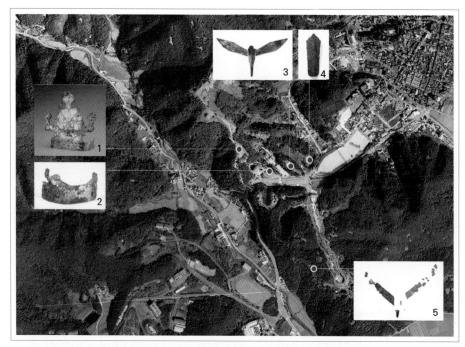

도6. 지산동고분군 관 출토 무덤의 위치(1.32호분, 2.30호분, 3.73호분, 4.75호분, 5.518호분)

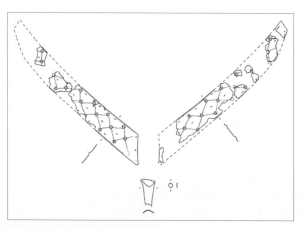

도7. 지산동 518호분 금동제 관식

렸지만 대륜에는 없다. 입식에는 횡선 · X선 교차 문양이 베풀어져 있다.

지산동 30호분 2곽 금동관은 소형이다. 대륜의 길이는 14.7cm이고 너비는 3.6cm이며 전체 높이가 7.5cm에 불과하다. 무덤 주인공이 유아 혹은 소아인 점과 관련이 있을 것 같다. 대륜 위쪽에 보주형 입식 3개가 각각 1개씩의 못으로 고정되어 있으며 같은 간격으로 원형 영락 4개가 달려 있다. 대륜 가장자리를 따라가면서 파상점열문이 시문되어 있다. 대륜은 전면만, 입식은 전후면 모두 도금되어 있다.[19]

지산동 518호분 금동제 관식(도7)의 경우 날개모양 장식은 좌우 각 1개씩이며 왼쪽 장식은 가삽부에 결합하는 부분이 남아 있고 오른쪽 장식은 상부 끝이 남아 있어 전체 형태를 그려볼 수 있다. 가삽부에 결합하는 쪽이 넓고 위로 향하며 조금씩 좁아진다. 전립식에 결합하는 부분은 조금 내만하며 3개의 못을 고정하였던 흔적이 남아 있고 위쪽 끝은 외연이 신라 관식과 달리 각진 면으로 마무리되어 있다. 문양의 개별 단위는 끝이 뾰족한 끌을 세워 표면에서 타격한 점무늬, 끝이 둥근 끌을 세워 이면에서 타격한 볼록무늬이다. 점무늬는 조밀하게 시문되어 가장자리를 따라가며 열을 이루었고 마름모꼴무늬의 네 꼭짓점마다 볼록무늬가 베풀어져 있다. 가삽부의 일부에도 점열문이 시문되어 있다.

73호분 서순장곽 출토 금동제 관식(도8)은 전립식과 좌우의 조우형 장식까지 함께 갖춘 것이다. 전립식은 하부가 좁은 것으로 보아 관모의 앞쪽에 끼워졌던 것 같고, 조우형 장식은 3개씩의 못이 있는 것으로 보아 어디엔가 부착되었던 것임을 알 수 있다. 전립식의 위쪽에는 원래 7개의 돌출부가 있었으나 일부 파손되었다. 측면에는 이면 타출된 볼록 장식이 좌우에 1개씩

---

19) 영남매장문화재연구원 외, 1998, 앞의 책, p.104.

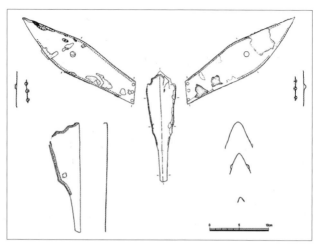

도8. 지산동 73호분 서순장곽 금동제 관식

있다. 약 2/3 정도에는 가장자리를 따라가며 2줄의 점열문이 베풀어져 있다. 조우형 장식에는 이면 타출된 볼록 장식이 각 1개씩 있고 접합부를 제외한 가장자리 전체에 2줄의 점열문이 시문되어 있다. 발굴 당시 관식의 표면과 주변에서 모시 · 견(絹) 등 여러 직물류와 가죽흔이 확인되었다.[20]

75호분 봉토 내 1호 순장곽 철제 관식(도9)은 유례를 찾기 어려운 것이다. 하단 가장자리가 둥글게 처리되어 있다. 가삽부와 상부 장식의 경계에 미약한 돌대가 있다. 상단에는 5개의 뾰족한 장식이 있다. 횡단면은 '∧'형이다. 관식의 표면과 이면에 직물흔이 수착되어 있다.[21]

---

20) 조영현, 2012, 앞의 책, p.148.
   박윤미, 2012, 「고령 지산동 제73 · 75호분 출토 직물의 특성」 『고령 지산동 제73~75호분(본문)』, 대동문화재연구원 외, pp.518~520.
21) 조영현, 2012, 위의 책, p.409.

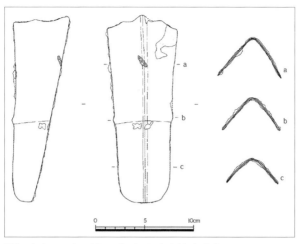

도9. 지산동 75호분 봉토 내 1호 순장곽 철제 관식

　대가야의 모관 자료는 근래 발굴되기 시작했다고 해도 과언이 아니므로 제작지를 비롯하여 다양한 관점에서의 연구가 필요하다. 73호분과 75호분 순장곽 출토 관식의 제작지를 신라의 지방 공방으로 추정한 견해가 있다.[22] 조우형 장식을 갖춘 관식, 고깔모양의 관모가 조합되는 모관은 신라 사회에서 크게 유행하였다. 그것의 계보는 전 집안 출토 관식[23]이나 고분벽화 속 인물상으로 보면 고구려에서 찾을 수 있다. 왕도인 경주뿐만 아니라 지방 소재 고총에서도 출토되는데 제작지가 왕도일 것으로 보이지만 일부분은 지방에서 제작되었을 가능성도 배제할 수 없다.[24]

---

22) 박보현, 2014, 「대가야의 관모전립식고」『과기고고연구』20, 아주대학교 박물관, p.12.

23) 遼寧省博物館 · 遼寧省文物考古硏究所, 2006,『遼河文明展 文物集萃』.

24) 김재열, 2010, 「5~6세기 신라 경산지역 정치체의 관」『신라사학보』20, 신라사학회, pp.75~85.

지산동 73호분 서순장곽 출토 금동제 관식도 외형상으로 보면 신라양식을 띠는 것으로 보아 무리가 없다. 다만 제작지가 신라인지는 상세한 검토가 필요하다. 왜냐하면 세부적인 표현기법에서 이 관식만의 특징도 확인되며, 지산동 75호분 순장곽과 518호분 출토품처럼 신라에는 없는 재질과 형태를 갖춘 것이 지산동고분군에서 출토되기 때문이다. 즉, 신라양식의 범주에 넣을 수는 있겠으나 대가야 공방에서 신라양식을 수용하여 만들었을 가능성도 고려할 수 있다. 이는 합천 옥전 M6호분 금동관의 경우도 마찬가지이다.

대가야에서 관은 고령 지산동고분군과 합천 옥전고분군에 한정적으로 분포한다. 도10에서 볼 수 있듯이 한성기 백제의 금동관은 화성, 서산, 천안, 공주, 익산, 고흥 등지에 넓게 분포하고 있어 대가야와 차이가 있다. 신라의 경

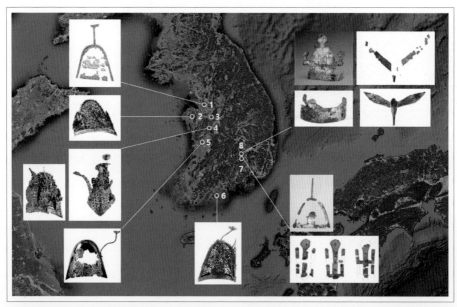

도10. 백제 한성기 금동관(1.요리 · 사창리, 2.부장리, 3.용원리, 4.수촌리, 5.입점리, 6.길두리)와 대가야 금속제
관(7.옥전, 8.지산동)의 분포

우도 금동관은 신라 영역 내 주요 요충지 소재 고총에서 다수 출토된 바 있고 함께 출토된 유물 대부분은 신라양식을 갖추고 있어 대가야와 다르다.

대가야의 관 가운데 대가야양식이 발현된 것은 지산동고분군의 32호분과 30호분 2곽 출토품이 전부라고 할 수 있다. 이 점은 후술할 금귀걸이와는 다른 양상이다. 그 이유는 무엇일까. 대가야 사회에서 금속제 관의 제작이 활발하지 않았거나 그것이 신분을 표상하는 물품이 아니었던 것으로 해석할 수도 있고, 지산동고분군 피장자들이 독점했기 때문일 수도 있다. 그러나 현재의 자료만으로 어느 쪽이 맞다고 단정하기는 어렵다.

지산동 32호분과 옥전 M6호분 관의 사례처럼 착장품이 아닌 경우 그것이 묻힌 맥락을 어떻게 보면 좋을까. 지산동고분군의 경우 30호분 2곽, 73호분과 75호분 순장곽 출토품은 착장품이다. 옥전고분군에서도 23호묘 금동관의 경우 귀걸이와 함께 착장품이다.

무덤 속에서 유물이 출토될 경우 그것이 묻힌 맥락은 다양할 수 있다. 망자 유해에 착장한 것일 수 있고, 부장품이라는 개념으로 함께 넣어준 것일 수도 있다. 상자에 격납된 물품이나 무덤 속에 가득 들어 있는 토기류는 부장품에 해당하는 것들이다. 그밖에 무덤 축조를 시작하여 봉토 조성을 완료하는 시점까지 거행된 장송의례의 흔적으로 상정할 수도 있다.[25)]

그렇다면 지산동 32호분 금동관이 유개고배의 위에서 정연하지 않은 모습으로 발견된 점을 감안하면 의례의 과정에서 매납된 것이 아닐까 추정해볼 수 있다. 그것과는 달리 옥전 M6호분 관은 모두 머리 맡에 줄지어 놓여 있었다. 아마도 상자에 격납해 묻었을 가능성이 있어 지산동 32호분의 경우와는 다소 차이가 있을 것 같다.

---

25) 최종규, 2014, 『철상집I-장송-』, 고고.

신라의 관 가운데도 비착장품인 경우가 있다. 강릉 초당동 B16호묘[26]처럼 한쪽에 별도로 세워 매납하거나 경산 임당 EIII-8호분처럼 곽 위에 부장한 사례가 있다. 백제의 경우 왕도에서 상대적으로 가까운 화성 요리 1호 목곽묘와 사창리 목곽묘[27], 공주 수촌리 1호분과 4호분에서는 금동제 모관이 착장된 모습으로 출토되나[28] 멀리 떨어진 고흥 길두리 안동고분에서는 별도의 공간에 부장되어 있었다.[29]

대가야의 관 부장양상이 정형화되어 있지는 않지만 출토품 대부분을 부장 전용으로 만든 것이라 설명할 수 있는 근거는 없다. 아마도 생전에 소유자가 지녔던 사회적 지위를 표상하는 물품이었을 것이다.

신라나 백제의 경우 관이 출토되는 고분군의 위상이 높은 편이고 단위유적 내에서도 관의 부장은 최상급 무덤에 한정되는 경향이 있다. 무덤의 규모로 보면 지산동 44호분, 45호분에서도 관이 출토될 법 하지만 그렇지 않은데 도굴 때문일 수도 있다. 기왕의 출토품만으로 보더라도 대가야 사회에 대가야적 관 문화가 존재했음은 분명하다. 다만 고총 속에서 금속제 관이 출토되지 않는 경우가 많은 점이 문제이다. 그 이유에 대해 대가야에서는 용봉문대도의 중요도가 높았고 신라만큼 관이 중요한 위치를 차지하지 않았기 때문이라 지적한 연구[30]가 있지만 그에 더하여 망자의 유해를 염하

26) 이성주 외, 2011, 『강릉 초당동고분군』, 강릉원주대학교박물관, p.123.
27) 한국문화유산연구원 외, 2018, 『화성 요리고분군-화성 향남2지구 동서간선도로 내 문화유적 발굴조사 보고서-』.
   국방문화재연구원, 2023, 『화성 사창리 산52번지 유적』.
28) 충청남도역사문화연구원, 2007, 앞의 책, p.126·238.
29) 임영진 외, 2010, 『고흥 길두리 안동고분』, pp.25~28.
30) 박보현, 2014, 앞의 글, p.17.

고 매장하는 방식에서 차이가 있었기 때문은 아닐까 한다. 여하튼 대가야 무덤에서는 금속제 관의 출토 여부만으로 무덤의 위계를 설정하기는 어렵다.

대가야에서 대관과 모관은 어떤 차이를 가졌고 모관 내에서의 재질차를 어떻게 이해하면 좋을까. 대관과 모관의 차이는 신라에서 전형적으로 확인된다. 양자는 동시기에 공존한 것으로, 용도에서 차이가 존재할 것이다. 32호분과 구 39호분 주곽에서 대관과 모관이 각각 출토되었기 때문에 대관 > 모관의 위계를 설정하기가 어렵다. 구 39호분 주곽에 복수의 인물이 묻혔을 가능성이 높으므로 은제 전립식이 순장자의 소유물이라면 그와 같은 위계가 성립될 수는 있다. 더불어 30호분 2곽, 73호분과 75호분 순장곽에서 모관이 출토되었다는 점도 대관 > 모관의 위계를 보여주는 근거로 해석될 여지가 있다. 그렇지만 518호분 주곽에서도 모관 부품인 금동제 관식이 출토되었으므로 다른 해석도 가능하다. 모관에서 보이는 은제, 금동제, 철제 관식의 위계에 대해 3자 가운데 철제품을 가장 낮은 위치에 배치할 수는 있겠으나 은제와 금동제품의 위치를 특정하기는 어렵다.

고대사회의 금공품 가운데 관은 소유자의 사회적 지위를 가장 잘 보여주며, 신라에서 전형이 확인된다. 신라 왕족은 화려한 금관을 독점했다. 금동관이나 은관은 귀족들과 지방 유력자들이 제한적으로 소유할 수 있었다. 『삼국사기』 직관지 기록에서 볼 수 있는 것처럼 세분화된 차별까지는 아니더라도 위계에 따라 차등을 둔 복식체계가 존재했다. 그에 비해 대가야에서는 금속장신구를 포함하는 세분화된 복식체계가 존재하지 않았을 가능성이 있다. 여타 물품을 무덤 속에 다량 부장하면서 관만 부장하지 않았다고 해석하기 보다는 관의 제작이 적었던 것으로 추정하고자 한다. 그렇기 때문에 외래의 금속제 관 문화가 쉽게 수용되었고 그것을 방제한 물품이 유행한 것은 아닐까 한다.

2. 귀걸이

1) 사례 분석

대가야의 장신구 가운데 다수를 점하는 것은 귀걸이다.[31] 관과 마찬가지로 고령 지산동고분군과 합천 옥전고분군에서 주로 출토되었다. 옥전고분군에서 다량 출토된 것은 도굴의 피해를 입지 않은 무덤을 다수 발굴하였기 때문일 수도 있지만, 다라(多羅)가 지녔던 위상과 관련될 것이다. 5세기 후반 이후 대가야양식 토기의 분포 범위가 넓어지는 현상과 궤를 같이하며 귀걸이도 함양, 산청, 거창, 진주, 고성, 창원, 순천, 남원, 장수로 확산되지만 발굴된 유물의 수량은 많지 않다.

① 고령

고령에서는 지산동과 본관동고분군에서 출토된 바 있다. 지산동고분군의 경우 대형분 조사가 많지 않은 편이고 발굴된 대형분 가운데도 도굴된 것이 많아 귀걸이의 출토 사례가 적다.(도11) 지산동 44호분과 45호분에서 볼 수 있듯이 도굴되지 않은 소형 석곽에서 주로 출토되었다.

지산동 구 39호분 주석실에서 2쌍의 귀걸이가 출토되었다. 서단(西端)에서 출토된 귀걸이의 경우 출토 상태를 담은 사진(도12-좌)[32]으로 보면 착장품인 것 같다. 세환에 공구체(空球體)가 연결되어 있고 사슬에 더 큰 공구체가 매달린 모습이 확인된다. 전모를 알기 어려우나 주환-유환-공구체-사슬-공구체의 구조를 갖추었을 것 같다. 연결금구는 가는 금실이다. 옥

---

31) 이 책에서는 素環耳飾을 제외하고 수식 갖춘 귀걸이를 검토의 대상으로 삼고자 한다.

32) 有光敎一・藤井和夫, 2003, 앞의 책, p.71-상.

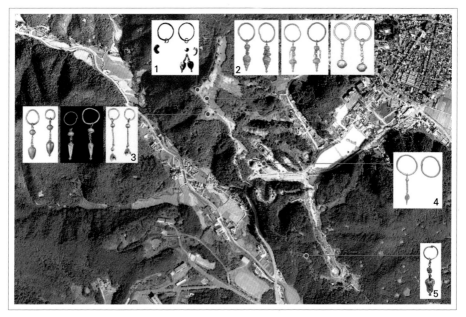

도11. 지산동고분군 귀걸이 출토 위치(1.구 39호분, 2.45호분, 3.44호분, 4.30호분 주변 I-40호묘, 5.518호분)

전 35호묘[33], 옥전 75호묘 귀걸이[34]와 유사해 보인다.

동단(東端)에서 출토된 귀걸이는 출토 맥락을 알 수 없다. 주환은 세환이고 공구체 아래로 산치자형(山梔子形) 수하식 2개가 달려 있다. 공구체에는 각목대(刻目帶), 수하식 표면에는 금알갱이가 부착되어 있다.(도 12-우)[35]

지산동 44호분 6호, 11호, 32호 석곽에서 1쌍씩의 귀걸이가 출토되었다.

---

33) 조영제 외, 1999, 『합천 옥전고분군Ⅷ』, 경상대학교박물관, p.123, 도 68의 172.

34) 조영제 외, 2000, 『합천 옥전고분군Ⅸ』, p.90, 도 41의 151.

35) 有光敎一·藤井和夫, 2003, 앞의 책, p.71의 하.

도12. 지산동 구 39호분 귀걸이(좌: 서단 귀걸이 출토 모습, 우: 동단 귀걸이)

6호 석곽의 경우 동단벽 두개골 편 부근에서 귀걸이가 출토되었다.[36] 11호 석곽에서는 인골 유존상태가 양호했고 서단벽 쪽에 위치한 두개골 양편에서 귀걸이가 출토되었다.[37] 32호 석곽의 경우 동남단벽 쪽에 위치한 두개골 주위에서 귀걸이가 출토되었다.[38]

세 쌍 모두 주환이 세환이고 공구체에 사슬로 수하식을 매단 유형이다. 수하식은 각기 달라 산치자형, 원추형, 낙하산형 등 다양하다. 쌍을 이룬 개별 귀걸이를 살펴보면 각각 길이나 형태, 부품 등에 차이가 존재함을 알 수 있다. 물론 각 석곽별 귀걸이 사이의 차이에 비하면 미미한 것이다. 당

---

36) 윤용진, 1979, 「고령 지산동 44호고분 발굴조사보고」 『대가야고분발굴조사보고서』, 고령군, pp.44~45.
    박천수 외, 2009, 『고령 지산동 44호분-대가야왕릉-』, 경북대학교박물관 외, pp.175~177.

37) 윤용진, 1979, 위의 글, pp.55~56.
    박천수 외, 2009, 위의 책, pp.202~203.

38) 윤용진, 1979, 위의 글, pp.101~103.
    박천수 외, 2009, 위의 책, pp.300~301.

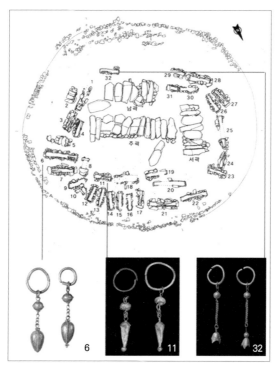

도13. 지산동 44호분 귀걸이 출토 현황

시 귀걸이의 제작이 대량으로 이루어지지는 않았고 귀걸이의 일부분이 망가졌을 때 원래의 모습으로 수리하거나 새로운 물품을 입수하기가 쉽지 않았음에 기인한 것 같다.

지산동 44호분 보고서에서는 1짝의 주환이 결실된 상태라고 서술되어 있다.[39] 주환의 재질이 금동인 점, 주환의 외경에서 차이가 나는 점을 고려한 해석이다. 그러나 현재의 상태가 무덤에 묻힐 당시의 구성일 가능성이 있다. 제작 당시에는 동일한 재질과 크기였을 것이나 사용 과정에서 1짝의

---

39) 박천수 외, 2009, 위의 책, pp.187~188.

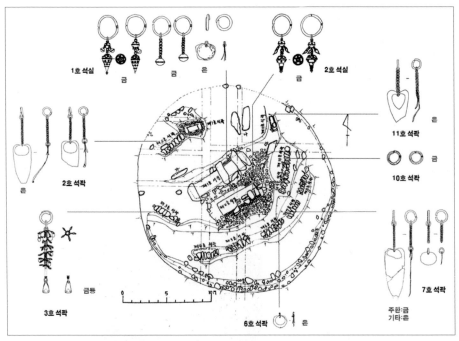

도14. 지산동 45호분 귀걸이 출토 현황

주환이 결실되어 다른 세환을 끼워 사용한 것 같다.

11호 석곽 출토품은 모두 금제품이지만 주환의 크기가 다르다.[40] 32호 석곽 출토품 가운데 1짝에는 낙하산형 수하식 위의 공구체가 없다.[41] 이 역시 6호 석곽 귀걸이와 같은 맥락에서 살펴볼 수 있다.

지산동 45호분에서는 다양한 재질의 귀걸이가 복수로 출토되었다. 무덤의 중앙에 수혈식석곽 2기(보고서의 1실과 2실)가 병렬되었고 그 주변에 11기의 순장곽이 배치되었다.(도14)

---

40) 박천수 외, 2009, 위의 책, pp.206~207.

41) 박천수 외, 2009, 위의 책, pp.307~309.

1실은 내부가 도굴되어 교란이 심한 편인데 동북부, 서남부, 중앙부에 유물이 남아 있었다. 동북부에 1인, 서남부에 2인이 매장된 것으로 추정할 수 있다. 금귀걸이는 목걸이와 정연하게 공반된 점으로 보면 착장품임이 분명하다. 다만 극심한 도굴로 인해 석실 중앙에 유물이 별로 남아 있지 않아 불분명한 점이 있지만 3점의 귀걸이 모두 무덤 주인공의 소유가 아

도15. 지산동 45호분 1실 귀걸이

닐 가능성이 있다. 금귀걸이 가운데 1쌍은 중간식과 수하식에 화려한 금알갱이 장식이 부가되어 있고(도15) 다른 1쌍은 중간식 없이 사슬에 공구체가 매달린 간소한 유형이다.

2실은 개석이 붕괴되는 바람에 도굴의 피해를 면하였다. 중앙부와 서남부에 토기군이, 동북부에는 귀걸이와 목걸이를 갖춘 인골과 토기 1점이, 그 외에는 빈 공간으로 남아 있었다. 발굴자는 동북부에서 출토된 귀걸이를 착장품으로 파악했고 그 반대편의 빈 공간에서 장도(粧刀) 2점이 발굴된 점에 근거하여 이곳에도 1인이 묻혔던 것으로 추정했다.[42] 귀걸이는 주환이 가늘고 큰 편이다. 공구체 아래로 사슬과 원추형 수하식이 차례로 걸려 있다. 중간식과 수하식에 금알갱이가 장식되었고 공구체 하부에 영락이 달려 있다. 1짝은 전체가 금이지만, 다른 1짝은 주환과 유환이 은이다.

---

42) 김종철, 1979, 앞의 글, pp.224~226.

45호분 2호, 6호, 7호, 11호 석곽에서는 은귀걸이가 출토되었다. 2호 석곽 귀걸이는 피장자의 귀 부근에서 출토되었다.[43] 6호 석곽의 경우 인골은 확인되지 않았고 귀걸이는 수하식만 출토되었다.[44] 7호 석곽의 경우도 인골은 확인되지 않았으며 귀걸이는 주환이 금, 여타 부분은 은이다.[45] 11호 석곽에서는 은귀걸이 1개, 장도 편 1점, 토기 편 1점만이 출토되었다.[46] 3호 석곽의 경우 동남부에서 금동귀걸이 1쌍이 출토되었다. 전체 길이가 15cm 정도여서 마치 관의 수식처럼 길쭉하다.[47] 10호 석곽에서 출토된 금환 1쌍은 귀걸이로 보이나 수하식이 없다.[48]

2호, 6호, 7호, 11호 석곽 출토 은귀걸이는 한 곳에서 같은 장인이 만들었다고 해도 좋을 정도로 유사하다. 이 무덤에서는 금제품 > 은제품의 위계가 보인다. 주곽과 부곽에 묻힌 순장자와 순장곽에 묻힌 순장자의 귀걸이는 재질이나 장식에서 차이가 난다. 그것은 아마도 생전의 지위를 반영하는 것 같다.

지산동 30호분 주변 I지구 40호 석곽묘에서 금귀걸이가 출토되었다. 1짝은 중간식과 수하식이 결실되었다. 다른 짝에 비해 주환이 굵다. 온전한 1짝의 경우 중간식이 공구체이고 수하식은 삼익형이다. 출토 양상으로 보면 착장품인 것 같다.(도16)[49]

---

43) 김종철, 1979, 위의 글, pp.233~235.

44) 김종철, 1979, 위의 글, p.247.

45) 김종철, 1979, 위의 글, p.251.

46) 김종철, 1979, 위의 글, p.265.

47) 김종철, 1979, 위의 글, pp.241~245.

48) 김종철, 1979, 위의 글, p.260.

49) 박승규 외, 2006, 앞의 책, p.52.

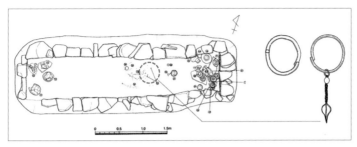

도16. 지산동 30호분 주변 I지구 40호 석곽묘 귀걸이 출토 위치

지산동 518호분 주곽 도굴갱에서 1짝만 수습된 귀걸이는 주환, 유환, 연결금구, 중간식, 수하식을 갖추고 있다. 재질은 금과 은 합금이다.[50] 백제나 대가야 귀걸이의 중간식으로 사슬이 사용될 때 구체의 아래쪽에 배치됨에 비해 이 귀걸이는 유환과 구체의 사이에도 사슬이 부가되어 있어 특이하다. 공구체에는 금알갱이가 장식되어 있다. 수하식은 산치자형의 범주에 넣을 수 있는 것이다. 하부에는 크고 작은 금알갱이가 장식되어 있다.[51]

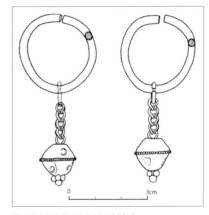

도17. 본관동 36호분 귀걸이

본관동 36호분 석곽 중앙으

---

50) 주환은 은(Ag) 20.17%, 금(Au) 79.82%이고, 2개의 유환 가운데 하나는 은 10.97%, 금 89.03%로 확인되었다.
이예지, 2016, 「고령 지산동 출토 금속유물의 과학적 분석」『고령 지산동고분군 518호분 발굴조사보고서』, 국립가야문화재연구소, p.374.

51) 국립가야문화재연구소, 2016, 앞의 책, pp.58~59.

로부터 남쪽으로 조금 치우친 곳에서 금귀걸이 1쌍이 정연하게 출토되었다. 유환에 사슬을 연결하고 맨 아래에 공구체를 수하식으로 매단 유형이다. 공구체에 4과의 금알갱이가 장식되어 있다.[52]

② 합천

대가야 고총군 가운데 가장 많은 귀걸이가 출토된 곳은 합천 옥전고분군이다. 대가야에서 이 고총군이 가졌던 높은 위상을 상징적으로 보여주는 현상이다.[53] 합천에서는 옥전 이외에 반계제 가A호분에서 귀걸이 1쌍이 출토되었다.[54]

옥전고분군에서 출토된 귀걸이 가운데 다수는 공구체에 사슬을 연결한 것이다. 수하식은 다양하여 심엽형, 원추형, 공구체, 산치자형, 곡옥 등이 있다. 대형분인 M3호분과 M4호분, 35호묘에는 귀걸이가 복수로 묻혀 있었다. 72호묘의 경우도 복수 부장의 가능성이 있으나 분명하지 않다. M11호분처럼 도굴갱에서 1짝만 출토된 것을 예외로 하면 착장하는 것이 기본이다. 영락과 금알갱이 장식은 일부에 한정되고 각목대와 사슬을 갖춘 것이 많다.

옥전고분군은 유구 사이의 선후관계를 알 수 있는 자료가 많은 편이고 특히 토기가 다량 출토되었다. 발굴자는 중복관계와 토기에 대한 세밀한 검토를 통해 각 무덤에 연대를 부여하였다. 역연대에 대해 발굴자보다 조금 빠르게 보는 견해도 있지만 상대연대에 대한 이론은 적은 편이다. 귀걸이가 출토된 대형분의 순서는 M2호분(5세기 3/4분기)[55] → M3호분(5세

---

52) 계명대학교박물관, 1995, 『고령 본관동고분군』, pp.96~97.

53) 조영제, 2009, 『옥전고분군과 다라국』, 혜안.

54) 김정완 외, 1987, 『합천 반계제고분군』, 국립진주박물관 외, p.58·66.

55) 조영제 외, 1992, 『합천 옥전고분군III』, 경상대학교박물관, p.153·155.

기 4/4분기)[56] → M4호분(6세기 1/4분기)[57] → M6호분(6세기 2/4분기)[58] → M11호분(6세기 중엽)[59] 순이다.

23호묘는 M2호분보다 빠른 5세기 전반에 축조된 무덤이다.[60] M2호분 단계에 속하는 것으로 12호묘[61], 20호묘[62], 28호묘[63], 35호묘[64], 95호묘가 있다.[65] M3호분 단계에 속하는 것으로 24호묘[66], 70호묘[67], 72호묘[68], 82호묘[69], 91호묘가 있다.[70] M4호분 단계에 속하는 것으로 75호묘가 있다.[71] M6호분과 M11호분 단계의 여타 귀걸이는 출토되지 않았다.

발굴자의 위와 같은 편년관을 적용하여 귀걸이 출토 무덤의 위치를 표시해보면 도18, 19와 같다. 도18은 옥전고분군 가운데 1차 발굴구역에서 출토된 귀걸이의 분포이다. 12호묘, 20호묘, 24호묘, 28호묘, 35호묘 귀걸

---

56) 조영제 외, 1990, 『합천 옥전고분군Ⅱ』, 경상대학교박물관, pp.96~97.

57) 조영제 외, 1993, 『합천 옥전고분군Ⅳ』, 경상대학교박물관, pp.40~41.

58) 조영제 외, 1993, 위의 책, p.102.

59) 조영제 외, 1995, 『합천 옥전고분군Ⅴ』, 경상대학교박물관, pp.30~32.

60) 조영제 외, 1997, 앞의 책, pp.75~76.

61) 조영제 외, 1998, 『합천 옥전고분군Ⅶ』, 경상대학교박물관, pp.23~24.

62) 조영제 외, 1998, 위의 책, p.69·72.

63) 조영제 외, 1997, 앞의 책, pp.155~157.

64) 조영제 외, 1999, 앞의 책, pp.122~123.

65) 조영제 외, 2003, 『합천 옥전고분군Ⅹ』, 경상대학교박물관, pp.83~84.

66) 조영제 외, 1998, 앞의 책, pp.106~110.

67) 조영제, 1988, 『합천 옥전고분군Ⅰ』, 경상대학교박물관 외, p.239·251.

68) 조영제 외, 1992, 앞의 책, pp.175~176.

69) 조영제 외, 1992, 위의 책, pp.195~196.

70) 조영제 외, 2003, 앞의 책, p.31·41.

71) 조영제 외, 2000, 앞의 책, p.90·98.

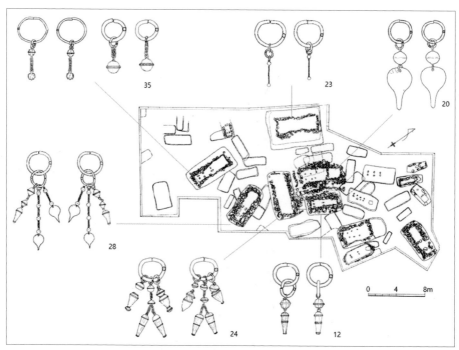

도18. 옥전고분군 5세기 귀걸이의 분포1

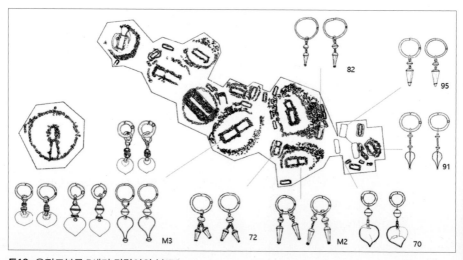

도19. 옥전고분군 5세기 귀걸이의 분포2

이가 5세기 중엽~후반에 해당한다. 이곳에서는 M4호분 이후 시기의 귀걸이는 출토되지 않았다. 24호묘, 28호묘처럼 주환에 복수의 귀걸이를 매단 사례가 출토된 무덤이 서로 인접해 있음을 볼 수 있다.

도19는 고총 구역의 귀걸이 분포이다. M2호분 귀걸이처럼 원추형 수하식을 갖춘 귀걸이 출토 무덤들이 서로 인접해 있다. 발굴자는 95호묘만 M2호분 단계이고, 72호묘와 82호묘는 M2호분보다 한 단계 늦은 M3호분 단계로 파악하였다. M3호분 단계의 귀걸이는 70호묘, 91호묘 출토품에서 볼 수 있듯이 형태가 다양하다. 삼익형 수하식을 갖춘 귀걸이가 이 단계에 해당한다.

도20은 M4호분 단계 이후의 귀걸이를 모아본 것이다. 75호묘 귀걸이를 제외하면 주환이 굵고 장식이 화려한 것들이다. M4호분 귀걸이는 대가야의 여러 귀걸이 가운데 가장 정교한 사례에 속한다. 귀걸이의 주환에는 동

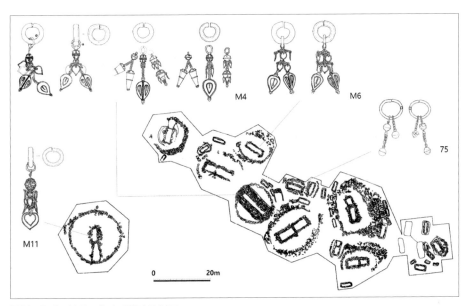

도20. 옥전고분군 6세기 귀걸이의 분포

시기에 유행한 여러 유형의 귀걸이가 함께 걸려 있다. 중간식은 전부 공구체이고 상하로 금알갱이가 부착되었으며 공구체의 하부에 영락을 매단 것과 입방체를 붙이고 그것에 영락을 매단 것이 있다. 이러한 기법은 새로운 것이다. 특히 입방체의 채용이 그러하다.[72] 수하식 가운데 원추형은 두 종류가 있다. 첫째는 수하식의 외연이 직선적인 것이다. 이러한 수하식은 대가야 귀걸이의 초기부터 존속한 것으로, 옥전 72호묘 귀걸이의 수하식처럼 간소한 것으로부터 옥전 M4호분 귀걸이처럼 화려한 장식이 부가된 것으로 바뀐 것 같다. 둘째는 지산동 45호분 1실과 2실 출토품에서 볼 수 있듯이 원추형 수하식 상부가 구상(球狀)인 것이다. 원추형 수하식과 산치자형 수하식이 같은 주환에 걸려 있기 때문에 양자는 동시대에 유행한 수하식이라고 할 수 있다.

옥전고분군 귀걸이 가운데 외래적 요소를 갖춘 사례가 있다. 백제계와 신라계로 구분할 수 있다. 전자는 20호묘, 23호묘, M11호분 출토품이다. 후자는 M3호분 귀걸이 3쌍과 89호묘 귀걸이다.

옥전 23호묘 귀걸이는 중간식과 사슬, 공구체 수하식의 형태가 백제 한성기 귀걸이와 유사하다. M11호분 귀걸이는 연결금구의 형태와 유리옥을 감입한 중간식으로 보면 백제 무령왕비, 공주 송산리 6호분 귀걸이 등 백제 웅진기 귀걸이와 유사하므로 완제품이 전해진 것으로 볼 수 있다. 이와 달리 20호묘 귀걸이는 부품의 형태는 백제 귀걸이와 유사하지만 주환이 더 가늘고 공구체를 비롯한 부품이 크다는 점을 고려하면 백제의 영향을

---

72) 신라 귀걸이에서는 태환이식을 중심으로 중간식에 영락이 부가되거나 입방체가 부분적으로 활용된다. 백제의 경우도 무령왕비 귀걸이의 중간식에 영락이 부가되어 있다. 옥전 M4호분 귀걸이의 이러한 요소들이 신라에서 온 것인지 백제에서 온 것인지 단정하기는 어렵다.

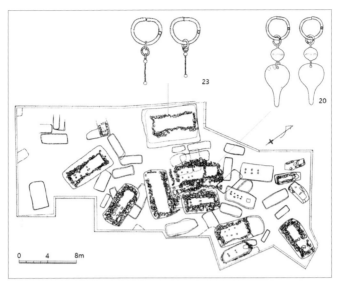

도21. 옥전고분군 외래계 귀걸이1

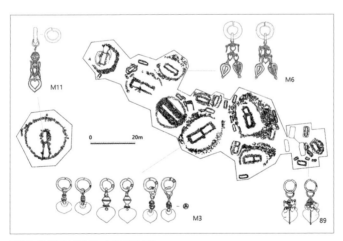

도22. 옥전고분군 외래계 귀걸이2

받아 대가야 공방에서 만들어진 것 같다.

옥전 M3호분에서 출토된 귀걸이 4쌍 가운데 착장품 1쌍과 부장품 3쌍 중 2쌍이 신라 귀걸이와 유사한 면모를 보인다. 2쌍은 중간식이 원통형이고 1쌍은 중간식이 구체·반구체이다. 전자 가운데 착장품은 표면에 금알갱이가 장식되어 있다. 2쌍 모두 수하식이 횡으로 넓은 심엽형이며 자엽을 가지는 점도 신라 귀걸이와 유사하다. 후자는 중간식에 2줄씩의 각목대가 장식되어 있다. 이와 같은 중간식은 대가야 귀걸이에서는 본 예가 유일하지만, 경주 황남리 110호분과 황남대총 남분 출토품 등 신라 세환이식에서 확인된다. 크기 등에서 다소 차이가 있어 이 귀걸이의 제작지가 신라라고 단정하기는 어렵지만 신라적 요소를 갖춘 것임은 분명하다.

옥전 89호묘 귀걸이는 중간식이 소환구체와 소환반구체가 연접된 것이고 영락이 달려 있어 신라 귀걸이와 유사하다. 신라 귀걸이에 비해 전체 크기가 작은 편이다. 주환이 가늘고 유환이 여타 사례보다 큰 점으로 보면 방제품일 가능성도 있다.

옥전 M6호분 귀걸이는 대가야에서 제작된 것으로 보이나 중간식의 제작의장에 신라 귀걸이의 제작기법이 가미되었다. 즉, 중간식이 소환구체와 소환반구체를 이어 만든 것이다. 이러한 중간식은 신라 태환이식의 전형적인 부품이다. M6호분 귀걸이의 중간식은 소환구체가 편구형이고 소환구체와 반구체 사이에 금판을 원통상으로 말아 끼워 넣은 점이 특이하다. 신라 귀걸이의 일부 요소를 수용한 것으로 볼 수 있다.

한편, 2020년 한빛문화재연구원이 옥전고분군 내 일부 구역을 발굴하였는데, 5기의 유구에서 금귀걸이가 출토되었다. 모두 세환이식이며 중간식으로는 공구체와 사슬, 수하식으로 심엽형·원추형 장식과 함께 곡옥이 매달린 사례도 확인되었다.(도23)[73]

5호분 출토품의 경우 중간식으로 구체와 반구체가 사용되었는데, 이는 경주 황남대총 남분 혹은 그에 선행하는 유구에서 출토된 귀걸이와 같은

---

73) 한빛문화재연구원 외, 2023, 『합천 옥전고분군-삼국시대-』.

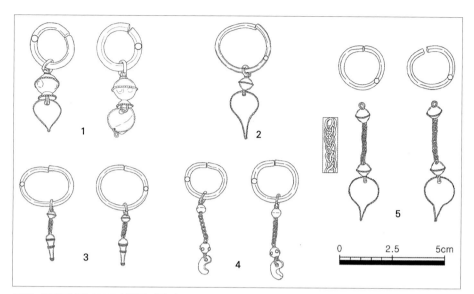

도23. 옥전고분군 2020년 발굴 귀걸이(1.5호분, 2.11호분, 3.12호분, 4.14호분, 5.4호분)

유형이다. 다만 구체와 반구체가 다소 큰 편이어서 완제품이 전해진 것인지의 여부는 더 검토가 필요하다.

4호분, 11호분, 12호분 출토품은 전형적인 대가야양식 귀걸이에 속하며 유사한 사례가 고령과 합천에서 기왕에 출토된 바 있다. 이와 달리 14호분 출토품은 수하식으로 곡옥이 매달려 있어 특이한 사례라고 부를 만하다.

③ 거창

거창 석강리에 분포하는 21기의 봉토묘 가운데 가장 큰 M13호분에서 2쌍의 귀걸이가 출토되었다. 이 무덤은 주·부곽과 3기의 순장곽을 갖추었는데, 주곽에서 화려한 귀걸이 1짝이, 순장곽인 동곽에서 간소한 귀걸이 1쌍이 출토되었다.[74]

---

74) 동양문물연구원 외, 2021, 『거창 석강리고분군 M13호분』.

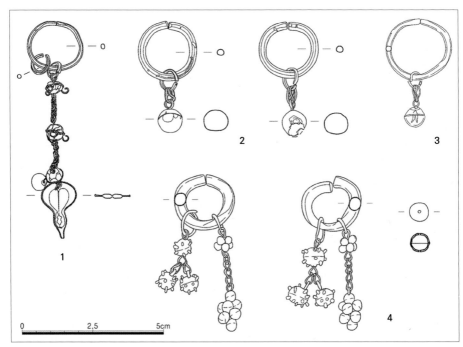

도24. 대가야 귀걸이 사례1(1 · 2.석강리 M13호분, 3.삼고리 2호분, 4.백천리 18호분)

주곽 출토품은 주환이 매우 가는 편이고 중간식으로 3개의 구체, 2줄의 사슬이 사용되었다. 중간식에는 영락이 달려 있어 특이하다. 수하식으로는 지산동 518호분 귀걸이의 수하식과 유사한 장식이 매달려 있다. 대가야양 식 귀걸이 가운데 화려한 편에 속한다. 동곽 출토품은 산청 평촌리 209호 묘 귀걸이와 유사한 사례이다.

④ 함양

백천리(白川里) 1호분 3곽에서는 두개골편과 함께 1쌍의 귀걸이가 출토 되었다. 대가야양식 토기, 화살통 부속구, 마구류, 장식대도가 공반되었다. 귀걸이의 주환은 세환이며 작은 편이다. 중간식은 공구체이고 사슬과 심엽형 수하식을 갖추었다. 사슬이 여타 귀걸이와 달리 겹사슬이다. 심엽형 수하식은 오목하며, 크고 작은 달개가 1개씩으로 구성되어 있다.(도26-1)[75] 백천리 3호분 1곽 출토 은귀걸이는 사슬에 심엽형 수하식이 달린 유형으로, 지산동 45호분 순장곽 출토품과 유사하다. 다만 수하식의 양 어깨선이 강조되어 있다.(도25)

2022~2023년에 발굴된 백천리 18호분 주곽에서 금귀걸이 1쌍이 금제 곡옥 2점, 은팔찌 1쌍, 은제 어형(魚形) 요패와 함께 출토되었다. 주환에 2줄의 수식이 매달린 유형이다. 1줄은 공구체의 표면에 금알갱이가 장식되었고, 다른 1줄은 복수의 금알갱이를 연접하여 만든 중간식과 수하식이 사슬로 연결되어 있다.(도24-4)[76]

그밖에 백전면 평정리 답357-3번지에서 금귀걸이가 출토된 바 있다.[77]

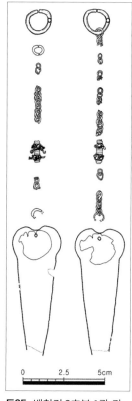

도25. 백천리 3호분 1곽 귀걸이

---

75) 부산대학교박물관, 1986,『함양 백천리 1호분』, pp.25 · 50~51.
　　부산대학교박물관 외, 2021,『함양 백천리고분군』, p.137 · 139.

76) 강산문화연구원, 2024,『함양 백천리고분군 18호분』, p.113 · 115.

77) 이 귀걸이는 발견신고품이며 1967년 7월에 국가에 귀속된 유물이다. 유물번호는 '경주993'이다.

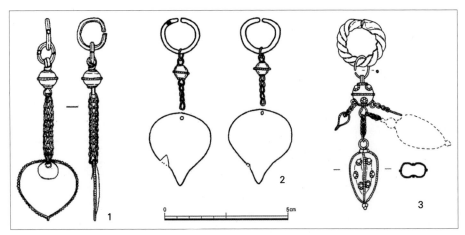

도26. 대가야 귀걸이 사례2(1.백천리 1-3호분, 2.반계제 가-A호분, 3.중안동)

⑤ 산청

평촌(坪村)유적은 경호강의 범람과 퇴적으로 만들어진 하중도에 입지한
다. 발굴된 무덤 249기 가운데 209호 석곽묘에서 착장되었던 것으로 보이
는 귀걸이 1쌍이 출토되었다. 대가야양식 토기, 방추차가 공반되었다. 귀
걸이는 비교적 간소한 유형이다. 주환은 세환이고 중간식 없이 유환에 사
슬과 공구체가 차례로 달려 있다.(도28-좌)[78]

⑥ 진주

중안동에서 출토된 것으로 전하는 귀걸이 1짝이 있다. 출토 맥락은 알

---

78) 경남발전연구원 역사문화센터, 2007, 『산청 평촌리유적Ⅱ-산청군 생초 반갯들
수해복구사업지구내 유적 발굴조사(본문)』, pp.208~209.
경남발전연구원 역사문화센터, 2007, 『산청 평촌리유적Ⅱ-산청군 생초 반갯들
수해복구사업지구내 유적 발굴조사(도면)』, p.512.

수 없지만 진주를 대표하는 고총군인 수정봉·옥봉고분군[79]에서 멀지 않은 곳에서 출토되었을 가능성이 있다. 중안동 출토품으로 전하는 유물로 동경, 마구, 은팔찌 등이 있다. 귀걸이의 주환은 세환이며 사각봉을 꼬아 만든 것이다. 공구체에 금알갱이와 영락이 장식되어 있다. 그 아래로 사슬과 산치자형 수하식이 달려 있다. 공구체 아래에 별도의 사슬 일부가 남아 있는 것으로 보아 원래 수식이 2줄이었음을 알 수 있다. 수하식 표면에 각목대와 금알갱이가 장식되어 있다.(도26-3)[80] 사각봉을 비틀어 꼬아 주환을 만드는 기법은 공주 수촌리 4호분[81], 천안 용원리 37호묘[82], 서산 부장리 6호분구 6호묘 출토품[83] 등 백제 한성기 귀걸이에서도 확인된다.

⑦ 고성

율대리 2호분 3곽에서 귀걸이가 출토되었다. 토층 관찰용 트렌치에서 1짝만 수습되었는데 착장품일 가능성이 있다. 신라양식 대부장경호, 대가야양식 파수부완, 소가야양식 고배, 청동팔찌가 함께 출토되었다. 귀걸이는 중간식이 공구체이고 금사로 삼익형 수하식을 매단 유형이다.(도27-3) 수하식 하부에 자그마한 공구체를 매단 점이 특이하다.[84]

79) 朝鮮總督府, 1916, 『朝鮮古蹟圖譜 三』, pp.277~292.
定森秀夫 외, 1990, 「韓國慶尙南道晋州水精峯2號墳·玉峯7號墳出土遺物」 『京都文化博物館研究紀要 朱雀』 3, 京都文化博物館, pp.71~105.

80) 朝鮮總督府, 1916, 위의 책, p.287의 도 849.
김도헌, 2000, 「진주 중안동 출토 유물」 『가야고고학논총』 3, 가락국사적개발연구원, pp.228~230.

81) 충청남도역사문화연구원, 2007, 앞의 책, p.250.

82) 이남석, 2000, 『천안 용원리고분군』, 공주대학교박물관 외, p.229.

83) 충청남도역사문화연구원, 2008, 『서산 부장리유적(도면)』, p.219.

84) 김정완 외, 1990, 『고성 율대리 2호분』, 국립진주박물관, pp.40~41.

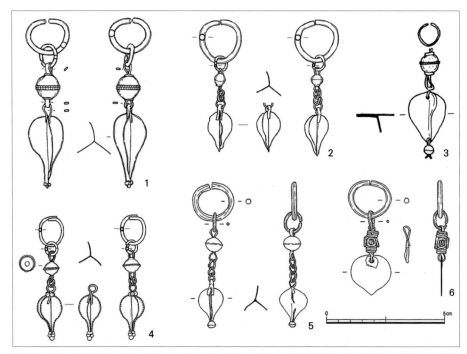

도27. 대가야 귀걸이 사례3(1.다호리 B-15호묘, 2.월산리 M6호분, 3.율대리 2호분 3곽, 4.월산리 M5호분, 5·6.운평리 M2호분)

⑧ 창원

다호리 B-15호묘에서 귀걸이 1쌍이 출토되었다. 북동쪽 관대 위에서 정연하게 출토된 것으로 보아 착장품임을 알 수 있다. 석곽 내에서는 현지산 토기 3점이 출토되었으나 인접한 B-1호묘 주구에서 다량의 대가야 양식 토기가 출토되었다. 귀걸이의 중간식은 공구체이고 수하식은 삼익형이다. 수하식 끝에는 횡으로 한 바퀴 돌려 감은 금대(金帶)가 있다.[85] 일

---

85) 임학종 외, 2001, 『창원 다호리유적』, 국립중앙박물관 외, p.207.

제시기에 다호리에서 도굴된 것을 압수하여 국립중앙박물관에 귀속한 귀걸이가 있다.[86]

⑨ 순천

운평리 M2호분 도굴갱에서 형태가 다른 귀걸이가 함께 출토되었다. 대가야양식 토기, 유자이기의 새 장식 등이 공반되었다. 귀걸이 가운데 1짝은 대가야양식이고 다른 1짝은 신라양식이다. 2쌍 가운데 일부가 남은 것인지 혹은 좌우가 다르게 착용한 것인지 알기 어렵다. 대가야양식을 띠는 귀걸이는 길이가 5.6cm로, 4.5cm인 신라양식 귀걸이보다 길다. 주환은 세환이며 공구체 아래에 사슬과 삼익형 수하식이 차례로 달려 있다. 수하식 아래에는 자그마한 공구체가 붙어 있다. 신라양식 귀걸이는 중간식이 소

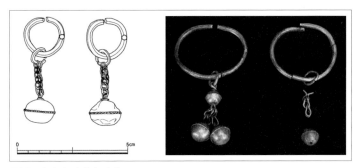

도28. 대가야 귀걸이 사례4(좌: 평촌리 209호묘, 우: 운평리 M4호분)

---

86) 朝鮮總督府博物館, 1938, 『博物館陳列品圖鑑12』, '各種耳飾'.
   일제시기 출토품에 대해 조선총독부박물관 진열품 도감에는 '慶尙南道 昌原郡 東面 柴戶里 출토'로 설명되어 있으나 柴는 茶의 오자이다. 조선총독부 공문서에 따르면, 1935년 10월 3일 다호리 소재 밭에서 출토된 것이고 사건 재판이 종료된 후 1937년 6월 6일에 '占有離脫物橫領事件' 압수품으로 조선총독부에 인계된 것임을 알 수 있다.

환입방체이며 수하식은 크고 작은 2매의 심엽형이다.(도27-5·6)[87]

　운평리 M4호분에서는 1쌍의 귀걸이가 석곽 내 남단벽 쪽에서 대가야양식 토기, 대도, 재갈, 철모 등과 함께 출토되었다. 착장품일 가능성이 있다. 주환은 세환이며 공구체 아래에 2줄의 사슬이 걸리고 하부에 각각 공구체가 달려 있다.(도28-우)[88]

　⑩ 남원

　월산리 M5호분에서 출토된 귀걸이 1쌍은 착장품이며 대가야양식 토기, 청자 계수호(鷄首壺), 철제 초두(鐎斗)와 공반되었다. 주환은 작은 편이고 공구체와 사슬, 삼익형 수하식이 달려 있다. 수하식 하부에는 금알갱이 4개가 부착되어 있다.(도27-4) 월산리 M6호분에서 출토된 귀걸이 1쌍도 착장품이다. M5호분 출토품과 유사하나 삼익형 수하식에 금알갱이 장식이 없다.(도27-2)[89]

　⑪ 장수

　삼고리 2호분 1호석곽에서 귀걸이 1짝이 출토되었다.[90] 주환은 세환이며 중간식 없이 수하식으로 공구체를 매단 간소한 유형이다.(도24-3)[91] 봉

---

87) 이동희 외, 2010, 「순천 운평리유적Ⅱ」, 순천대학교박물관 외, pp.56~59.

88) 최권호, 2012, 「순천 운평리고분군 3차 발굴조사」 『2012년 유적조사 발표회』, 한국고고학회, p.294·300.

89) 김규정 외, 2012, 『남원 월산리고분군』, 전북문화재연구원 외, p.168·198.

90) 전주문화유산연구원이 2018년에 발굴하였다. 경남 거창 출토로 전하는 유물 가운데 유사한 귀걸이가 포함되어 있다.
朝鮮總督府, 1916, 앞의 책, p.276의 도811.

91) 전주문화유산연구원, 2000, 『장수 삼고리고분군-1~3호분-』, pp.103~104.

서리 출토로 전하는 귀걸이가 있다. 중간식이 공구체이고 사슬과 산치자형 수하식이 이어져 있다. 공구체에는 금알갱이가 장식되어 있고 영락이 달려 있다.[92] 그밖에 2023년 호덕리고분군에 대한 시굴조사 과정에서 세환에 사슬과 심엽형 수하식이 차례로 매달린 금귀걸이가 출토되었다.

⑫ 기타

창녕에서 2예가 출토되었다. 교동 31호분 귀걸이는 착장품이다. 주환은 세환이지만 옥전 M4호분[93]이나 M6호분 귀걸이[94]처럼 굵은 편이다. 중간식은 위에 공구체가 있고 아래에 입방체가 이어져 있다. 구체에 금알갱이가 장식되어 있다. 입방체 아래로 두 가닥의 사슬을 연결해 산치자형 수하식을 매단 구조이다.[95] 합천 옥전 M4호분 귀걸이와 매우 유사하다.

계성 A지구 1호분 귀걸이도 착장품이다. 중간식에 구체가 없다는 점을 제외하면 교동 31호분 귀걸이와 유사하다.[96] 이 두 무덤에서 출토된 유물은 신라양식 토기 일색이고 교동고분군에서 출토된 여타 장신구류 대부분이 신라양식을 띠므로 본 예는 대가야 금공문화의 중심지인 고령 혹은 합천에서 완제품이 전해진 것으로 볼 수 있다.

경산에서도 대가야양식 귀걸 1쌍이 발굴된 바 있다. 교촌리 다-10호묘 출토품이 그것이다. 주환은 여타 대가야 귀걸이에 비해 굵은 편이며 동에

---

92) 발견신고를 통해 국가귀속된 유물이다. 국립전주박물관에 소장되어 있다.

93) 조영제 외, 1993, 앞의 책, pp.40~41.

94) 조영제 외, 1993, 위의 책, p.63.

95) 濱田耕作·梅原末治, 1921, 「慶尙北道慶尙南道古墳調査報告」『大正七年度古蹟調査報告第1冊』, 朝鮮總督府, 제102도.

96) 정징원, 1977, 「A지구 고분 발굴조사보고」『창녕 계성고분군 발굴조사보고』, 경상남도, p.30.

금박을 씌운 것이다. 유환에 사슬과 공구체가 차례로 달려 있다. 공구체의 표면과 하부에 크고 작은 금알갱이가 장식되어 있다.[97]

2. 양식과 분포

금귀걸이를 비롯한 금공품이 대가야에 등장한 시점은 5세기 전반 무렵이다. 이는 백제, 신라보다 조금 늦으며 5세기 중엽 이후 수량이 늘어나고 대가야양식이라 부를 수 있는 대가야적 금공문화가 성립한다. 고령뿐만 아니라 대가야권 전체를 놓고 볼 때 가장 이른 시기의 자료는 합천 옥전 23호묘 귀걸이다.[98] 원판상 장식과 사슬이 중간식으로 사용되었다. 이는 천안 용원리 9호석곽[99], 서산 부장리 6호분구 6호묘 출토품[100]처럼 백제 한성기 귀걸이에 유례가 있는 것이며 정교함을 함께 고려한다면 백제산일 가능성이 있다.

고령에서는 아직 5세기 전반까지 올라가는 무덤이 많이 발굴되지 않아 이른 시기에 제작된 귀걸이의 출토 사례가 없다. 귀걸이는 출토되지 않았으나 지산동 73호분 출토품 가운데 금공품이 다수 포함되어 있다. 단봉대도[101]에서 볼 수 있듯이 지산동 73호분 단계의 금공품 가운데는 백제, 신

97) 국립대구박물관, 2000, 『압독사람들의 삶과 죽음』, p.108.
    대구한의대학교박물관, 2005, 『개관10주년기념 발굴유물 특별전』, pp.110~111.
98) 조영제 외, 1997, 앞의 책, p.75.
99) 이남석, 2000, 앞의 책, p.107.
100) 충청남도역사문화연구원, 2008, 앞의 책, p.219.
101) 조영현, 2012, 앞의 책, p.99.

라적 요소를 함께 활용하여 제작한 것이 있다. 즉, 이 시기가 되면 대가야 사회에 금공품 생산체계가 이미 성립해 있었음이 분명하다.

399~400년에 벌어진 전쟁에서 가야는 백제의 동맹국이자 신라의 적국이었다. 그 전쟁에서 가야와 백제는 큰 타격을 입었다. 당시의 가야는 김해의 금관가야를 지칭하는 것이지만 성립기의 대가야도 그에 참여하였을 가능성이 있다. 433년의 나제동맹에서 알 수 있듯이 5세기 전반의 늦은 시점이 되면 국제정세가 급변하여 신라, 가야, 백제 등 중남부지역 국가들 사이의 화친관계가 조성된다.[102]

따라서 옥전 23호묘나 지산동 73호분 단계의 금공문화에서 확인되는 다양한 계보의 혼재양상은 399~400년 전쟁 이후 재편되던 다이내믹한 외교관계의 산물이라 평가할 수 있겠다. 뿐만 아니라 외래문화인 금공문화가 정착, 대가야양식을 발현할 정도로 발전한 이면에는 대가야의 성장이 전제되어 있었고 완숙의 경지에 올라 있던 대가야 제철기술이 금공기술 수용의 바탕이 되었을 것이다.[103]

대가야 귀걸이의 주환은 모두 세환이며 현재까지 태환의 출토예가 없다.[104] 이 점은 백제의 귀걸이와 공통하는 점이다. 초현기의 가야 귀걸이 가운데는 백제적 요소가 많이 관찰되므로 태환이식이 없는 것도 같은 맥

---

102) 노중국, 1981, 「고구려·백제·신라 사이의 역관계 변화에 대한 일고찰」『동방학지』28, 연세대학교 국학연구원.

103) 백제와 신라의 금공문화는 대가야 금공문화의 시작에 큰 영향을 주었을 뿐만 아니라 이후에도 단속적으로 영향을 미쳤다. 장식마구에서는 신라의 영향이 지속되었지만 장신구나 금속용기에서는 백제로부터의 영향이 더욱 컸다.

104) 대가야 귀걸이의 사례를 집성하고 개별 귀걸이의 특징을 상세히 분석한 연구가 있어 주목된다.
金宇大, 2017, 앞의 책, pp.91~121.

락에서 이해할 수 있을 것이다. 다만 합천 옥전 M4호분이나 M6호분 귀걸이처럼 6세기 전반이 되면 주환의 고리가 조금 굵어지고 태환처럼 속을 비게 만든 것이 등장한다. 이 점은 비슷한 시기에 제작된 것으로 보이는 백제 무령왕비 귀걸이[105], 경주 보문리고분 귀걸이[106]에서도 확인된다.

중간식은 대부분 공구체이다. 반구체 2개를 땜으로 접합하여 구체를 만든 것이다. 옥전 20호묘 귀걸이처럼 구체의 중간에 각목대가 장식되지 않은 것[107]이 일부 존재하는데 백제 한성기 귀걸이와 형태가 유사하다. 여기서 조금 변형된 것이 옥전 M2호분 출토품처럼 각목대가 부착된 것[108]이고, 지산동 45호분 1실과 2실 출토품처럼 금알갱이와 영락이 장식된 사례[109]가 가장 늦을 것 같다.

수하식은 다른 나라의 경우처럼 심엽형 장식이 유행하였으며 금판을 둥글게 말아 만든 원추형, 삼익형, 공구체, 산치자형, 곡옥 등 다양한 형태가 공존하였다. 이 가운데 가장 대가야적 색채가 짙은 것은 원추형이다. 옥전 M2호분 예처럼 위가 넓고 아래로 내려오면서 좁아지며 끝에 각목대를 감아 장식한 것이 있고, 지산동 45호분 1실과 2실 출토품처럼 위에서 아래로 내려오면서 급격히 좁아지며 맨 아래에 금알갱이를 붙인 것이 있다. 산치자형 장식도 대가야적 색채가 짙은 수하식이다.[110]

---

105) 문화공보부 문화재관리국, 1973, 『무령왕릉 발굴조사보고서』, 도판5.

106) 原田淑人, 1922, 「慶尙北道慶州郡内東面普門里古墳及慶山郡清道郡金泉郡尙州郡並慶尙南道梁山郡東萊郡諸遺蹟調査報告書」 『大正七年度古蹟調査報告第一冊』, 朝鮮總督府, 도판 제12, 사진 제22.

107) 조영제 외, 1998, 앞의 책, p.72.

108) 조영제 외, 1992, 앞의 책, p.155.

109) 김종철, 1979, 앞의 글, p.218 · 229.

110) 宇野愼敏, 2004, 「山梔子形垂飾附耳飾とその背景」 『福岡大學考古學論集-

귀걸이의 각 부품을 연결하는 금구로 금사를 이용한 것이 많고 수하식을 매달기 위해 금사를 엮어 만든 사슬이 많이 사용되었다. 사슬은 연결금구로서의 기능도 지니지만 공구체와 함께 중간식으로서의 기능도 겸한다. 사슬 가운데는 함양 백천리 1호분 3곽 귀걸이[111]처럼 겹사슬이 쓰인 경우도 있다. 이처럼 공구체와 사슬이 포함된 귀걸이는 일본열도에서도 유행하였다. 다만 열도 출토품은 대가야 귀걸이에 비하여 길이가 긴 편이다.

대가야양식 귀걸이는 고령과 합천에 집중되며 함양, 거창, 산청, 진주, 고성, 창원, 순천, 남원, 장수 등 여러 지역에서 출토된다. 이 가운데 고령 지산동고분군과 합천 옥전고분군에 집중되는 현상이 뚜렷하다. 귀걸이가 묻힌 무덤의 연대는 5세기 전반부터 6세기 중엽까지 약 1세기 이상이지만 중심연대는 5세기 후반~6세기 전반이다.

신라권에 속하는 경산, 창녕에서 3점의 출토 사례가 있고 일본열도로는 완제품이 전해졌을 뿐만 아니라 현지에서 방제품도 다수 만들어졌다. 경산, 창녕, 일본열도의 경우는 공반유물로 보면 가야권 귀걸이와는 출토 맥락이 다르다.

대가야양식 귀걸이가 발견된 유적은 고령 지산동과 합천 옥전을 양축으로 서쪽으로 진행하면서 합천 반계제, 산청 평촌리, 함양 백천리, 남원 월산리, 장수 봉서리, 장수 삼고리가 하나의 루트 상에 위치한다. 백제와의 접경지로 이어지는 방향이다. 남쪽으로는 낙동강에 인접한 다호리, 남강변의 중안동, 남해안에서 멀지 않은 고성 율대리, 순천 운평리에 분포한다.

小田富士雄先生退職記念』, 小田富士雄先生退職記念事業會, pp.411~422.
이한상, 2006, 「이식으로 본 대가야와 왜의 교류」 『석헌 정징원교수 정년퇴임 기념논총』, 부산고고학회 외, pp.670~674.

111) 부산대학교박물관, 1986, 앞의 책, p.51.

대가야양식 토기와 공반하는 경우가 많고 공반하지 않더라도 공반하는 무덤에 인접해 있다.

이와 같은 귀걸이 분포권을 대가야의 영역으로 치환하기는 어렵지만 대가야양식 토기와의 조합관계를 고려할 때 영역은 아니라 하더라도 세력권으로 묶어볼 여지가 충분하다.

단위고분군에 기준하여 대가야양식 유물이 출토되는 곳을 다음의 몇 가지로 구분할 수 있다.

첫째, 특정 시기의 유구에서 대가야양식 일색의 토기가 출토되고 중심 묘역에 귀걸이, 장식대도 등 금공품이 부장되는 유형이다. 왕도인 고령 일원의 무덤들은 당연히 이 유형에 속한다. 그리고 합천 옥전고분군, 반계제고분군, 산청 생초고분군, 함양 백천리고분군, 남원 월산리와 두락리고분군의 경우 대가야양식 토기의 모든 기종과 금공품이 출토되고 있어 본 유형으로 분류할 수 있다. 다만, 고령에서 멀어질수록 현지에서 생산된 토기의 점유율이 점증한다.

둘째, 특정 시기의 유구에서 대가야양식 토기가 집중적으로 출토되고 중심 묘역에 귀걸이 등 간단한 금공품이 부장되는 유형이다. 첫째 유형과 유사하지만 토기류의 기종 구성이 단순하며, 대가야양식 유물의 존속기간이 한 세대 정도로 짧다. 순천과 남원, 장수에 분포하는 고분군이 본 유형에 해당한다. 순천 운평리 M2호분에서는 현지산 대가야양식 토기, 대가야양식과 신라양식 귀걸이가 공반되었다.

셋째, 현지 토기가 중심을 이루고 대가야양식 유물이 소수에 불과한 유형이다. 다호리고분군이나 중촌리고분군, 율대리고분군이 그에 해당한다.

위 세 유형 가운데 첫째와 둘째 유형의 분포권을 대가야 권역이라 추정할 수 있다. 이에 대해 유물에서 확인되는 양식 분포권을 정치체의 공간적 범위라고 단정하기 어렵다는 비판이 있을 수 있다. 그러나 첫째와 둘째 유형의 경우 묘제, 토기, 금공품, 의기 등 고고학 자료 전체에 걸쳐 매우 유사한 특징을 공유하고 있으며, 특히 군사적 긴장감이 만연하였을 5세기 영남지역의 정치상황을 함께 고려한다면 교역권, 문화권으로 한정시켜 해석하기는 어렵다. 그러면 셋째 유형을 대가야의 권역으로 볼 수는 없을까. 현재까지의 고고학 발굴 및 연구 성과에 따르면 이 유형은 금관가야나 소가야 권역으로 보는 것이 적절할 것 같다.

귀걸이나 장식대도 등 대가야양식 금공품의 제작지를 대가야로 보고 소유의 확산이 이루어지는 계기를 대가야의 성장과 관련지어 해석한다면, 당연히 그 중심에 위치하였을 대가야 왕은 금공품 사여의 주체로서 존재했을 것이다.

장신구로 보면 백제나 신라에 비해 대가야의 왕권이 상대적으로 미약했을 가능성이 엿보인다. 물론 한 단면에 불과한 것이지만 백제나 신라와 달리 장신구의 제작과 소유에서 정형성이 덜 보인다는 점을 지적할 수 있다. 대가야의 장신구는 관복의 부품이라기보다는 신체를 장식하는 장신구로서의 기능을 지녔던 것으로 보인다.

이상에서 대가야양식이 발현된 관과 귀걸이를 집성하고 그것의 분포 양상을 검토해 보았다. 대가야인이 사용한 관과 귀걸이에는 대가야의 문화적 수준 및 성장 과정 등이 투영되어 있다. 대가야는 고구려, 백제, 신라 등 주변국과 다른 특색 있는 금공문화를 창출해 공유했음을 알 수 있다.

대가야적인 금공문화가 탄생하기까지는 백제와 신라로부터의 영향이 있었다. 특히 백제는 대가야의 오랜 우방이었으며 새로운 문화를 지속적으로 전해주는 원천이었던 것 같다. 대가야 사회에서 금공문화가 개시되는 5세기 전반의 금공품 가운데는 백제의 그것과 매우 유사한 사례가 다수 확인되기 때문이다. 이러한 단계를 지나 5세기 후반이 되면 대가야적인 특색을 더 현저하게 갖춘 금공품이 등장한다.

대가야의 관과 귀걸이는 주변국 장신구에 비하여 심플한 형태적 특징을 보인다. 즉, 신라의 장신구가 지극한 화려함을 추구한 것이라면 대가야의 경우 간결하면서도 세련된 모습을 보여준다. 고령 지산동 32호분 금동관은 풀 혹은 꽃모양의 장식을 갖추고 있어 주변국의 관과는 차이가 있고, 지산동과 합천 옥전고분군에서 많이 출토된 귀걸이는 속이 비어 있는 둥근 구슬과 나무열매 모양의 장식을 주요 모티브로 삼고 있어 특색이 있다.

관과 귀걸이를 소재로 대가야의 공간적 범위를 찾아낼 수 있는 시기는 5세기 후반 이후이다. 이 무렵이 되면 고구려, 백제, 신라양식과 구별되는 대가야양식 금공품이 제작되어 광역적 분포를 보이기 때문이다. 그것의 배경이 무엇인지 단정하기는 어렵지만 고려해 볼 수 있는 것은 대가야의 성장이다. 특히, 대가야 왕이 중국 남조에 사신을 보낸 479년 무렵, 대가야의 왕은 연맹을 구성한 유력자들을 결속하고 또 그들을 매개로 가야 사회를 유지하기 위해 대가야적인 장신구를 본격적으로 제작, 활용한 것으로 추정해볼 수 있다.

그러나 대가야의 장신구 문화는 가야 여러 나라 중에서는 실체가 뚜렷한 편이지만, 같은 시기의 백제나 신라에 비한다면 정형성이 낮은 것으로 평가할 수 있다. 이 점은 대가야의 왕권 내지 집권력의 한계와 관련이 있을 것 같다.

제2장

용봉문대도

장신구와 함께 대가야의 독자적인 특색을 잘 드러내는 금공품으로 용봉문대도를 들 수 있다. 5세기 무렵 대가야에도 금과 은 등 귀금속을 사용하여 칼의 손잡이와 칼집을 화려하게 장식하고 용과 봉황을 표현한 용봉문대도가 등장한다. 초기에는 백제로부터 영향을 받아 제작되었고 5세기 후반이 되면 대가야적 특색이 완연한 용봉문대도가 제작된다.

삼국시대의 용봉문대도는 단순한 무기를 넘어 소유자의 사회적 지위를 상징하는 위세품으로서의 성격이 강했는데, 대가야의 경우도 마찬가지였다. 따라서 용봉문대도를 비롯한 대가야의 장식대도를 분석하면 대도 소유자들 간의 정치적 관계뿐만 아니라 대도가 활용된 시대적 배경 등 다양한 측면을 조명할 수 있다.

1. 출토 사례

1) 고령

지산동고분군은 대가야의 지배층 묘역이다. 산 능선 정상부를 따라가면서 대형분이 열을 이루며 군집한다. 그렇지만 대형분에 대한 조사가 매우 적어 장식대도의 출토 사례가 많지 않다.

발굴조사를 통하여 처음으로 출토된 용봉문대도는 고령 지산동 구 39호분 대도이다. 환두·병부와 도신 일부만이 남아 있다. 환 내 장식은 봉황으로 추정된다. 철로 주조한 다음 금동판을 덧씌운 것이며 별도로 만들어 환의 기부에 끼워졌다. 환은 중공(中空)이며, 표면에 귀갑문과 화문이 표현된 단면 ∩형의 부품 하변에 단면 ─형의 부품이 덧대어졌다. 문양은 주출한 철 표면에 표현되었고 그 위에 얇은 금동판이 덧씌워졌다. 측면에서 관찰할 수 있는 각목문은 ∩자형 금구의 가장자리에 시문되어 있다.

병연금구의 문양 표현 및 제작기법은 환과 비슷하다. 귀갑문 내부에 봉황문이 표현되어 있다. 이 금구의 상하에는 3줄의 각목대가 표현되어 있는데 무령왕 대도처럼 별도로 만든 금속대(金屬帶)가 아니라 철판에 문양이 주출(鑄出)된 것이다. 파부(把部)의 은판에는 능형문이 투조되었다.(도1)

도1. 지산동 구 39호분 대도

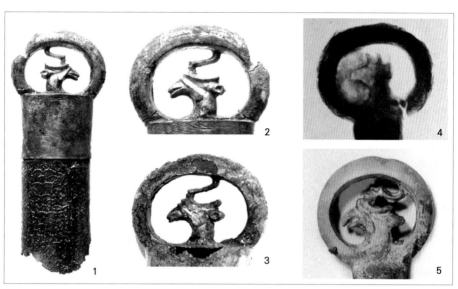

도2. 지산동 73호분 대도(1 · 2)와 비교자료(3.중촌리, 4.지산동 32호분 NE-1호석곽, 5.동 30호분 주변 I-3호묘)

지산동 I지구 3호 석곽묘 대도는 환두가 동제 주조품이고 못 2개로 철제 도신과 결합되었다. 봉황은 입을 조금 벌린 형상이고 뿔 상단은 돌출되어 환과 연접되어 있다. 환에 아무런 장식이 없고 환이 환 내 도상의 몸을 이루고 있는 일체주조형이다.(도2-5)

지산동 73호분 대도는 환두가 금동이며 환 표면에 아무런 장식이 없지만 내부에는 봉황문이 표현되었다. 봉황은 입을 다문 형상이고 머리 위의 뿔은 한 가닥만 있어 지산동 I지구 3호 석곽묘 대도와 다르다. 형태로 보면 산청 중촌리 3호분 북 토광묘 출토 대도와 유사하다. 파부에는 인상문(鱗狀文)이 시문되었다.(도2-1)

지산동 32NE-1호묘 대도는 철제품이다. 환에는 은입사로 당초문이, 환 내에는 단봉문이 표현되어 있다.(도2-4) 이외에 지산동 44호분 도굴갱에서 수습된 금동제 장식판은 표면의 문양이 옥전 M3호분 대도 칼집 장식의 파상문과 유사하다. 소편이긴 하지만 용봉문대도의 칼집 장식용 부품으로 추정할 수 있다.[1]

2) 합천

옥전고분군은 『일본서기』 등 사서에 등장하는 다라(多羅)의 지배층 묘역일 가능성이 있다. 옥전고분군에 대한 발굴조사 성과는 대부분 공간되어 대가야 고고학 연구에 기초적인 자료가 되고 있다. 그간 옥전고분군에서 출토된 용봉문대도 가운데 4점이 옥전 M3호분에서 출토되었다. 발굴 전에 이미 도굴의 피해를 입었지만 내부에 수많은 유물이 남아 있었다.

M3호-A[2] 용봉문대도(도3-1)는 거의 완형에 가깝다. 환 내에는 머리를 교차한 용봉문 도상이 표현되어 있다. 환은 철지금박피이며 단면 ∩형 장식 표면에 두 마리의 용문이 표현되어 있다. 용의 뒷발은 환의 좌우 하부에 배치되었고 위로 상향하면서 정부에 도달하여 머리를 왼쪽으로 튼 모습이 측면에 조각되었다. 용의 몸은 볼륨감이 있지만 표현이 정교하지는 못하다. 여백 부분은 투각상으로 뚫려 있다. 환은 지산동 구 39호분 대도처럼 속이 비어 있고 단면 ∩형 금구 하변을 단면 一형의 금구로 막아 완성한 것으로 보인다. 손잡이에는 은제 각목대(刻目帶)가 촘촘히 감겨 있다. 병연금구에는 목을 교차한 쌍룡문이 표현되어 있다.

M3호-B 용봉문대도(도3-2) 역시 완형에 가깝다. 환 내에 용봉이 머리를

---

1) 박천수, 2009, 「5~6세기 대가야의 발전과 그 역사적 의의」 『고령 지산동44호분 -대가야왕릉-』, 경북대학교박물관 외, p.603-도6.

2) 보고서에서 사용한 명칭이다. 보고서에서는 3점의 용봉문대도를 A, B로 구분하였다.

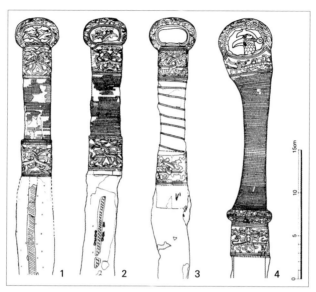

도3. 옥전 M3호분 출토 용봉문대도(1.용봉문대도A, 2.용봉문대도B, 3.용문
대도, 4.단봉문대도)

교차하는 도상이 표현되었다. M3호-A 용봉문대도에 비하여 문양이 정교
하다. 환은 철지금박피이고 두 마리의 용문이 표현되었으며, 용의 뒷발은
환의 좌우 하부에 배치되었고 위로 상향하면서 정부(頂部)에 도달하여 머
리를 왼쪽으로 튼 모습으로 조각되었다. 환은 속이 빈 것 같다. 파부에는
은제 각목대가 촘촘히 감겨 있다. 병연금구에는 목을 교차한 쌍룡문이 표
현되었다.

M3호 용문대도[3](도3-3)는 환 내에 도상이 없고 환의 표면에는 주룡문
이 베풀어져 있다. 기본 도상은 M3호-A, B 대도와 유사하다. 용의 몸에는

---

3) 보고서에서는 이 대도를 '龍文裝環頭大刀'라고 칭하였다.

은, 여백에는 금이 장식되어 있다. 환의 단면은 속이 비어 있고 제작 기법은 M3호-B 대도와 같다. 병연금구에 베풀어진 도상은 M3호-A, B 대도와 비슷하지만 제작 기법이 다르다. 즉, 금판을 바탕에 깔고 쌍룡문이 투조된 은판을 덧대어 문양 대비의 효과를 노렸다. 병부 중간의 각목대는 다른 대도와는 달리 느슨하게 감겨 있다.

M3호분 단봉대도(도3-4)는 외형이 조금 특이하다. 길이가 113.1cm로 다른 대도에 비한다면 약 30cm가량 길다. 병부의 한쪽 면이 곡선을 이루며[4] 칼 코가 두툼한 원반상(圓盤狀)인 점이 그러하다. 환 내의 단봉은 부리가 길쭉하게 튀어 나왔고 머리 위의 뿔 모양 장식을 통해 환 내측에 고정되었다. 이 장식은 동으로 주조한 후 금도금한 것이며 별도로 만들어져 병부 쪽에 끼워졌다. 병연금구의 문양은 쌍룡문이고. 파부에는 각목문이 시문된 은선이 치밀하게 감겨 있다.

M4호분 A대도(도4-2)는 도신이 결실되었고 환두만 출토되었다. 환두 내 장식은 단봉으로 추정되며 부리에 철지금장(鐵地金裝)의 띠가 감겨 있다. 환은 횡타원형이며 은입사로 귀갑문이 표현되었다. 병연금구는 얇은 은판을 돌려 감아 만든 것이며 테두리에는 각목상 장식이 베풀어져 있다.

M4호분 B대도(도4-3)는 환두만 남아 있으며 환 내 장식은 단봉이다. 부리는 약간 벌렸고 눈과 귀는 표현되어 있지 않다. 머리 위 뿔은 앞뒤로 길게 뻗어 있다. 환은 평면 타원형이며 표면에 주룡문이 베풀어져 있다. 옥전

---

4) 이러한 柄部는 일본 古墳時代 後期의 頭椎大刀와 소위 '折衷系 裝飾大刀'에서도 종종 확인된다.
穴澤咊光·馬目順一, 1977, 「頭椎大刀試論-福島縣下出土例を中心して-」『福島考古』1, 福岡縣考古學會.
橋本英將, 2006, 「折衷系裝飾大刀考」『古代武器研究』7, 古代武器研究會.

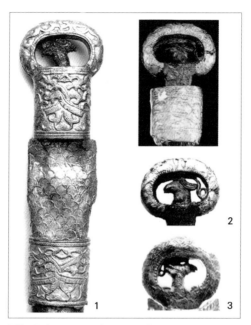

도4. 옥전 M6(1), M4호분(2·3) 대도

M3호분 대도처럼 주조 후 금박이 덧씌워졌다. 문양의 세부 표현은 정교하지 않다. 병연금구는 금동제이며 용문이 있다.

　M6호분 대도(도4-1)는 환 내의 단봉 장식이 별도로 만들어진 것이며 환 표면에 2마리의 주룡문이 표현되어 있다. 2마리의 용은 각기 환의 아래쪽 가장자리에 뒷다리를 둔 채 몸을 위로 상향(上向)하다가 정점에서 머리를 왼쪽으로 틀었다. 파부에는 인상문이 시문된 은판이 감겨 있다.

　35호묘 대도(도5, 6)는 용과 봉황문 등이 시문된 사례이다. 환 표면의 주룡문, 환 내 봉황의 머리, 병연금구의 용문과 봉황문 등은 모두 문양을 돌출되게 표현한 다음, 단위 문양에 은입사로 세부를 표현하고 바탕에 금박을 붙이는 기법이 구사되었다. 이러한 기법은 5세기 백제 대도의 문양 표

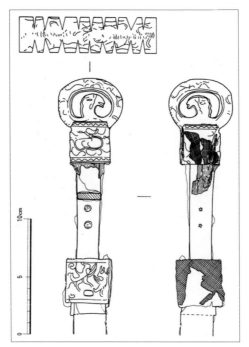

도5. 옥전 35호묘 대도 세부

도6. 옥전 35호묘 대도 문양 세부

현 기법이다.

한편, 2020년 옥전고분군 정비와 관련한 발굴에서 옥전 35호묘 대도에 비견되는 대도 몇 점이 출토되었다. 4호묘와 5호묘 출토품 가운데 환 내에 단봉이, 환두 표면에 주룡문이 시문된 사례가 있다. 그러나 보고서의 사진 및 도면이 상세하지 않아 세부적으로 살피기 어렵다. 장차 보존처리 등이 완료된 이후 상세한 검토를 진행할 수 있을 것 같다.[5]

3) 기타 지역

대가야의 지방 유력자 무덤으로 추정되는 산청 중촌리 3호분 북쪽 토광과 산청 생초 M13호분에서 용봉문대도가 1점씩 출토되었다. 중촌리 3호분 대도(도7-4)의 환 내에는 봉황의 머리가 표현되어 있다. 이 장식은 동으로 주조한 후 도금한 것이다. 환에는 문양이 없고 철지에 금동판이 덧씌워졌다. 봉황의 외형은 지산동 73호분 대도와 유사하다.

생초 M13호분 대도(도7-2)의 환에는 주룡문이 표현되었다. 용은 좌우에 한 마리씩 배치되었는데 각각 뒷다리를 아래쪽에 배치하고 위로 상승하면서 중앙에서 각각 왼쪽으로 머리를 틀었다.[6] 환 내 장식은 금동제이며 봉황의 특징을 보여준다. 머리 위의 뿔 모양 장식도 금동이다. 병연금구에는 몸을 교차한 쌍룡문이 표현되어 있다.

한편, 아라가야의 지배층 묘역인 함안 말이산고분군 일대에서도 1점의 용봉문대도가 출토되었다. 국립창원문화재연구소(현 국립가야문화유산연구소)가 발굴한 도항리 54호분 출토품(도7-3)이 그것이다. 이 대도는 제

---

5) 한빛문화재연구원 외, 2023, 『합천 옥전고분군-삼국시대-』, p.440·459.
6) 옥전 M3호분 대도에 비한다면 쌍룡문의 돌출도가 현저하다.

도7. 교동 10호분⑴, 생초 M13호분⑵, 도항리 54호분⑶, 중촌리 3호분⑷
대도

작 기법으로 보면 대가야 용봉문대도와 유사한 면모를 가졌다. 옥전 M3호분 용문대도처럼 환 내에는 도상이 없다. 환의 제작 기법은 옥전이나 지산동고분군의 전형적인 용봉문대도와 마찬가지로 속이 비어 있고 문양은 단면 ∩형 금구의 표면에 주출되어 있으며 단면 一형의 판을 접합하여 환을 완성하였다. 이 대도의 경우 은판을 덧씌웠다는 점이 특징적인데 이 대도의 제작지를 대가야, 특히 가라(加羅)로 파악한다면 이 시기 용봉문대도에 존재하던 위계(位階)와 관련지어 볼 수도 있겠다. 다만 주룡문의 도상이 간소한 점으로 보면 대가야 대도의 영향을 받아 아라가야 공방에서 제작되었을 가능성도 배제하기는 어렵다.

신라권역에서도 3점의 용봉문대도가 출토되었다. 창녕 교동 10호분[7]과 경주 식리총[8], 호우총 출토품이 그것이다. 이 가운데 환두 주룡문이 시문된 전형적 사례는 앞의 2점이다. 교동 10호분은 창녕 교동고분군 가운데 가장 대형분인 교동 7호분 주변에 위치한 무덤이다. 이 대도(도7-1)는 금동제이며 표면에 두 마리의 용문이 표현되었다. 용의 뒷발은 환의 좌우 하부에 배치하고 위로 상향하면서 정부에 도달하여 머리를 왼쪽으로 틀어 측면에 조각하였다. 환은 속이 비어 있고 단면 ∩형 금구를 단면 一형 금구로 막아 완성한 것이다. 손잡이의 상하에 배치한 병연금구에는 목을 교차한 쌍룡문이 표현되어 있다. 환의 재질은 다르지만 기본적인 제작 기법은 옥전 M3호-B 용봉문대도와 유사하다. 다만 병부에 은제와 금제 각목대롤 교대로 감았다는 점에서 약간의 차이를 볼 수 있을 뿐이다.

식리총은 신라의 왕족묘일 가능성이 있다. 금령총과 더불어 봉황대고분의 남쪽에 인접해 있다. 매장주체부는 전형적인 적석목곽분이다. 출토 유물 가운데는 중국 남조적 요소를 지닌 것이 다수 포함되어 있다.[9] 환 내에는 두 마리의 동물 머리가 교차된 장식이 존재했으나 발굴 당시 이미 원상을 잃어 대략적인 형태만을 짐작할 수 있을 따름이다. 환은 철지금박피이며 표면에는 옥전 M3호분 대도의 경우처럼 두 마리의 주룡문이 표현되어 있다. 병연금구의 도상은 M3호분 대도와 유사하다. 다만 병연금구의 재질은 은지에 금박을 씌운 것으로 알려져 있다.

---

7) 穴澤咊光 · 馬目順一, 1975, 「昌寧校洞古墳群-梅原考古資料を中心とした谷井濟一氏發掘資料の研究」『考古學雜誌』60-4, 日本考古學會.

8) 梅原末治, 1931, 「慶州金鈴塚飾履塚發掘調査報告」『大正十三年度古蹟調査報告』, 朝鮮總督府.

9) 馬目順一, 1980, 「慶州飾履塚古新羅墓の研究-非新羅系遺物の系譜と年代」『古代探叢-瀧口宏先生古稀記念考古學論集』.

2. 대가야적 특색

환두에 용이나 봉황문이 장식된 대도는 백제, 가야, 신라, 왜의 대형 무
덤에서 공통적으로 출토된다. 이러한 대도는 실용적인 무기라기보다는 지
배층의 사회적 지위나 권위를 상징하는 물품으로 볼 수 있다. 대가야의 왕
릉급 무덤에서 출토된 용봉문대도의 제작지를 둘러싸고 여러 논의가 있었
다. 대부분의 대도가 백제에서 제작되었을 가능성을 고려하는 견해와, 일
부 대도만 백제계이며 다수는 가야의 공방에서 제작되었다고 보는 견해로
나뉜다.

만약 대가야 고분에서 출토된 모든 용봉문대도를 수입품으로 본다면,
'대가야의 용봉문대도 문화'라는 표현을 사용하기 어려울 수도 있다. 그러
나 대가야 용봉문대도의 특징을 살펴보면, 백제와 신라 등 주변국의 대도
와는 확연한 차이를 보이므로, 이를 대가야 사회에서 형성된 독자적인 용
봉문대도 문화로 규정할 수 있다.

대가야 유적에서 지금까지 발굴된 용봉문대도 중 가장 이른 시기에 속
하는 자료는 고령 지산동 I지구 3호 석곽묘 출토품이다. 이 대도의 환두는
동제 주조품이며, 환 내 봉황 머리 위의 뿔 모양 장식에는 세 개의 돌기가
있다. 환과 환 내 도상은 일체로 주조되었다. 이러한 기법은 5세기 후반 이
후 대가야 대도에서는 확인되지 않으며, 천안 용원리 1호 석곽묘 대도(도
8) 등 백제 대도와 공통하는 특징이다. 다만, 용원리 대도는 주조로 환두의
표면에 두 마리의 주룡문을 표현하고 그것의 표면을 금과 은으로 장식하
였다는 점에서 차이가 있다. 이러한 특징은 옥전 M3호분 단계 이후 대가
야 용봉문대도의 문양으로 채용된다.

지산동 73호분은 무덤의 구조 및 중복 관계로 보아 지산동 32호분에 선

도8. 용원리 1호 석곽묘 대도

행하며, 역연대로 보았을 때 5세기 전반까지 소급될 가능성이 크다. 이 무
덤에서 출토된 대도의 환두는 금동제이며, 환에는 별다른 장식이 없지만
내부에는 봉황 모양의 도상이 표현되어 있다. 입은 다물었고, 머리 위의 뿔
은 한 가닥뿐이라 지산동 I지구 3호 석곽묘 대도와는 차이를 보인다. 산청
중촌리 3호분 북 토광묘 출토 대도와 유사성을 보이며, 현재까지의 자료를
고려할 때 대가야적인 도상으로 볼 수 있다. 이처럼 대가야 용봉문대도는
기본적으로 백제에서 계보를 찾을 수 있으나, 초기부터 대가야적인 도상
을 만들어 활용했을 가능성도 고려할 수 있다. 중촌리 3호분 대도의 환 내
도상은 동제 주조품의 표면에 금도금을 한 것이고, 환은 철 소지 위에 금동
판을 덧씌운 것이다.

　이와는 다소 다른 유형의 용봉문대도가 존재하는데, 합천 옥전 35호묘
와 고령 지산동 32NE-1호묘 출토품이 대표 사례이다. 이들 대도의 환 내
도상은 철로 제작되었으며, 표면에는 상감기법으로 세부 문양이 표현되었
다. 옥전 35호묘 대도는 환과 병연금구에 용 문양 주출 후, 은입사 기법으
로 문양이 강조되었고, 한 단 낮은 바탕에 금판이 장식되었다. 이러한 기법

은 함양 백천리 3호분 1곽 대도[10], 그리고 공주 수촌리 1호분과 천안 용원리 12호 석곽묘 대도에서 확인된다.

이처럼 대가야 용봉문대도 가운데 이른 시기의 자료는 백제 용봉문대도와 유사성이 높다. 함양 백천리 1호분 3곽 대도의 경우, 병부의 인상문과 판 고정 기법이 신라와는 차이를 보이며, 옥전 75호묘 대도와 함께 백제 대도와 연결될 수 있다. 5세기 전후 대가야의 실체가 불분명하지만, 역사에 기록된 가야 가운데 대가야가 포함되었을 가능성이 있다.

5세기 전반 무렵 백제의 귀금속 장신구문화가 고령과 합천으로 전파된 양상이 확인되는데, 대가야 사회에서 용봉문대도가 유행하는 것도 이러한 시대적 배경 아래에서 이루어진 것으로 볼 수 있다. 물론 초기에는 백제로부터 완제품이 전해졌겠지만, 지산동 73호분 대도처럼 점차 대가야적인 대도가 제작된 것으로 보인다.

옥전 M3호분이 축조된 5세기 후반이 되면 대가야에서 자체적으로 제작한 용봉문대도의 수량이 늘어난다. 이 시기에는 용봉문대도에 더하여 반계제 가A호분 출토품과 같은 은장대도(銀裝大刀)[11]도 주요한 장식대도로 기능한다. 다음 시기인 6세기 초의 무덤인 고령 지산동 구 39호분과 옥전 M4·6호분, 산청 중촌리 3호분, 생초 M13호분, 남원 월산리[12]와 두락리 고분군[13]에서도 용봉문대도, 은장대도 등 장식대도가 출토된다. 5세기 후

10) 임지영, 2022,「가야 금속상감 기법의 원류와 전개」『고고광장』31, 부산고고학회, pp.150~151.

11) 김정완 외, 1987,『합천 반계제고분군』, 국립진주박물관.

12) 전영래, 1983,『남원 월산리고분 발굴조사보고』, 원광대학교 마한·백제문화연구소.

13) 윤덕향·곽장근, 1989,『두락리』, 전북대학교박물관.

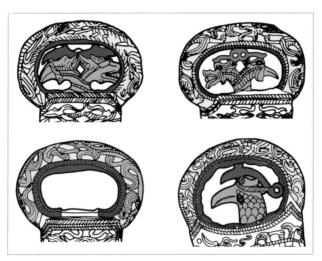

도9. 옥전 M3호분 용봉문대도의 환두부 채회도(보고서 원도에 가채)

반 이후 현저해진 대가야 용봉문대도의 특색을 정리하면 다음과 같다.

첫째, 환두의 도상이다. 환 내에 두 마리의 동물 머리를 장식한 것이 있으며 용두봉수(龍頭鳳首)가 교차하는 도상은 옥전 M3호분 대도(도9)를 중심으로 하는 5세기 후반의 늦은 단계에만 한정되고, 6세기에 접어들면서 일본 가모이나리야마고분[鴨稻荷山古墳] 출토품[14]에서 보듯이 쌍봉 또는 쌍룡이 서로 입을 맞추는 형상으로 변하거나, 단룡·단봉이 주로 표현된다. 이러한 장식은 별도로 제작되어 기부에 끼워졌으며, 아래쪽에 못으로 고정하거나 환과의 사이에 별조(別造)한 뿔 모양 장식을 끼워 고정하였다.

둘째, 환의 제작기법이다. 대부분은 환의 속이 비어 있다. 표면에 드러난 부분의 단면은 ∩형이며 그 하변에 단면 一형 금구를 결합하여 완성하였

---

14) 森下章司·高橋克壽·吉井秀夫, 1995, 「鴨稻荷山古墳出土遺物の調査」, 『琵琶湖周邊の6世紀を探る』, 京都大學文學部考古學研究室.

도10. 환의 표면을 뚫어 표현한 사례(좌: 국립중앙박물관 소장품, 중: 옥전 M3호-A 대도, 우: 동경
국립박물관 소장품)

다. 문양은 ∩형 금구 표면에 주출된 예가 많다. 선호된 문양은 백제의 경
우처럼 2마리의 용이 대향하는 문양이다. M3호-A 대도처럼 ∩형 금구 표
면의 일부, 즉 문양이 없는 바탕 면을 뚫은 것으로는 국립중앙박물관 소장
품, 동경국립박물관 소장품[15] 등이 알려져 있다.(도10) 동경박물관 소장품
의 환 내 도상은 봉황으로 추정되며 성분 분석 시 수은이 검출된 것으로 보
아 동으로 주조 후 아말감기법을 활용하여 도금한 것으로 보인다. 이 역시
대가야적인 기법이라고 할 수 있다.

셋째, 병연금구의 제작 기법과 도상이다. 무령왕 대도의 경우 봉황문 장
식판과 각목대를 땜질로 접합하여 귀갑문 내 봉황문 도상을 만들었는데,
투조판과 같은 효과를 낸 것이다. 이것을 금판 바탕에 겹쳐 문양이 도드라
지도록 표현하였다. 이와 유사한 기법은 옥전 M3호분 용문대도에 유례가
있다. 다만 은제 장식에 땜질 기법 대신 투조기법이 활용된 점은 다르다.
옥전 M3호분 출토 3점의 대도와 M4·6호분 대도의 경우 바탕을 이루는
지금(地金)에 목을 교차한 쌍룡문을 주출하고 그 위에 금판을 씌워 장식하
는 기법이 활용되었다.

---

15) 早乙女雅博·東野治之, 1990, 「朝鮮半島出土の有銘環頭大刀」『MUSEUM』
467, 東京國立博物館.

이와 함께 병연금구의 고정기법에서도 차이가 보인다. 무령왕 대도(도 11-좌)의 경우 금제 각목대로 병연금구를 고정하였지만, 옥전 M3호분 대도(도11-우상)는 병연금구의 상하에 어골상의 문양이 시문되었는데 지판인 철판에 주출된 것이다. 교동 10호분 대도(도11-우하)는 옥전 M3호분 대도와 다소 다르다. 즉, 병연금구의 상부에 어골상 무늬가 장식된 금속대를 돌려 고정하고 그 표면에 금박을 씌운 것처럼 보인다.

이처럼 대가야의 용봉문대도는 그 계보가 백제 대도에 연결되지만 백제 대도와는 일정한 차이를 보여준다. 옥전 M3호분이나 지산동 구 39호분 대도의 사례에서 보듯이 환 내 도상을 별도로 제작하여 끼워 넣었다는 점에서 특징을 찾아볼 수 있다. 더하여 환을 제작함에 있어 대가야적인 특색이 현저하다. 용원리 1호 석곽묘나 무령왕 환두대도의 경우 환뿐만 아니라 환 내 도상까지 일체로 주조되었고 철제품인 용원리 12호 석곽묘 출토품 역시 그러하다. 이에 비해 대가야의 용봉문대도 가운데 다수는 환이 중공이

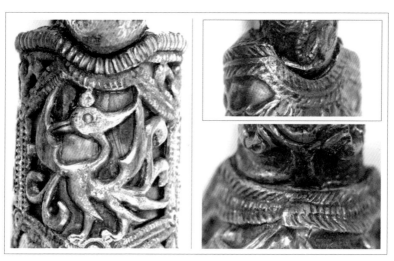

도11. 백제와 대가야대도의 각목대 장식(좌: 무령왕, 우상: 옥전 M3호분, 우하: 교동 10호분)

다. 문양이 새겨지는 고리의 표면은 단면 ∩형으로 만들었고[16] 환 내측에는 좁고 긴 판을 고리 모양에 맞게 재단하여 끼워 넣었다. 이러한 제작 기법은 더 늦은 시기의 대도로 추정되는 경주 호우총 출토 단룡대도[17]에서도 살펴볼 수 있다.

용봉문의 도안이나 제작기법에 기준하여 볼 때 대가야적인 대도가 본격적으로 제작되는 시기는 5세기 후반의 늦은 시기이며, 합천 옥전 M3호분 대도에서 전형을 볼 수 있다.

이러한 특색을 지닌 용봉문대도는 대가야 지배층이 공유하는 위세품으로 활용되었으며 신라권에 속하는 경주, 창녕 지역으로는 완제품이 전해졌고 정치적으로 밀접한 관계를 유지한 왜로는 제작 기술이 전파되었다.

다음으로, 대가야 사회에서 용봉문대도가 어떤 의미를 지녔는지에 대하여 살펴보고자 한다. 대가야의 대도는 용봉문대도 이외에도 여러 종류가 있다. 문양에 기준하여 본다면 용봉문대도, 삼엽문대도, 쌍엽문대도(雙葉文大刀), 소환두대도로 나눌 수 있고 금은 등 귀금속으로 장식한 것과 그렇지 않은 것으로 나누어볼 수 있다. 장식대도가 철제 대도에 비하여 고급 물품임은 재언이 필요치 않으며 장식대도 가운데는 제작기법의 정조와 문양의 격으로 보아 용봉문대도 > 은장대도[18]의 서열이 존재한 것으로 볼 수 있다. 즉, 대가야의 무기류 가운데 용봉문대도는 최상급 물

---

16) 이러한 기법을 고안한 것은 표면 문양을 정교하게 표현하고자 하는 의도 때문이었던 것 같다.

17) 국립대구박물관, 2007, 『특별전 한국의 칼』, p.80.
이외에 상세한 정보는 함순섭 測 '호우총 환두대도 실측도(미공간)' 참조.

18) 김길식, 1999, 「5~6세기 신라의 무기 변화양상과 그 의의」『국립박물관 동원학술논문집』1, 한국고고미술연구소.

품이었던 것이다.

　현재까지 용봉문대도가 출토된 가야의 고지는 고령, 합천, 함안, 산청에 한정된다. 이중 고령은 가라(加羅), 합천은 다라(多羅), 함안은 안라(安羅)의 중심지로 볼 수 있고 5세기 이후 가야 제국 가운데 핵심적인 정치체였으므로 그 지배층의 묘역에서 최고급 금공품이 출토되는 것은 자연스러운 현상이다. 이외에 산청의 경우 중촌리와 생초고분군에서 용봉문대도가 1점씩 출토되었다. 이 두 고분군에는 대형 봉토분 여러 기가 포함되어 있지만 고령 지산동고분군, 합천 옥전고분군, 함안 도항리고분군에 비견하기는 어려운 규모이다. 그럼에도 불구하고 용봉문대도를 소유할 수 있었던 이유는 무엇일까. 그것은 아마도 두 고분군이 모두 남강의 동안 요충지에 입지하고 있음과 관련지어 볼 수 있다. 대체로 5세기 후반~6세기 초반의 대가야는 대외진출을 위한 교통로로서 섬진강을 주목, 장악한 것으로 볼 수 있는데 이러한 과정에서 주요 지역의 현지세력을 지원하면서 그들을 지방지배에 활용한 것 같다.

　대가야 용봉문대도의 제작지를 대가야로 보고 소유의 확산이 이루어지는 계기를 대가야의 성장과 관련지어 해석한다면 당연히 그 중심에 위치하였을 대가야왕은 대도 사여의 주체로서 존재했을 것이다.

　이 같은 왕권의 존재를 고고학적으로 설명하고자 할 때 지산동고분군의 고총적 성격, 광역에 걸친 대가야양식 토기와 장신구의 분포 등이 거론되어 왔다. 5~6세기 대가야 무덤 출토품 가운데는 당시 대가야가 처해 있던 복잡한 국제적 환경을 반영하듯 외래품, 외래요소가 농후한 물품이 다수 포함되어 있다. 이러한 물품은 개별적으로 입수하여 소유하기는 어려우며 외교관계의 부산물일 가능성이 있다. 외래물품이 지산동과 옥전에 집중하는 현상에 주목하고 또 이것이 고령 토기의 확산과 궤를 같이하면서 소유

범위가 넓어짐을 고려한다면 이러한 물품의 입수와 제작, 그리고 배포는 대가야 왕권의 행사와 밀접한 관련이 있었던 것으로 보아도 좋을 것 같다.

이상에서 살펴본 것처럼, 대가야 용봉문대도의 기원은 백제에서 찾을 수 있다. 이는 고령 지산동 I-3호묘나 합천 옥전 35호묘 출토품처럼, 백제의 용봉문대도와 도안 및 제작 기법이 극히 유사한 예가 존재하기 때문이다. 특히 옥전 35호묘에서 출토된 대도는 천안 용원리 12호 석곽묘나 공주 수촌리 1호분 출토품에 비견되는 고급 기술력이 구현되어 있어, 완제품이 반입된 것이거나 백제 장인의 기술 지도로 제작되었을 가능성이 크다.

용봉문의 도상과 제작 기법을 기준으로 볼 때, 대가야적인 대도가 본격적으로 제작되기 시작한 시기는 5세기 후반의 늦은 단계이며, 그 전형적인 사례로 합천 옥전 M3호분 출토 대도를 들 수 있다. 옥전 M3호분 대도 중에는 둥근 고리 내부에 용과 봉황이 머리를 교차하는 도상이 표현되어 있는데, 이러한 도상은 대가야 대도의 독자적인 특징이다. 또한, 둥근 고리를 제작할 때 속이 빈 파이프 형태로 만들거나, 바탕 금속의 표면에 문양을 1차로 조각한 후 그 위에 금판을 덧씌워 문양을 강조하는 기법이 활용되었는데, 이 또한 대가야 대도의 독특한 특징으로 볼 수 있다.

대가야만의 특색을 지닌 용봉문 환두대도는 대가야 지배층이 공유하는 위세품으로 활용되었으며, 신라권에 속하는 경주와 창녕 지역으로는 완제품이 전해졌다. 또한, 정치적으로 긴밀한 관계를 유지했던 왜(倭)로 제작 기술이 전파되었다. 이러한 교류의 배경은 479년 대가야 왕이 중국 남제에 사신을 파견하여 작호를 받는 점에서도 볼 수 있듯이 5세기 중후반 무렵 대가야의 성장이 본격화한 데서 찾을 수 있다.

제3부 | 금공품 제작 기반

제1장 금공기술
제2장 용문

—

제3부
금공품
제작 기반

—

제1장
금공기술

　　우리 역사에서 청동은 농업생산력의 혁신에 직접적으로 기여하지 못했으나 석기시대와는 뚜렷이 구분되는 금속문명의 시대를 열었다. 청동기시대의 장인들은 동과 주석 등을 고온에 녹여 합금하고 그것을 정밀한 거푸집에 부어 다양한 형태의 물품을 만들었다.

　　뒤이은 철기시대에는 청동기의 제작과 사용이 가져다준 여러 변화에 더해 또 다른 차원에서의 기술적 혁신과 사회적 변화가 일어났다. 예를 들어 철을 녹이기 위해 청동에 비해 더 높은 화력이 필요했을 뿐만 아니라 철의 강도를 높이려 탄소의 양을 조절하는 한편 단단하게 두드리는 기법이 발전하였다. 또한 철산이 풍부한 편이어서 다양한 종류의 무기와 농공구를 만들 수 있었다. 철제 무기는 크고 작은 전쟁에 쓰여 집단 사이의 통합을, 철제 농공구는 농업생산력을 획기적으로 발전시키는 견인차 역할을 수행하였다.[1]

---

1) 김종일 외, 2019, 『한국금속문명사』, 들녘.

철기시대를 대표하는 또 다른 금속으로 금은을 들 수 있다. 지역별 편차가 있지만 한반도 중남부지역을 기준으로 4세기 후반부터 금공품이 만들어진다. 이 경우 청동기나 철기처럼 재료를 녹이고 두드리는 것을 기본으로 하지만 자유롭게 구부리고 펴고 뚫고 자르는 기술이 추가되면서 인류가 수작업으로 할 수 있는 최고 수준의 세공기술에 도달했다. 가야의 경우도 예외가 아니었다.

여기서는 대가야의 장신구를 소재로 대가야의 금공기술에 대해 살펴보려 한다. 장신구 제작에 쓰인 금공기술은 무엇인지, 대가야양식이라고 설정할 수 있는 장신구는 어떻게 탄생하였는지, 왜 대가야의 왕은 금공기술과 금공품을 독점하려 했는지 등의 제 논점에 대해 설명하고자 한다.

1. 기술과 미감

대가야 장신구의 제작에 쓰인 주요 금속은 금, 은, 동이다. 이 가운데 금이 가장 많이 쓰였다. 대가야에서 금이 장신구의 재료로 선택된 이유는 가공의 용이성, 내구성, 그리고 아름다운 색채 때문이다. 흔히 금을 순도에 따라 24K에서 10K까지로 구분한다. 금에 어느 정도의 불순물이 섞여 있느냐에 따라 그렇게 나눈다. 22K 이하에는 은·동·니켈·바라듐 등이 섞여 있다. 은은 금에 견줄 수 있을 정도의 색채를 지녔으나 산화되면 검게 변하며 부식이 발생하기 때문에 금보다는 가치가 낮은 것으로 여겨졌다.

순금을 만들려면 금광상(金鑛床)이 있어야 하고 그것에서 순금을 추출할 수 있는 기술력이 필요하다. 노두는 거의 없으므로 채광에서 정련까지의 공정을 유지하려면 체계적인 조직이 필요하다. 따라서 모든 나라에서 금을 생산할 수는 없다. 대가야 장신구에 쓰인 금은 어디에서 산출된 것일까. 대가야에서 금이 산출된다는 기록이 없고 금의 채광이나 정련 관련 고고학적 증거도 없다. 따라서 대가야 장신구의 제작에 쓰인 금은 주변국에서 들여온 것으로 보아 무리가 없다.

대가야와 병립한 주변국 가운데 신라의 황금은 유명하다. 기년상의 논란은 있으나 『삼국사기』 일성니사금 조의 "민간에서 금은과 주옥의 사용을 금한다."는 기록[2]과 『일본서기』 중애기와 신공기의 기록[3]으로 보면 신라에서는 금의 산출이 많았던 것 같다. 다만 어디서 금을 산출했는지 알기 어렵다. 백제에 비하여 신라의 황금 산출이 월등했던 것으로 보이므로 대가야 장신구의 제작에 쓰인 금은 신라에서 수입되었을 공산이 크다.

이처럼 금은 매우 귀한 소재이므로 장인들은 최소한의 금을 들여 최대의 효과를 내고자 노력하였을 것이다. 금공품은 토기나 기와처럼 여러 번의 시행착오를 통해 시제품을 완성할 여유가 없으며 최고의 장인이 직접 만들거나 제작에 밀접히 관여하였을 것이다.

대가야 무덤에서 출토된 금공품에는 대가야 장인이 구사한 기술이 고스란히 담겨 있다. 주조, 단조, 투조와 색채대비, 조금(彫金), 누금세공(鏤金細工), 상감, 도금 등 모든 금공기술[4]이 망라되어 있다. 장식마구와 장식대도, 장신구 등 금공품의 종류에 따라 이러한 기술 가운데 일부가 선택적으

---

2) 『三國史記』新羅本紀 逸聖尼師今 11年, '又下令 禁民間用金銀珠玉'.
3) 『日本書紀』권8 仲哀天皇 8年, '有向津國 眼炎之金銀彩色 多在其國 是謂栲衾新羅國焉'.
　『日本書紀』권9 神功皇后, '初承神教 將授金銀之國 又號令三軍曰 勿殺自服 今旣獲財國 亦人自降服 殺之不祥'.
4) 小林行雄, 1962, 『古代の技術』, 塙書房.
　이난영, 2000, 『한국 고대의 금속공예』, 서울대학교출판부.

로 활용되었다. 대가야 금공품 가운데 가장 정교한 기술이 구사된 것은 장식대도이다.

장신구의 제작에 흔히 사용된 기술은 단조로, 금속 소재에 압축하중을 부여해 형상을 만든다. 철의 경우 고온으로 달군 상태에서 작업해야 하나 귀금속의 경우 그대로 두드려도 문제가 없다. 금속 소재를 직접 타격하거나 혹은 모형을 만들어놓고 그것의 표면에 올려 타격한다. 금공에서 단조는 가장 원초적이자 기본적인 기술에 해당한다. 대가야 장신구의 제작에서 단조기술의 구사 비율이 높다. 공방에 기초 재료의 형태로 비치되었을 금판이나 금실의 제작에도 단조기법이 구사되었을 것이다. 단조 가운데 판상으로 가공하는 것을 판금(板金), 뒷면에서 두드려내는 것을 타출(打出)이라고 부른다. 금공문화 수용 이전에 대가야에는 이미 제철기술이 만개해 있었으므로 단조 역량은 충분했을 것이다.

고대의 장신구에 문양이 표현된 사례가 많다. 관이나 허리띠장식, 금동신발에 동물문, 식물문, 기하문이 표현된다. 그때 주로 사용되는 기법이 투조이다. 투조란 금속판에 문양을 표현할 때 가시성을 높이려 바탕의 여백

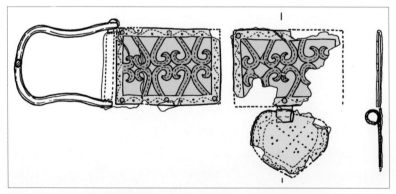

도1. 옥전 M1호분 허리띠장식 채회도(보고서 원도에 필자 가채)

을 뚫어내거나 문양 그 자체를 뚫어내는 기술을 말한다. 통상 금속판 표면에 스케치하듯 밑그림을 그린 다음 망치와 끌을 이용해 차례로 뚫어낸다. 그런데 대가야 장신구 가운데 투조를 통해 문양이 표현된 사례는 매우 드물며, 옥전 M1호분 허리띠장식(도1)이 그에 해당하는 사례이다. 그러나 투조된 문양판과 그 하부에 겹친 판이 모두 금동이어서 색채대비 효과는 없다.

　귀금속은 그 자체로도 아름답지만 색채를 대비시키거나 옥석을 끼워 넣어 장식할 때 화려함이 배가된다. 신라 장신구에는 색채대비의 사례가 많음에 비해 가야의 장신구 가운데 색채대비가 이루어진 사례는 전무하다고 해도 과언이 아니다.

　금속의 표면에 금알갱이나 금실을 붙여 문양을 화려하게 꾸미는 기술을

도2. 지산동 45호분 2실 금귀걸이

누금세공이라 부른다. 금알갱이를 만드는 공정을 보면 먼저 끌이나 줄을 이용하여 금사를 가늘게 썬 다음 열을 가해 녹이고 그것을 재차 냉각시키는 과정에서 금은 표면 장력으로 인해 둥근 모양으로 변하게 된다. 누금세공에 앞서 먼저 금알갱이를 준비하게 되는데 선별 과정을 통해 금알갱이를 크기별로 준비하는 것은 상대적으로 쉬운 일이었을 것이다. 요즘은 국부에 열을 가할 수 있는 도구가 많이 있지만 고대에는 그런 도구가 없었기에 금알갱이를 붙이는 공정이 가장 어려웠을 것이다.

대가야의 장신구 가운데 누금세공기술이 구사된 사례는 꽤 있다. 대부분 6세기대 귀걸이의 중간식과 수하식에 크고 작은 금알갱이가 장식되어 있다. 금알갱이가 녹아 있거나 부착 간격이 일정하지 않은 사례가 많다. 통상 금알갱이의 접합은 용융점(鎔融點)의 차이를 이용한 땜납 접합으로 보아왔으나 외래 물품이 확실한 계림로 14호묘 보검의 경우는 화학적 반응을 이용한 기법이 쓰였을 것이라는 분석 결과가 나와 있다.[5]

도금은 철이나 청동의 표면에 금이나 은을 덧씌워 장식하는 기술이다. 얇은 금속판으로 지판을 감싸기도 하지만 아말감기술도 많이 활용된다. 아말감이란 금이나 은 등의 금속가루를 수은(Hg)에 섞은 상태를 지칭하는데, 이를 도금하고자 하는 금속의 표면에 바른 다음 열을 가하면 357.73℃에서 수은이 끓으며 증발하고 원하는 색상의 금속만 남게 된다. 소량의 금을 들여 황금장신구의 효과를 낼 수 있기에 대가야에서도 이 기술이 많이 구사되었다. 금동관이나 금동제 허리띠장식의 경우처럼 보통 구리에 아말감기술로 도금이 이루어졌다.

금공기술 가운데는 주조나 단조처럼 작품의 형태를 만들기 위해 사용되

---

5) 신용비 · 정수연, 2010, 「2.금제품의 제작기법」『경주 계림로14호묘』, 국립경주박물관.

는 것도 있고 투조나 조금처럼 문양을 표현하거나 문양을 강조하기 위해 활용되는 기술도 있다. 조금의 경우 끌과 망치를 이용하여 금공품의 표면에 문양을 시문할 때 쓰이는 기술이다. 끌의 형태와 망치로 타격할 때의 각도와 작업 방식에 따라 여러 가지 이름으로 불린다. 대가야의 장신구 가운데 조금으로 문양이 베풀어진 사례로는 지산동 32호분 금동관 등을 들 수 있다.

동아시아에서 금공기술의 중심은 중국 중원지역이었다. 특히 한(漢)의 세력 확장에 뒤따라 금공기술은 각지로 확산되었다. 한반도에도 그 무렵 금공문화가 전해졌는데, 중남부 지역에서도 제한적이나마 금공품에 대한 수요가 존재했을 것이다. 다만 3세기에 찬술된『삼국지』위서 동이전의 "구슬을 가치 있는 보배로 여겨 옷에 꿰매어 장식하기도 하고 목에 걸거나 귀에 매달기도 한다. 금은과 수놓은 비단을 귀한 것으로 여기지 않는다."[6] 라는 서술처럼 삼한에서 금공품은 크게 유행하지 않은 것 같다.

그 후 약간의 단절을 거쳐 4세기 후반부터 백제나 신라에 금공품이 등장한다. 그 시기의 금공품 가운데 대다수는 장신구다. 신라 금공문화의 계보는 고구려에서 찾을 수 있지만[7] 백제의 경우는 분명하지 않다. 삼연(三燕)적 요소와 고구려적 요소가 섞여 있다는 점, 양진(兩晉)과의 지속적 교류관계를 유지했다는 점 때문에 계보가 다원적일 수 있다. 그간 학계에서는 낙랑 유민[8]이나 대방고지에 거주하던 전연 이주민으로부터의 전파 가능

---

6) 『三國志』魏書 東夷傳 韓, '以瓔珠爲財寶 或以綴衣爲飾 或以縣頸垂耳 不以 金銀錦繡爲珍'.

7) 최종규, 1983,「중기고분의 성격에 대한 약간의 고찰」『부대사학』7, 부산대사학회.

8) 권오영, 2004,「물자·기술·사상의 흐름을 통해 본 백제와 낙랑의 교섭」『한성기 백제의 물류시스템과 대외교섭』, 학연문화사.

제3부 금공품 제작 기반 ·제1장 금공기술· 145

성[9]도 제기되어 있다.

대가야는 백제, 신라보다 조금 늦은 시점에 금공문화를 수용했다. 이른 단계의 자료에 백제산, 혹은 백제계 자료가 일부 포함되어 있고 대가야양식으로 발전한 이후에도 백제적 색채가 지속되는 점을 고려한다면 대가야 장신구의 기술적 계보를 백제에서 찾아도 좋을 것 같다.

그렇게 볼 경우 백제 장인이 직접 대가야로 가서 기술을 전수하였을 가능성이 있다. 후대의 사례지만 신라의 요청을 받은 백제가 아비지(阿非知)를 파견하여 황룡사 목탑 건축을 주도하도록 하였고, 일본으로 와박사나 노반박사를 파견하기도 하였다는 점이 그러한 추정을 방증한다. 백제 장인의 기술 지도를 받았다고 하더라도 그것은 일시적이었을 것이다. 대가야 금공품을 보면 5세기 전반의 짧은 기간 동안 백제적 색채가 현저하였다가 5세기 후반에 가까워지면서 대가야양식이 만개하기 때문이다.

물론 가야 전 지역 금공문화가 백제계 일색은 아니다. 5세기 이후 신라 문물이 급속도로 전파된 금관가야에서는 신라계라 부를 수 있는 장신구가 만들어진다. 이처럼 5세기 전반 이후 금관가야와 대가야의 장신구가 다른 이유는 분명치 않다. 아마도 4세기에 강고하였던 백제, 금관가야, 왜 사이의 동맹이 400년 전쟁으로 인해 일시적으로 와해되었고 그 이후 금관가야가 신라문화에 경도된 것과 달리 대가야는 이전처럼 백제문화를 적극적으로 수용하였기 때문은 아니었을까 한다.

금공기술은 보편적이어서 백제나 신라, 혹은 대가야의 기술이 따로 있는 것은 아니다. 따라서 대가야 장신구에 구사된 기술의 종류를 찾아내는 것도 필요하지만 그보다는 해당 기술이 얼마나 정교하게 구사되었는지,

---

9) 최종규, 2015, 「가야문화」 『고고학탐구』 17, 고고학탐구회.

또 특정 기술로 어떤 조형물을 만들어냈는지가 더욱 중요하다. 장신구에서 특정 양식을 설정하려면 개별 부품의 형태, 문양, 전체적 조형미를 아울러 고려해야 한다. 그 가운데 조형미가 가장 중요하며 그것은 금공품을 만든 장인의 안목과 관련될 수 있다. 그러나 그것이 전부는 아니다. 금공품의 발주자나 사용자의 선호도 역시 중요한 요소이다. 이러한 관점에서 보면 대가야양식 장신구는 장인들의 숙련된 기술력에 시대 미감이 더해져 창출된 것으로 보아야 한다.

대가야의 장신구 가운데 관과 귀걸이에는 백제, 신라 등 주변국 자료와 구별되는 대가야양식이 발현되어 있다. 특히 초화형(草花形) 입식을 가진 관, 공구체와 사슬을 갖춘 귀걸이의 경우 대가야적 특색이 현저하다.

대가야 유적에서 그간 10여 점의 금속제 관이 출토되었다. 그 가운데 대가야양식을 갖춘 사례는 지산동 32호분과 30호분 2곽 출토품에 불과하다. 여타 관은 백제 혹은 신라양식을 띤다. 옥전 23호묘 금동관은 백제양식을 띠며 제작의장으로 보면 백제산일 가능성이 있다. 신라양식 관의 범주에 넣을 수 있는 사례는 지산동 518호분, 73호분 순장곽, 옥전 M6호분 금동관 2점 등이다. 이 4점 가운데 3점은 신라 관과의 차이가 상당하므로 대가야 공방에서 신라 관을 모방하여 제작한 것 같다.

지산동 32호분과 30호분 2곽 출토품에 기준할 때 이미 5세기에는 초화형 입식을 갖춘 대가야양식 관이 제작되었음을 알 수 있다. 지산동 32호분 금동관은 대륜의 중위(中位)에 큼지막한 광배형 입식이 부착된 점이 주요 특징이다. 입식의 정부(頂部)는 보주형을 띠며 소형 곁가지가 따로 부착되어 있다. 대륜에는 상하 가장자리를 따라가면서 파상점열문이 시문되어 있다. 30호분 2곽 금동관은 소형이다. 대륜 위쪽에 보주형 입식 3개가 각각 1개씩의 못으로 고정되어 있으며 같은 간격으로 원형 영락 4개가 달려

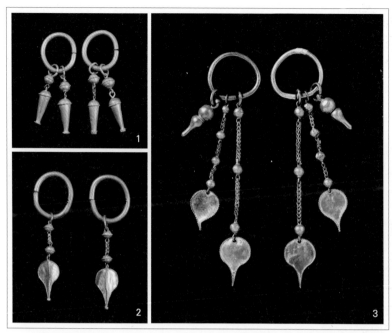

도3. 대가야양식 귀걸이의 사례(1.옥전 M2호분, 2.옥전 91호묘, 3.다호리 신고품)

있다. 대륜 가장자리를 따라가면서 파상점열문이 시문되어 있다.

　금귀걸이는 대가야 장신구 가운데 출토 사례가 많고 양식적 특징도 뚜렷하다. 대가야 귀걸이의 주환은 모두 세환이며 현재까지 태환의 출토예가 없다. 이 점은 백제 귀걸이와 공통하는 점이다. 대가야 귀걸이 가운데 백제적 요소가 많이 보이므로 태환이식이 없는 것도 같은 맥락에서 이해할 수 있다. 중간식은 대부분 공구체(空球體)이다. 반구체 2개를 땜으로 접합하여 만든 것이다. 옥전 20호묘 귀걸이처럼 구체의 중간에 각목대가 장식되지 않은 것과 옥전 M2호분 출토품처럼 각목대가 부착된 것, 지산동 45호분 1실과 2실 출토품처럼 금알갱이와 영락이 장식된 사례가 있다. 수하식은 다른 나라의 경우처럼 심엽형 장식이 유행하였으며 금판을 둥글게 말아 만든 원추형, 삼익형, 공구체, 산치자형, 곡옥 등 다양한 형태의 수하식이 공존하였다. 이 가운데 가장 대가야적 색채가 짙은 것은 원추형이다.

귀걸이의 각 부품을 연결하는 금구로 금사를 이용한 것이 많고 수하식을 매달기 위해 금사를 엮어 만든 사슬이 많이 사용된다. 사슬 가운데는 함양 백천리 1-3호분 귀걸이처럼 겹사슬이 쓰인 경우도 있다. 이처럼 공구체와 사슬이 포함된 귀걸이는 일본열도에서도 유행하였다. 다만 일본열도 출토품은 대가야 귀걸이에 비하여 길이가 긴 편이다.

2. 기술의 독점

고대의 왕이나 귀족들은 자신들의 우월한 지위를 가시적으로 드러내려고 노력하였다. 색복제(色服制)는 그러한 장치 가운데 하나이다. 대가야에도 백제나 신라에 버금가는 색복제가 존재했겠지만 기록이 남아 있지 않아 실상을 알기 어렵다. 다만 대가야 사회를 구성한 유력자들의 무덤 출토 장신구를 통해 색복제 혹은 복식문화의 일단을 추정할 수밖에 없다.

고대사회에서 금공품은 유력자들이 독점적으로 소유하였다. 백제는 한성기 및 웅진기, 신라는 마립간기에 금공품의 제작과 소유가 가장 활발하였다. 장신구를 비롯한 금공품의 수요는 많았겠지만, 그것을 누구나 만들 수도 가질 수도 없었다. 금공품 공방이나 금공품 제작에 필요한 귀금속, 제작기술 등은 엄격히 통제된 것 같다. 모든 금공품을 왕실 공방에서 만들지는 않았지만 그것의 제작과 유통에 왕권의 관여가 있었을 공산이 크다.

대가야 장신구 가운데 관과 귀걸이의 소유양상을 고려하면서 이 문제를 조금 더 살펴보면 다음과 같다. 대가야에서 관은 고령 지산동고분군과 합천 옥전고분군에 한정적으로 분포한다. 이는 한성기 백제나 신라의 경우와 다르다.

발굴품에 기준할 때 대가야양식이 발현된 관은 지산동 32호분과 30호분 2곽 출토품이 전부이다. 이 점은 귀걸이와는 다른 양상이다. 대가야의 관 부장 양상이 정형화되어 있지는 않지만 출토품 대부분을 부장 전용으로 만든 것이라 설명할 근거는 없다. 아마도 생전에 소유자가 지녔던 사회적 지위를 표상하는 물품이었을 것이다. 기왕의 출토품만으로 보더라도 대가야 사회에 대가야적 관 문화가 존재했음은 분명하다.

고분군의 규모나 출토 유물의 격으로 보면 대가야 금공품의 제작지는 고령 지산동고분군 조영자들의 거주 구역에 인접해 있었을 것으로 보아 크게 무리가 없다. 아직 이를 밝힐 수 있는 자료는 없다. 장차의 발굴 성과를 기대할 수 밖에 없다.

주지하듯 장신구란 신체를 장식하는 물품을 말한다. 그런데 고대의 장신구는 그러한 개념을 넘어선다. 몸이나 의복을 화려하고 세련되게 꾸미는 것에 더해 소유자의 고귀한 사회적 지위를 가시적으로 드러내는 장치로 쓰였다. 그렇기 때문에 왕족이나 귀족의 유택에서 금은으로 만들어진 장신구가 집중적으로 출토된다.

대가야를 비롯한 삼국시대 여러 나라의 장신구에는 각국만의 독자적 양식이 발현되어 있다. 그것은 나라별로 장신구를 만들었다는 점, 장신구의 사회적 수요가 많았음을 보여준다. 주지하듯 장신구를 비롯한 금공품을 만들려면 귀금속 재료를 입수해야 하고 또 그것을 소재로 화려한 물품을 실수 없이 제작할 수 있는 장인이 존재해야 한다. 그런데 토기나 철기를 만들던 장인들이 스스로 기술을 개발해 금공품을 만들 수는 없다. 금공문화가 발달한 국가 혹은 지역 장인들의 기술지도가 필요하다. 가야 장신구의 중핵에 해당하는 대가야 장신구의 제작에는 정치적으로 밀접한 관계를 유지한 백제로부터의 장인 파견이 있었을 가능성이 있다. 물론 항상적인 것은 아니고 5세기 전반의 어느 시점에 한정되었을 것이다.

이와 같은 금공기술과 금공품은 대가야 왕이 독점하고 왕족이나 유력자들과 공유한 것 같다. 아마도 대가야의 경우 같은 시기 백제나 신라와 같은 전형적 복식사여체제가 존재했을 가능성은 낮아 보이지만 필요에 따라 장신구를 지역 세력들에게 적절히 사여하였을 수는 있다. 대가야의 장신구 제작기술은 신라나 일본열도로 전해졌다. 특히 일본열도에서는 대가야양식 귀걸이가 적극적으로 받아들여져 크게 유행하였다.

제2장

용문

　삼국시대 각국에서는 다양한 금공품이 만들어졌다. 당시의 금공품은 한정된 수량만 제작되어 지배층의 위세품으로 쓰였다. 그럼에도 불구하고 각 나라의 금공품에는 나라마다의 특색이 발현되었다.[1)]

　금공품에는 당대의 문화 수준을 보여주는 다양한 문양이 표현되었다. 장신구, 장식대도, 화살통 부속구[盛矢具]에 표현된 용, 봉황, 팔메트문, 연화문 등이 대표 사례이다. 그 가운데 특히 주목되는 것은 용문이다.[2)] 용은 상상의 동물이며 용문은 동아시아 여러 나라에서 최고 권력자의 지위를 상징하는 문양으로 활용되었다.

　대가야의 경우도 예외가 아니어서 5~6세기 고총 속에서 용문 갖춘 금공품이 종종 출토된다. 그간 학계에서는 대가야 고총 출토 용문 갖춘 금공품의 계보뿐만 아니라 제작지까지도 백제나 중국 남조로 추정하는 견해까지

---

1) 이한상, 2011, 『동아시아 고대 금속제 장신구문화』, 고고.
2) 장용준, 2004, 「삼국시대 용문양의 수용과 발전」『한국고고학보』 53, 한국고고학회.
　국립공주박물관, 2024, 『상상의 동물사전, 백제의 용』.

제기된 바 있다.[3)]

　여기에서는 먼저 대가야 용문의 사례를 집성하고자 한다. 이어 그것의 계보를 구체적으로 특정하고자 하며, 그러한 검토를 토대로 대가야 용문의 변천 양상에 대해 논하고자 한다.

1. 사례 분석

　용문이 표현된 대가야 유물로는 장식대도와 화살통 부속구가 있다. 용문이 시문된 화살통 부속구는 고령 지산동 구 39호분 출토품이 유일하며 그 외의 용문은 모두 장식대도에 표현되어 있다. 용문이 시문된 대도는 고령 지산동 구 39호분[4)], 합천 옥전 35호묘, 동 M3 · M4 · M6호분, 산청 생초 M13호분에서 출토되었다. 그 가운데 일부를 선택하여 특징을 살펴보면 다음과 같다.

- 옥전 35호묘 대도(도1-1)[5)]
　이 대도의 환(環)에는 대향하는 주룡문(走龍文)이 시문되어 있다. 이 문

---

3) 穴澤咊光 · 馬目順一, 1993, 「陜川玉田出土の環頭大刀群の諸問題」 『古文化談叢』 30(上), 九州古文化研究會.
　町田章, 1997, 「가야의 환두대도와 왕권」 『가야제국의 왕권』, 신서원.
　金宇大, 2011, 「裝飾附環頭大刀の技術系譜と傳播」 『古文化談叢』 66, 九州古文化研究會.

4) 이 무덤의 발굴 당시 유구 번호는 39호분이었다. 1976년에 지산동고분군 정화 사업이 진행되는 과정에서 지산동 47호분으로, 2010년 정밀지표조사 결과를 토대로 다시 번호를 부여하는 과정에서 5호분으로 명칭이 재차 변경되었다.

5) 경상대학교박물관, 1999, 『합천 옥전고분군Ⅷ-5 · 7 · 35호분-』, pp.92~95.
　이한상, 2013, 「합천 옥전 35호분 용봉문대도의 금공기법과 문양」 『고고학탐구』 13, 고고학탐구회.

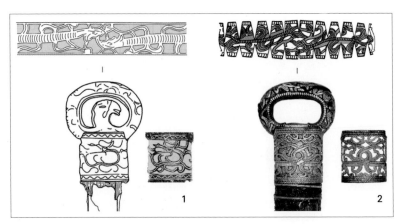

도1. 옥전 35호묘 대도⑴와 옥전 M3호분 용문대도의 용문⑵

양은 환의 표면 좌우에 각 1마리씩의 용이 뒷발을 칼 손잡이 쪽에 두고 둥근 고리의 표면을 타고 상승하는 듯한 도상이다. 세차는 있지만 용 도안은 좌우가 대칭이다. 두 마리의 용은 각기 좌측으로 머리를 틀어 서로 부딪히지 않도록 배치되었다. 용의 뿔, 귀, 턱수염, 발 등이 간략히 표현되어 있다. 병연금구(柄緣金具)의 전후면에 각 1마리씩의 용이 표현되어 있다.

이 대도는 문양 표현 과정에서 주조, 입사, 금박 부착 기법이 함께 구사된 특이한 사례이다. 문양 표현 공정을 추정해보면, 먼저 철로 주조하여 기본 형태를 만들면서 용이나 봉황 등의 문양을 돌출시켰을 것 같다. 이어 돌출된 부위에 은실을 새겨 넣어 문양의 세부를 표현한 것으로 보인다. 끝으로 한 단 낮은 바탕 면에 금박을 부착시켰다. 이와 같이 다소 복잡한 공정을 거친 것은 이전 시기의 입사 기법이 가진 한계를 극복하려는 의도 때문인 것 같다. 즉, 문양에 볼륨감을 주고 색채대비를 통해 문양의 가시성을 높이려고 의도한 것으로 보인다.

발굴자는 대가야양식 토기의 양식적 특징에 기준하여 옥전 35호묘의 연

대를 옥전 M2호분과 평행하는 5세기 3/4분기로 설정하였다.[6)]

- 옥전 M3호분 대도[7)]

옥전 M3호분 출토 4점의 장식대도에 용문이 표현되어 있다. 그 가운데 용봉문대도 2점과 단봉문대도(도2)의 경우 용문대도(도1-2)와는 제작 의장 및 공정에서 차이가 현저하다. 그러한 차이는 용문 표현 방식에서 두드러진다.

첫째, 주룡문이다. 대향하는 용 두 마리를 표현한 점은 4점 모두 같지만 세부 표현방식에서 차이가 있다. 용문대도의 경우 은판에 투조되었고 뿔, 귀, 턱수염, 사지(四肢) 등 각부의 표현이 정교하다. 여타 3점의 주룡문은 소지금속에 주출된 것이며, 용봉문대도B는 용봉문대도A나 단봉문대도에 비해 문양이 상대적으로 정교한 편이다.

둘째, 환 내 용두(龍頭) 조각이다. 용봉문대도 2점에는 용두·봉수(鳳首)가 교차한 뒤 후미를 바라보는 모습이 조각되어 있다. 환과 별도로 만든 것이며 홈에 끼워져 있다.

셋째, 교룡문(交龍文)이다. 병연금구나 초구금구(鞘口金具)에 표현된다. 두 마리의 용이 머리를 교차한 후 목을 꺾어 뒤를 바라보는 모습이다. 용문대도는 은판에 투조, 다른 3점은 소지금속에 주출되었다.[8)] 사지의 배치에

---

6) 경상대학교박물관, 1999, 앞의 책, p.145.
   저자는 과거 대도의 제작기법에 기준하여 이 무덤의 연대를 5세기 2/4분기~5세기 중엽으로 비정한 바 있었지만, 현 시점에서 보면 5세기 중엽~5세기 3/4분기로 늦추어 보는 것이 좋을 것 같다.
7) 경상대학교박물관, 1990, 『합천 옥전고분군 II -M3호분-』, pp.44~52.
   이한상, 2013, 「합천 옥전 M3호분 용봉문대도의 환부 제작공정」 『고고학탐구』 13, 고고학탐구회.
8) 장차 과학적 분석을 한다면 정확한 문양 표현기법을 알 수 있을 것 같다.

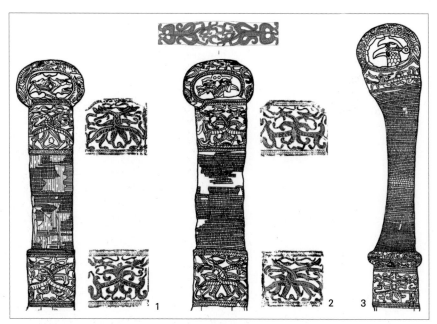

도2. 옥전 M3호분 대도의 용문(1.용봉문대도A, 2.용봉문대도B, 3.단봉문대도)

기준해보면, 하부에 3지가 배치된 것과 2지만 배치되고 뒷발 하나를 위로 치켜든 것으로 구분할 수 있다.

그밖에 단봉문대도의 병연금구에는 전후면에 각각 한 마리씩의 용이 표현되어 있다. 손잡이 하부의 원환형 장식에도 용문이 표현되어 있으나 도상 파악이 어렵다. 초구금구에는 교룡문이 시문되어 있다.

발굴자는 대가야양식 토기와 역사기록에 기준하여 옥전 M3호분을 5세기 4/4분기로 편년하였다.[9] 그와 달리 5세기 3/4분기로 연대를 올려보는 견해도 있다.[10]

---

9) 경상대학교박물관, 1990, 앞의 책, pp.221~224.

10) 이희준, 1994, 「고령양식토기 출토 고분의 편년」『영남고고학』 15, 영남고고학

도3. 6세기 대가야 대도의 용문(1.옥전 M6호분, 2.옥전 M4호분, 3.생초 M13호분)

- 옥전 M4호분 대도(도3-2)[11]

2점의 장식대도 가운데 1점에 용문이 시문되어 있다. 환의 주룡문은 철지에 주출된 것으로 보이며 그것의 표면에 금판이 씌워져 있다. 보고서의 도면만으로 정확한 도상 파악이 어렵다. 주룡문은 정밀하지 않은 듯하고, 병연금구의 동물문은 용인지 봉황인지 특정하기 어렵다.

발굴자는 옥전 M4호분의 연대를 6세기 1/4분기로, 후술할 옥전 M6호분을 6세기 2/4분기로 편년하였다. 대가야양식 토기, 문헌기록, 그리고 무덤의 연접관계를 아울러 고려한 견해이다.[12]

회, p.112.

11) 경상대학교박물관, 1993, 『합천 옥전고분군Ⅳ-M4·M6·M7호분-』, p.35.

12) 경상대학교박물관, 1993, 위의 책, pp.168~173.

- 옥전 M6호분 대도(도3-1)[13]

이 대도는 옥전 M3호분 용봉문대도B에 비견될 정도로 주룡문, 교룡문이 뚜렷한 편이다. 주룡문의 사지는 대략 좌우 대칭을 이룬다. 뒷발은 아래쪽, 앞발은 위쪽으로 향한다. 교룡문의 기본 도상은 옥전 M3호분 대도 가운데 뒷발을 위로 치켜든 유형과 같다. 문양의 세부 표현은 옥전 M3호분의 용봉문대도B보다 다소 소략하다.

- 생초 M13호분 대도(도3-3)[14]

이 대도의 주룡문은 여타 대도에 비해 가는 편이다. 통상의 주룡문은 용의 뒷발이 아래쪽으로 향하지만 이 대도의 경우 위쪽으로 향한다. 앞발은 역동적으로 배치되어 있다. 입에서 나오는 서기는 옥전 M6호분 대도의 서기가 축소된 형태이다. 교룡문은 옥전 M6호분의 경우와 기본형은 같지만 용두 사이에 2개의 발 모양 장식이 추가되어 있다. 그에 따라 목이 곡선적으로 휘었다. 초구금구에 용문과 유사한 문양이 있으나 도상 파악이 어렵다.

발굴자는 대가야양식 토기와 장식대도에 기준하여 생초 M13호분의 연대를 6세기 2/4분기로 편년하였다.[15]

- 지산동 구 39호분 대도(도4)[16]

대도의 환 표면에는 금박이 씌워져 있다. 환 표면에 대한 XRF 분석 결

---

13) 경상대학교박물관, 1993, 앞의 책, pp.89~90.

14) 경상대학교박물관 외, 2009, 『산청 생초 M12 · M13호분』, pp.46~48.

15) 경상대학교박물관 외, 2009, 위의 책, pp.134~136.

16) 有光敎一 · 藤井和夫, 2002, 「附篇 高靈主山第39號墳發掘調査槪報」 『朝鮮古蹟硏究會遺稿Ⅱ』, 유네스코 東아시아문화연구센터 · 財團法人 東洋文庫, p.58 · 76.

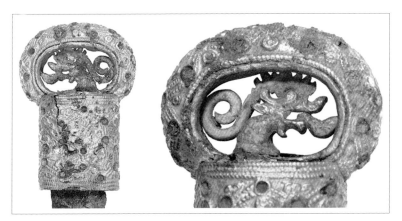

도4. 지산동 구 39호분 장식대도 세부

과 금이 대부분이고 소량의 철, 동, 은 성분이 검출되었다.[17] 문양은 주출
된 것이며, 환은 중공일 가능성이 있다. 환 내에 용 머리 조각 하나가 표현되
어 있다. 이는 별도로 주조 후 아말감도금된 것이다. 머리 위쪽의 뿔 역시 따
로 만들어 접합된 것이다. 뿔은 뒤쪽으로 길게 이어져 둥글게 말려 있다.

- 지산동 구 39호분 화살통 부속구(도5)[18]

이 화살통 부속구의 측판과 저판에 용문이 시문되어 있다. 측판 문양은
좌우대칭을 이룬다. 중앙부에 네 마리, 좌우측에 각 세 마리 씩 총 열 마리
의 용이 배치된 것 같다. 좌측 상부가 파손되어 유물에서는 아홉 마리만 확
인할 수 있다. 중앙의 교룡문은 몸을 교차한 다음 마주보는 자세이다. 좌측
의 용들은 머리를 상향하고, 우측의 용들은 머리를 하향하였다.

17) 윤은영 · 전효수, 2015, 「지산동 39호분 장식대도의 보존과 제작기법」『박물관
   보존과학』16, 국립중앙박물관, p.21.
18) 有光敎一 · 藤井和夫, 2002, 앞의 책, pp.58~60.

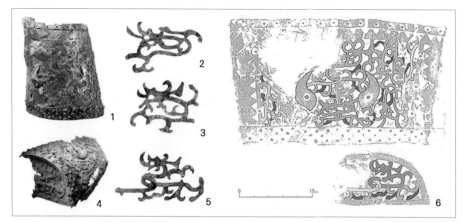

도5. 지산동 구 39호분 화살통 부속구와 용문 세부(1~3.측판, 4·5.저판, 6.보고서의 탁본에 채색)

　　저판의 경우 좌우에 배치된 용의 자세는 측판의 교룡문과 유사하다. 용의 세부 표현은 신라 용문과 차이가 크고, 백제나 여타 대가야의 용문과 유사하다. 특히 용의 머리 표현이 간략해진 점, 조금을 통한 세부 묘사가 없는 점, 쌍룡문에서 두 마리의 용이 서로 마주보는 자세를 한 점은 이 용문의 특징이다.

　　지산동 구 39호분의 연대에 대해 6세기 1/4분기[19] 혹은 6세기 2/4분기로 보는 견해가 있다.[20] 그밖에 520년대로 보면서 피장자를 대가야 이뇌왕(異腦王)으로 특정하기도 한다.[21]

---

19) 우지남, 2021, 「함안지역의 도질토기」『함안 남문외고분군-6·7·15호분 및 2구역 시·발굴조사보고서-』, 삼강문화재연구원, pp.295~296.

20) 김두철, 2001, 「대가야고분의 편년 검토」『한국고고학보』 45, 한국고고학회, p.185.

21) 有光教一·藤井和夫, 2021, 앞의 책, p.60.

2. 문양의 계보와 변천

1) 문양의 계보

대가야 장식대도의 용문이 어디서 기원한 것인지에 대해 옥전 35호묘과 옥전 M3호분 용문대도를 중심으로 검토하고자 한다.

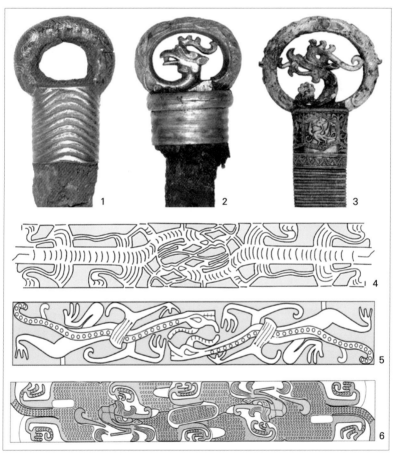

도6. 주조로 표현된 백제 대도의 용문 사례(1·4.수촌리 1호분, 2·5.용원리 1호 석곽묘, 3·6.무령왕릉)

옥전 35호묘 대도의 문양과 매우 유사한 사례가 백제 유적 출토품에서 확인된다. 전형은 공주 수촌리 1호분 대도(도6-1·4)이다.[22] 철제인 환 표면에 용문이 주출되었고 은입사와 금박 부착 기법이 구사된 점은 옥전 35호묘 대도와 동일하다. 이러한 금공기법은 천안 용원리 12호 석곽묘 대도에서도 확인할 수 있다. 환에 조각된 주룡문과 환의 내측에 배치된 용 혹은 봉의 머리에 은입사와 금박 등 귀금속 장식이 베풀어져 있다.[23]

수촌리 1호분의 연대는 연구자에 따라 다양한데 빠르게 볼 경우 4세기 말까지 소급되며 5세기 전반의 어느 시점으로 늦추어 보는 견해가 많다. 용원리 12호 석곽묘의 연대에 대해 등자에 기준하여 용원리 9호 석곽 출토품보다 늦은 것으로 보면서 5세기 중엽경으로 추정하기도 한다.[24]

이와 조금 다른 기법으로 표현된 용문은 용원리 1호 석곽묘 대도(도6-2·5)에서 확인된다. 환두는 동제 주조품이며 부분적으로 금과 은으로 도금되어 있다. 환 내부에는 구슬을 물고 있는 동물의 머리와 목이 표현되어 있는데, 환과 일체로 주조된 것이다. 환의 표면에는 두 마리의 용이 주출되어 있다.[25] 용원리 1호 석곽묘의 역연대 추정 자료는 없지만 등자로 보면 용원리 12호 석곽묘와 큰 차이가 없을 것 같다.

일본 구마모토현 에타후나야마고분(江田船山古墳)에서도 이와 유사한 문양의 대도(도7-4좌)가 출토된 바 있다. 철지에 주룡문이 주출되고 그것에 은입사로 세부가 표현되어 있다. 그리고 한 단 낮은 여백부에 금박이 부

22) 충청남도역사문화연구원 외, 2007, 『공주 수촌리유적』, pp.144~145.
23) 공주대학교박물관 외, 2000, 『용원리고분군』, pp.125~130.
24) 류창환, 2004, 「백제 마구에 대한 기초적 연구」 『백제연구』 40, 충남대학교 백제연구소, pp.178~180.
25) 공주대학교박물관 외, 2000, 앞의 책, pp.46~66.

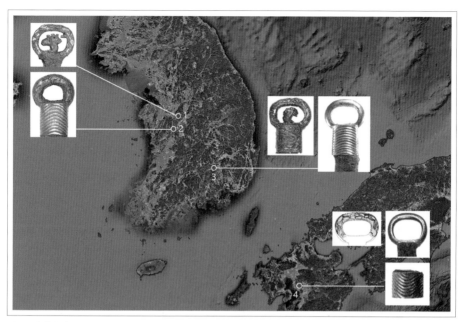

도7. 백제양식 대도의 분포(1.용원리 12호 석곽묘, 2.수촌리 1호분, 3.옥전 35호묘 · 28호묘, 4.에타후나야마고분)

착되어 있다.[26] 문양 표현기법으로 보면 옥전 35호묘, 수촌리 1호분, 용원리 12호 석곽묘 대도와 다를 바 없다. 다만 환 내연의 각목문은 전 3자에 없는 장식이다. 용의 세부 특징은 옥전 M3호분 대도의 주룡문과 공통하는 요소를 지니고 있다.

에타후나야마고분 출토 유물 사이에는 시차가 있다. 이에 주목하여 학계에서는 5세기 후반에서 6세기 전반까지 3차에 걸쳐 매장이 이루어진 것으로 보고 있다. 그 가운데 대도는 5세기 후반까지 소급시켜볼 수 있는 자료이다.[27] 도7에 제시한 것처럼 백제양식 대도는 대가야, 왜로 전해졌다.

---

26) 菊水町史編纂委員會, 2007, 『菊水町史 江田船山古墳編』, 和水町, pp.248~249.

27) 桃崎祐輔, 2008, 「江田船山古墳遺物群の年代をめぐる豫察」 『王權と武器と

수촌리 1호분이나 용원리 12호 석곽묘 대도에 구사되던 용문 표현기법은 5세기 후반 이후 사라지는 듯한 양상이다. 그리고 약 반세기 이상의 시차를 두고 백제 무령왕 대도[28]가 등장한다. 525년에 묻힌 무령왕의 대도가 보여주듯 6세기 초 백제 대도의 용문은 그 이전 대도의 용문과는 격단의 차이를 보여준다. 문양 각부의 정교함 뿐만 아니라 양감 또한 뛰어나다.(도6-3·6) 그 때문에 과거 이 대도의 제작지를 남조 양으로 비정하기도 했던 것이다. 그러나 고창 봉덕리와 나주 정촌고분 금동신발[29], 무령왕릉 다리작(多利作)명 은팔찌[30]로 보면 이것은 갑작스러운 출현이라기보다는 5세기 이래 백제 금공문화 발전의 산물로 보는 것이 좋겠다.

대가야에서는 옥전 M3호분 단계가 되면 옥전 35호묘 대도와는 확연히 다른 용문 도상 및 표현기법이 등장한다. 그 중 가장 정교한 사례는 옥전 M3호분 용문대도이다. 이 대도의 제작지는 백제일 가능성이 있는데, 그 문제는 차치하더라도 고창 봉덕리 1호분 4호석실 출토품의 교룡문(도8-좌)[31]으로 보면 이 도상의 계보가 백제에 있음이 분명하다. 다만 옥전 M3호분 용문대도와 봉덕리 대도는 도상에서의 차이가 상당해 양자가 동일 공방에서 제작되었다고 말하기 어렵다. 시기적으로는 봉덕리 1호분 4호석실이 옥전 M3호분보다 선행하므로 봉덕리 대도의 용문에서 옥전 M3호분

信仰』, 同成社, p.297.

28) 이한상, 2006, 「무령왕의 환두대도」『무령왕릉 출토유물 분석 보고서Ⅱ』, 국립공주박물관, pp.10~49.

29) 국립나주문화재연구소, 2017, 『나주 복암리 정촌고분 발굴조사보고서』, pp.234~255.

30) 국립공주박물관, 2019, 『무령왕릉 신보고서Ⅴ』, pp.98~108.

31) 원광대학교 마한·백제문화연구소, 2016, 『고창 봉덕리1호분 종합보고서-도면-』, p.62의 도면 44.

도8. 백제 금공품의 용문 사례(좌: 봉덕리 대도, 우: 나성리 과판)

용문대도의 용문으로 변화하였을 가능성을 상정해볼 수는 있다.

이와 관련하여 에타후나야마고분 대도의 제작지를 백제로 볼 경우, 수촌리 1호분 대도의 계보를 이은 대도가 여전히 백제 공방에서 제작된 것이 된다. 그와 달리 이 대도의 제작지를 대가야로 본다면 옥전 M3호분 단계가 되면 옥전 35호묘 대도의 특징을 계승한 대도가 대가야 공방에서 제작되었음을 보여주는 자료가 될 수도 있다. 현재까지의 자료로 보면 전자일 가능성이 더 크다.

다음으로 지산동 구 39호분 화살통 부속구의 제작지에 대해 백제로 보는 견해[32]가 있다. 부품의 형태, 용문 투조판의 존재 등으로 보면 그럴 가능성도 배제할 수 없지만 용문 도상에 중점을 두어 살펴보면 대가야산일 가능성도 고려할 필요가 있다.

화살통 부속구의 측판에는 열 마리의 용이 배치되었다. 세부적으로는 중앙부의 상하에 교룡문이 위치하고 좌우측에는 각각 웅크린 자세의 용 두 마리, 몸을 펼친 자세의 용이 한 마리씩 자리한다.(도9) 대가야의 여타 유물 중 이처럼 여러 마리의 용이 시문된 사례가 없다.

---

32) 土屋隆史, 2015, 「百濟·大加耶における胡籙金具の展開」『古代武器研究』 11, 古代武器研究會, p.55.

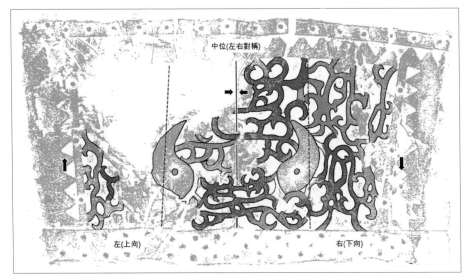

도9. 지산동 구 39호분 화살통 부속구에 표현된 용문의 구도

그에 비해 백제와 신라 금공품 가운데는 여러 마리의 용이 시문된 사례가 있다.[33] 그렇다면 이 화살통 부속구는 주변국으로부터의 수입품일까. 삼국시대 여러 나라 가운데 백제의 금공문화는 특히 뛰어났고 5세기 초부터 용문이 금공품의 주요 문양으로 활용되었다. 따라서 이 화살통 부속구에 표현된 용문의 기원을 백제에서 찾아볼 필요성이 제기된다.

백제의 지방 유력자 무덤인 공주 수촌리 1호분 출토 금동관(도10-1)[34]에는 여러 마리의 용이 표현되어 있다. 좌우 측판의 문양이 서로 다르고 측판에 표현된 용의 크기나 자세가 다양하다. 이에 비견할 수 있는 용문이 고창 봉덕리 1호분 4호석실 출토 금동신발(도10-2)에도 표현되어 있다. 이 금

---

33) 高田貫太, 2013, 「古墳出土龍文透彫製品の分類と編年」 『國立歷史民俗博物館研究報告』 178, 國立歷史民俗博物館.

34) 충청남도역사문화연구원 외, 2007, 앞의 책, pp.132~138.

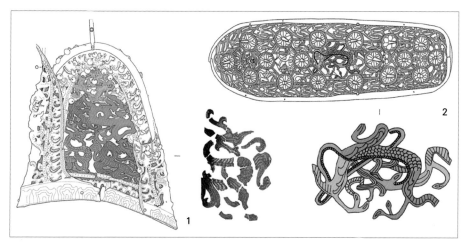

도10. 투조로 표현된 백제의 용문 사례(1.수촌리 1호분 금동관, 2.봉덕리 1호분 4호석실 금동신발)

동신발은 백제 웅진천도 이전에 해당하는 5세기 3/4분기로 편년할 수 있는 자료이다. 귀갑문의 단위 문양인 육각형문 속에 용문이 투조로 표현되어 있다. 측판의 용문은 간략하지만 저판의 용문은 몸의 굴곡이 심하고 사지가 역동적으로 배치되어 있다.

아직 백제의 화살통 부속구 가운데 용문이 투조된 사례가 없고 지산동구 39호분 출토품과 유사한 구도를 갖춘 금공품도 확인되지 않는다.

신라의 금공품 가운데도 용문이 복수로 표현된 사례가 있다. 안교가 그것이며 가장 선행하는 자료는 5세기로 편년할 수 있는 황남대총 남분 출토품[35]이다. 도안화된 용문이 반복적으로 배치되어 있다. 6세기 초로 편년되는 천마총에서는 귀갑문 안에 여러 종류의 동물문이 표현된 사례가 있

---

35) 문화재연구소, 1993, 『황남대총남분 발굴조사보고서-도면 · 도판-』, 도면 110 · 111.
문화재연구소, 1994, 『황남대총남분 발굴조사보고서-본문-』, pp.155~156.

다.[36] 지산동 화살통 부속구 용문의 구도는 안교에 표현된 용문과는 차이가 있다.

다음은 문양의 형태나 표현기법을 통해 이 문제에 접근하고자 한다. 지산동 구 39호분 화살통 부속구의 도안을 세부적으로 보면, 우선 교룡문의 자세가 눈에 띈다. 두 마리의 용이 몸을 교차한 것은 장식대도의 병연금구와 같지만 다시 고개를 돌려 상대 용을 바라보는 자세를 취한 점은 이 도안만의 특징이다. 백제와 신라의 금공품에서는 이러한 도안이 확인되지 않는바, 잠정적으로 이를 대가야 장인이 창안한 것으로 추정하고자 한다. 물론 그것의 기원은 직접적으로는 6세기 대가야 대도의 교룡문, 더 멀리 보면 5세기 백제 대도의 교룡문이 될 수도 있다.

이어 머리 부위의 구성에서도 특징을 살필 수 있다. 지산동 화살통 부속구에는 용의 머리를 구성하는 여러 요소 가운데 혀, 입과 이빨, 벼슬, 귀가 표현되어 있다.(도11-6~8) 이는 혀, 입과 이빨, 코, 눈, 벼슬, 귀, 뿔 등을 갖

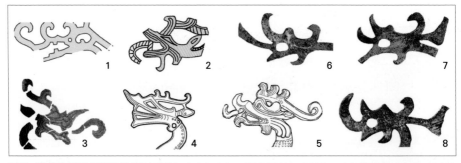

도11. 백제와 가야 금공품의 용두 표현(1.나성리 4호묘, 2.봉덕리 1호분 4호석실, 3. 수촌리 1호분, 4.정촌고분, 5.무령왕릉, 6~8.지산동 구 39호분)

---

36) 문화공보부 문화재관리국, 2014, 『천마총 발굴조사보고서』, pp.120~122.
   국립경주박물관, 2014, 『천마, 다시 날다』, p.137.

춘 백제의 용문(도11-1~5)과 다른 점이다. 용의 상징 가운데 하나인 눈과 뿔이 없다는 점도 주목된다. 백제 금공품의 용문에는 눈과 눈동자를 조금 (彫金)으로 표현하거나 소공을 뚫어 강조하기도 한다. 그밖에 백제 금공품의 경우 세부 요소의 구성뿐만 아니라 조금을 통해 각부를 세밀하게 표현했다는 점에서 지산동 화살통 부속구의 용문과 차이가 난다.

지산동 화살통 부속구는 깃털과 발의 표현이 조악해 발의 갯수와 전후좌우 조차 알기 어렵다. 투조된 모양으로 보면 깃털이 먼저 파출되고 그것에서 재차 발이 뻗어 나오는 것 같다. 삼국시대 금공품의 용문 가운데 세 가닥의 발톱을 갖춘 것과 주먹 모양으로 오므린 것이 있다. 지산동 화살통 부속구 용문의 경우 후자에 해당하나 발톱의 세부 표현이 없다.

그와 달리 5세기 백제의 용문은 모두 발톱이 뚜렷한 편이다. 연기 나성리 4호묘 과판의 용문이 대표 사례이다.[37] (도8-우) 일본 나라현 니자와센즈카(新澤千塚) 126호분 출토 금제 방형판[38] (도12-1)은 제작지에 논란이 있지만 나성리 4호묘 과판의 사례로 보면 백제산일 가능성이 있다. 이것에 표현된 용문 역시 발톱이 뚜렷하다. 신라의 경우 임당 7B호분 과판(도12-2)처럼 발톱이 표현된 것도 있고 황남대총 남분 안교(도12-3), 계림로 14호묘 안교의 용문[39] (도12-4)처럼 당초상을 띠는 것도 있다. 6세기대 자료 가운데 대부분은 후자에 해당한다.

따라서 지산동 구 39호분 화살통 부속구의 용문은 그 연원을 따져보면

---

37) 이한상, 2017, 「연기 나성리 4호묘 대금구의 용문복원과 예찰」 『고고학탐구』 20, 고고학탐구회.

38) 森浩一 外, 1977, 『新澤千塚126號墳』, 橿原考古學研究所, p.52.
橿原市千塚資料館, 2002, 『國指定重要文化財新澤千塚126號墳出土品復元模造品作製圖錄』, p.35.

39) 국립경주박물관, 2010, 『경주 계림로 14호묘』, pp.138~140.

도12. 용문 도안 비교 자료(1.니자와센즈카 126호분 금판, 2.임당 7B호분 과판, 3.황남대총 남분 안교, 4.계림로 14호묘 안교)

백제 용문과 관련지을 수도 있겠으나 양자 사이의 형태차가 크므로 대가야에서 창출된 문양으로 보는 것이 좋을 것 같다.

2) 문양의 변천

대가야의 주룡문 가운데 가장 선행하는 것은 옥전 35호묘 대도의 용문이다. 눈, 귀, 입, 뿔, 턱수염이 간략히 표현되었다. 앞발 2개는 깃털과 함께 조각되었으나 뒷발 2개는 생략되었고 깃털만이 표현되었다.(도13-1) 이는 수촌리 1호분 대도보다는 문양이 성글지만 용원리 12호 석곽묘 대도의 용문보다는 자세하다.

대가야의 주룡문 가운데 다수는 옥전 M3호분 대도에서 확인된다. 그중

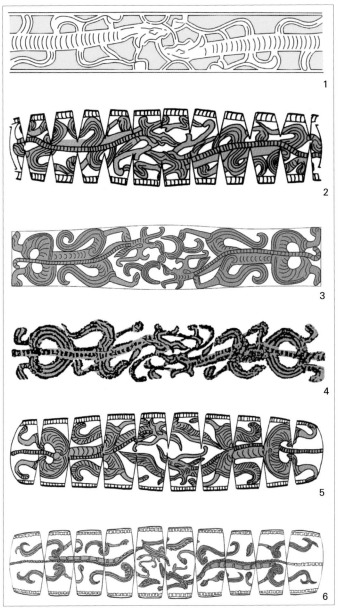

도13. 대가야 대도의 주룡문 비교(1.옥전 35호묘, 2 · 3.옥전 M3호분, 4.동경국립박
물관 소장, 5.옥전 M6호분, 6.생초 M13호분)

도상을 명확히 파악할 수 있는 것은 용문대도와 용봉문대도B에 한정된다.

용문대도의 주룡문은 용의 자세가 매우 역동적이다. 왼쪽 뒷발에 비해 오른쪽 뒷발이 꼬리 쪽으로 조금 더 내려와 있다. 왼쪽 앞발은 자신의 턱을 향하고 오른쪽 앞발은 꼬리 쪽을 향한 점이 특이하다.[40](도13-2) 이는 수촌리 1호분과 용원리 1호 석곽묘 대도의 도상이 혼합된 양상이다. 즉, 오른쪽 앞발을 꼬리쪽으로 향하게 배치한 점은 수촌리 1호분 대도의 용문(도6-4)과 같고, 뒷발을 역동적으로 배치한 것은 용원리 1호 석곽묘 대도의 용문(도6-5)과 같다. 대가야양식 대도 가운데는 도쿄국립박물관 소장품[41](도13-4)과 경주 식리총 대도[42]에서 이러한 도상이 확인된다.

용봉문대도B의 주룡문은 뒷발의 자세가 특징적이다. 용문대도와는 달리 왼쪽과 오른쪽 뒷발이 마치 착지한 듯 병렬되어 있다. 이는 수촌리 1호분 대도의 용문과 유사하다. 좌우 깃털은 내측으로 향한다. 옥전 M6호분, 식리총, 창녕 교동 10호분 대도의 주룡문에서 이러한 특징이 보인다. 왼쪽 앞발에 비해 오른쪽 앞발이 머리 쪽으로 조금 더 전진해 있지만 큰 차이는 없다. 뿔이 작고 입에서 나오는 서기(瑞氣)가 뿔과 오른쪽 앞발 사이에 끼워져 있다.(도13-3)

---

40) 아마도 뿔을 길게 표현하였기에 여백을 확보하기 어려워 이런 도상이 만들어진 것 같다.

41) 東京國立博物館, 1992, 『修理報告 有銘環頭大刀』.
이 대도는 창녕 출토로 전하고 있으나 정확한 근거가 있는 것은 아니다. 오구라컬렉션 등 일제강점기의 도굴품에 '전 창녕 출토'로 명기된 것 가운데는 고령지역 도굴품이 포함된 것 같다.

42) 朝鮮總督府, 1931, 『慶州金鈴塚飾履塚發掘調査報告 圖版(大正13年度古蹟調査報告第1冊)』, 圖版 194.
穴澤咊光 · 馬目順一, 1976, 「龍鳳文環頭大刀試論-韓國出土例を中心として-」『백제연구』 7, 충남대학교 백제연구소, p.237.

옥전 M6호분 대도의 주룡문(도13-5)은 옥전 M3호분 용봉문대도B의 주룡문을 계승한 것이다. 사지의 배치와 깃털의 형태가 매우 유사하다. 다만 뿔이 한 가닥이고 입에서 나오는 서기가 새 날개처럼 생긴 점에서 차이를 볼 수 있다.

생초 M13호분 대도의 주룡문(도13-6)은 몸체가 가늘고 꼬리, 발, 깃털 등이 몸에서 분리된 모습이다. 사지가 모두 머리 쪽을 향한다는 점이 이 용문만의 특징이다. 뿔은 두 가닥이지만 작고 턱수염은 간략하다. 뒷발의 깃털은 꼬리 쪽을 향하며 끝이 두 가닥이다. 입에서 나오는 서기는 옥전 M6호분 대도의 그것이 축소된 모양이다.

한편, 신라 무덤인 경주 식리총과 창녕 교동 10호분, 아라가야 무덤인 함안 도항리 54호분 출토 장식대도에도 대가야적인 주룡문이 시문되어 있다.

식리총 대도는 상세 자료가 부족해 주룡문의 전모를 밝히기 어렵다. 환내의 용두·봉수형 장식, 주룡문, 교룡문으로 보면 이 대도는 신라 대도 가운데 매우 이질적 존재인 바, 대가야산으로 보아도 무리가 없을 것 같다.

왼쪽 앞발은 해당 용의 턱 부근에 위치하고 오른쪽 앞발은 꼬리 쪽으로 향한다. 뒷발은 옥전 M3호분 용봉문대도B와 유사한 자세이다. 서기는 곡선적이며 큼지막하다. 옥전 M3호분 용봉문대도B의 두 용 사이에 배치된 원문이 이 대도의 병연금구에 표현되어 있다. 앞발의 배치와 서기의 형태가 옥전 M3호분 용문대도의 주룡문과 연결되는 점으로 미루어 이 대도의 연대를 옥전 M3호분 용문대도와 큰 시차 없이 제작된 것으로 볼 여지가 있다. 즉, 식리총 대도를 옥전 M3호분 용문대도의 1차 번안품으로 볼 수도 있다.

교동 10호분 대도의 주룡문[43]은 다소 간소한 편이다. 발이 작고 귀는 목

---

43) 穴澤咊光·馬目順一, 1975, 「昌寧校洞古墳群-梅原考古資料を中心とした谷

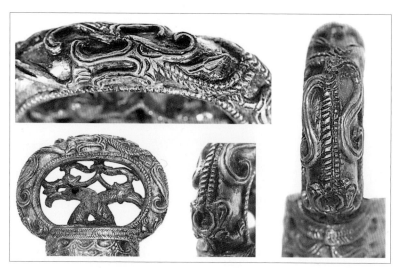

도14. 창녕 교동 10호분 대도의 주룡문 세부

에 붙은 듯하다. 왼쪽 앞발은 상대 용의 벌린 입 사이에 끼인 모습이다. 깃털에 비해 앞발의 크기가 작고 표현이 간소하다. 뒷발은 착지한 듯 병렬되어 있으며 좌우 깃털은 내측을 향한다.(도14) 옥전 M3호분 용봉문대도B의 주룡문 보다는 간략화된 점에 주목하면 이 대도의 제작 시점을 6세기 전반으로 늦추어볼 수 있지 않을까 한다.

함안 도항리 54호분 출토 대도는 철지에 은판을 씌워 장식한 점에서 보면 대가야의 여타 주룡문 장식 대도와 다르다. 이 대도의 주룡문은 정교하지 않으며 뿔과 서기는 갖추었으나 귀가 없다. 사지는 역동적 자세인데, 앞발뿐만 아니라 뒷발까지도 모두 머리쪽으로 향한다.[44](도15) 이는 생초

井濟一氏發掘資料の硏究-」『考古學雜誌』60-4, 日本考古學會, pp.44~45.

44) 국립창원문화재연구소, 2001, 『함안도항리고분군Ⅳ』, p.55.

M13호분 대도와 공통하는 점이다.

도항리 54호분의 연대에 대해 발굴자는 5세기 4/4분기로 편년하였다.[45] 아라가야권에서는 이 대도가 유일하게 주룡문을 갖춘 사례이다. 근래 아라가야 공방에서 제작된 금공품이 속속 드러나고 있어 이 대도는 아라가야 장인이 대가야 대도를 모방하여 제작한 것으로 볼 여지가 있다.[46]

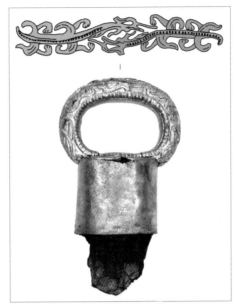

도15. 함안 도항리 54호분 대도와 주룡문

이상에서 살펴본 것처럼 대가야 대도의 주룡문은 꽤나 다양하다. 대체로 5세기 4/4분기 무렵 대가야적 특색을 지닌 주룡문이 등장하여 이후 6세기 전반까지 일정한 변화를 보이며 제작된다. 대가야의 주룡문은 무령왕 대도의 그것과 확연히 다르다. 아직까지 대가야 유적에서 무령왕 대도의 주룡문이 수용되었음을 보여주는 자료가 확인되지 않았다. 그 이유는 대가야에 이미 대가야인이 선호하는 주룡문 양식이 발현되어 유행하고 있었

---

45) 국립창원문화재연구소, 2001, 위의 책, p.99.

46) 근래 함안 일원에서 발굴된 아라가야산 금공품의 사례에 대해서는 다음의 글에 정리되어 있다.
이한상, 2021, 「함안 남문외 6-2호 석곽묘 이식에 대한 검토」 『함안 남문외고분군-6·7·15호분 및 2구역 시·발굴조사보고서-』, 삼강문화재연구원, pp.338~344.

기 때문인 것 같다. 그리고 그것은 대가야를 넘어 신라나 아라가야, 그리고 일본열도로도 파급되었다. 신라로는 완제품이, 아라가야와 왜로는 도안과 제작기술이 전해졌다. 물론 아라가야와 왜로도 완제품이 전해졌을 가능성은 있으나 현재까지 발굴된 사례는 없다.

다음으로 대가야의 금공품, 특히 장식대도에는 교룡문이 종종 표현된다. 앞에서 제시한 자료를 발의 배치 양상에 따라 나누고 그 안에서 시간의 변화를 보여주는 특징적 요소가 존재하는지 살펴보고자 한다.

첫째, 3개의 발이 하부에 위치하고 1개의 발이 상대 용의 머리 가까이에 위치하는 도상이다. 이를 I류로 분류하고자 하며 옥전 M3호분 용문대도의 교룡문(도16-1)이 전형적 사례이다. 두 용의 목이 살짝 교차하며 꼬리가 해당 용의 입에 맞닿아 있다. 은판에 투조 및 조금으로 표현된 것이며 용문이 정교하다. 옥전 M3호분 단봉문대도(도2-3), 용봉문대도A(도16-3)와 B(도16-2)에서 유사한 문양이 확인된다. 단봉문대도에 비해 용봉문대도A·B는

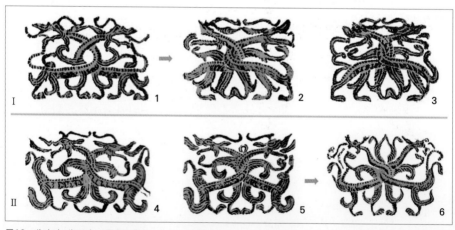

도16. 대가야 대도의 교룡문 비교(1.옥전 M3호분 용문대도, 2·4.옥전 M3호분 용봉문대도B, 3·5.옥전 M3호분 용봉문대도A, 6.생초 M13호분)

두 용이 몸을 더욱 밀착한 모습이다. 용문대도의 용문을 Ia류로, 여타 3자의 용문을 Ib류로 세분하고 전자에서 후자로의 변천을 상정하고자 한다.[47]

둘째, 2개의 발이 하부에 위치하고 1개의 앞발 가운데 하나가 상대 용의 머리 가까이에 위치하며 뒷발 하나는 위로 치켜올린 도상이다. 이를 Ⅱ류로 분류하고자 하며 옥전 M3호분 용봉문대도A(도16-5)와 B의 교룡문(도16-4) 가운데 하나씩이 전형적 사례이다. 옥전 M6호분 대도의 교룡문은 이와 유사하나 문양 표현이 부분적으로 거친 편이다. 뿔이 연결되어 있고 귀가 쫑긋 세워졌으며 치켜올린 발 표현도 조금 어색하다.(도17) 각각 Ⅱa류와 Ⅱb류 구분하고자 한다.

도17. 옥전 M6호분 대도의 교룡문

---

47) 개별 용 사이에는 공통점도 있지만 차이점 또한 있다. 그러나 유례가 적어 이 글에서는 세분하지 않는다.

생초 M13호분 대도의 교룡문(도16-6)은 3자와 사지의 배치는 비슷하나 용의 목과 머리 사이에 별도의 장식이 부가되어 있다. 이를 III류로 나눌 수도 있지만 분류의 큰 기준이 사지의 배치인 점을 고려하여 IIc로 분류하고자 한다.

그런데 Ib류와 IIa류는 같은 대도에 함께 부착되어 있으므로 양자 사이의 시차를 인정할 수 없다. 문양의 형태, 무덤의 연대를 아울러 고려하면서 제작의 순서를 상정해보면 Ia → Ib와 IIa → IIb → IIc 순으로 배열할 수 있다. 다만 무덤의 연대는 Ia · Ib · IIa가 같고 IIb와 IIc는 비슷하다.

식리총 대도의 교룡문(도18-1)은 II류에 속하며 문양 각부의 표현에 볼륨감이 있고 정교한 점을 고려하면 IIa류에 포함시킬 여지가 있다. 교동 10호분 대도의 교룡문(도18-2)은 가는 편이고 각부의 표현이 간략화되어 있다. 교차부의 용신이 다른 사례보다 조금 떨어져 있다. 귀가 표현되지 않은 점은 늦은 요소가 아닐까 한다. II류에 해당함은 분명하며 IIa류에서

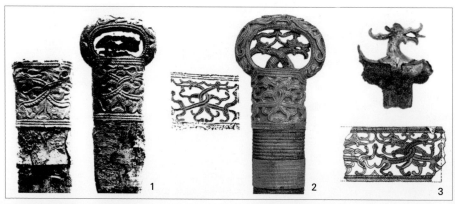

도18. 신라권 출토 주룡문 및 교룡문 비교 자료(1.식리총, 2.교동 10호분, 3.호우총)

변화된 것 같으나 Ⅱb와는 변화의 방향이 달라 Ⅱb류에 포함시킬 수는 없다. 호우총 대도의 교룡문[48](도18-3)도 2류로 분류할 수 있다. 이 용문 역시 머리에 귀가 없다. 머리 표현과 치켜올린 뒷발의 자세는 교동 10호분 교룡문과 유사하다. 이 역시 Ⅱa류보다는 후행하는 요소를 갖추었다.

따라서 교룡문의 도상에 기준하면 옥전 M3호분 용문대도 → 동 단봉문대도, 동 용봉문대도A·B, 식리총 → 옥전 M6호분 대도, 호우총 대도, 교동 10호분 대도 → 생초 M13호분 대도 순으로의 변천을 상정할 수 있다.

대가야의 교룡문은 일본열도로도 전파되었다. 교룡문이 시문된 대도 가운데 대가야 혹은 백제에서 계보를 찾는 사례가 있다. 그 가운데 후쿠오카현 요시다케(吉武) S군 9호분과 시가현 가모이나리야마고분(鴨稻荷山古墳) 대도의 교룡문에 대해 살펴보면 다음과 같다.

요시다케 대도의 교룡문[49]은 두 마리의 용이 X자 모양으로 교차된 도상이다.(도19-4) 일견 봉덕리 1호분 4호석실 대도의 교룡문(도8-좌)을 연상시킨다. 그러나 앞발 하나가 상대 용의 턱 아래에 위치하고, 뒷발 하나가 치켜올려진 자세는 아직 백제 대도에서는 확인된 바 없다. 이는 대가야적 도상일 가능성이 있다. 그리고 대가야의 전형적 교룡문과 차이가 현저한 점을 고려하면 이 문양은 대가야 교룡문의 변형으로 추정할 수 있다. 또한 교룡문 장식은 머리가 도신 쪽으로 향하게 조립되어 있어 대가야의 여타 대도와 다르다. 따라서 이 대도를 대가야 혹은 백제산으로 보기는 어

---

48) 김재원, 1948, 『경주 노서리 호우총과 은령총』, 국립박물관, 도판 제35.
穴澤咊光·馬目順一, 1976, 앞의 논문, p.238.

49) 福岡市敎育委員會, 2003, 『吉武遺蹟群15-飯盛·吉武圃場整備事業関係調査報告書-』, p.62.
박천수, 2009, 『일본열도 속의 대가야문화』, 고령군·경북대학교, p.37.

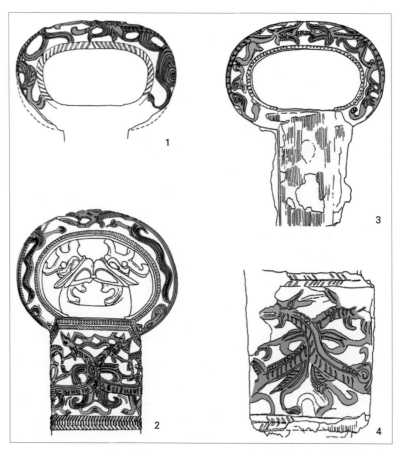

도19. 왜 대도의 주룡문과 교룡문(1.에타후나야마고분, 2.가모이나리야마고분, 3·4.요시다케 S군 9호분)

렵고 대가야 교룡문 장식 대도를 모델로 일본열도에서 제작된 것으로 추정하고자 한다. 다만 이 대도의 주룡문(도19-3)은 개별 용의 머리가 2개씩이고 다리가 6개씩인데, 이와 유사한 도상이 오구라컬렉션 속 대도 1점[50]

50) 일본 滋賀縣立大學 金宇大 교수의 후의로 상세 사진을 살펴볼 수 있었기에

에서도 확인되므로 요시다케 대도의 제작지 문제는 향후 더 검토해볼 여지가 있다.

가모이나리야마고분 대도의 주룡문(도19-2)[51]의 경우도 기본 도상은 대가야 교룡문에서 찾을 수 있다. 신체 각부의 특징이 간략하고 두 용이 교차하는 부분은 사실적이지 않다. 사지의 배치는 대가야 교룡문 Ⅱ류에 가깝다. 주룡문은 앞발 2개가 머리 쪽으로, 뒷발 2개가 꼬리 쪽으로 향한 것으로 이 역시 대가야적 도상이다. 가모이나리야마고분에서는 백제 무령왕비 귀걸이와 유사한 세환이식 1쌍이 출토된 바 있어 연대는 6세기 전반경으로 추정할 수 있다.

교룡문의 변천에 대한 선행 연구에서는 통상 문양의 붕괴라는 관점으로 설명해왔다. 대체적 경향성은 물론 그러하다. 그간 한일 양국 자료를 함께 다루면서 교룡문의 변화양상을 살펴보았기에 교룡문이 단기간에 급격히 퇴화한 것처럼 설명한 것이다. 그러나 한반도 남부지역에서는 일본열도와 달리 정밀한 도상을 갖춘 교룡문이 6세기 전반까지 상당기간 유행한 것으로 보인다. 즉, 일본열도의 교룡문은 한반도에서 기원한 것은 분명하나 현지 제작 과정에서 급격한 변화를 겪었으므로 그것을 분리하여 변화 과정을 추적해볼 필요가 있다.

이상에서 대가야의 용문 자료를 집성하고 그것의 계보 및 전개 양상에 대하여 검토하였다. 그 내용을 간략하게 정리하면 다음과 같다.

謝意를 표하고 싶다.

51) 濱田耕作·梅原末治, 1923,『近江國高島郡水尾村鴨の古墳』, 臨川書店, 도판 17. 森下章司·高橋克壽·吉井秀夫, 1995,「鴨稲荷山古墳出土遺物の調査」『琵琶湖周邊の6世紀を探る』, 京都大學文學部考古學研究室, p.60.

대가야의 용문은 장식대도와 화살통 부속구에 표현되어 있다. 장식대도의 경우 다수의 용문은 쌍룡문의 형태로 표현된다. 환에는 대향하는 주룡문, 병연금구와 초구금구에는 목을 교차한 교룡문이 표현되었다. 환 내에 별도로 제작된 용두가 끼워진 사례가 있다. 화살통 부속구의 경우 측판과 저판에 복수의 용이 교룡문의 형태로 투조되어 있는데, 용문의 수량이 많고 주변국에서 볼 수 없는 대가야적 도상을 갖추었다.

용문이 표현된 대가야 유물 가운데 가장 오래된 것은 5세기 중엽의 합천 옥전 35호묘 대도이다. 이 대도의 용문 도상과 표현기법은 백제에서 계보를 찾을 수 있고, 문양의 형태나 표현기법으로 보면 백제산일 가능성도 있다. 이는 4세기 후반 이래 지속된 대가야-백제간 우호관계의 산물이다.

5세기 후반의 옥전 M3호분 대도 가운데 용문이 표현된 것은 4점이다. 3점은 대가야산으로 보아 무리가 없고 1점은 백제산일 가능성이 있다. 4점에 표현된 용문 도상은 대체로 유사하지만 용문의 표현기법에서는 차이가 있다. 대가야산 대도의 용문은 철에 주조로, 백제산일 가능성이 있는 대도의 용문은 은판에 투조로 표현되었다. 양자 사이에는 정조(精粗)의 차이가 현저하다.

이 시기의 백제가 한성 함락이라는 큰 위기를 겪었음에 비해 대가야는 그 기회를 놓치지 않고 백제의 변경을 차지하였다. 대가야는 곧이어 남제에 사신을 보내 작호를 받는 등 전성기를 구가한다. 용문이 표현된 대가야산 장식대도의 본격적 제작은 바로 이 무렵 대가야 성장의 산물이라고 할 수 있다.

6세기 전반의 대가야 대도에 표현된 용문은 기본 도상이 5세기 후반의 그것과 유사하지만 약간의 변화가 확인된다. 앞 시기의 도상이 계승되기도 하고 또 새로운 도상이 등장하기도 한다. 또한 6세기 전반이 되면 대가야에서 용문은 지산동 구 39호분 화살통 부속구처럼 장식대도 이외의 금공품에도 표현된다.

주룡문과 교룡문을 갖춘 대가야산 대도는 5세기 후반 이래 신라권으로 전해졌다. 경주 식리총과 호우총, 창녕 교동 10호분 출토품이 그에 해당한다. 또한 대가야에서 유행한 용문은 아라가야와 왜로도 파급되었다. 특히 왜의 대도에서 보이는 용문 가운데 대가야적 특징을 갖춘 것이 일부 확인되는데, 대가야산 완제품은 아니고 현지 제작품일 것으로 보인다.

제4부 | 금공품 양식 비교

제1장

백제와 대가야

4~6세기의 동아시아는 격동의 시기를 겪었다. 중국은 5호 16국과 남북조시대를 거치며 정치적 분열과 재편이 반복되었고, 한반도와 만주 일원에서는 삼국시대 여러 나라가 각축을 벌였으며, 일본열도 역시 정치적 통합을 향한 움직임을 보이고 있었다.

이러한 국제 질서 속에서 각국은 정치적 안정을 도모하고 세력을 확장하기 위해 외교에 주력하였고, 그 과정에서 문화와 기술, 물자의 이동이 활발히 이루어졌다. 백제는 이와 같은 교류의 중심에 서 있었으며, 특히 금공 분야에서 두드러진 기술적 성과를 축적하였고 그 성과를 대가야와의 관계에서도 활용하였다.

여기서는 백제의 금공문화가 대가야로 전해진 양상을 살펴보고자 한다. 먼저 백제에서 금공품의 양식이 언제 성립하여 어떻게 변천하였는지를 검토한 다음 그것이 어느 단계에 어떤 양상으로 대가야로 파급되었는지에 대하여 설명하고자 한다.

1. 백제 금공문화의 전개

백제의 금공문화는 왕도를 기준으로 한성기, 웅진기, 사비기로 구분하여 살펴볼 수 있다.

첫 시기인 한성기에는 금공품의 제작과 사용이 점차 활발해지면서, 백제 고유의 양식과 기술이 확립된다. 백제인이 만든 금공품 가운데 이른 시기에 해당하는 것으로 서울 석촌동 4호분 주변 출토 금귀걸이를 들 수 있다. 전체가 금이고 세환에 길쭉한 금사슬과 심엽형 수하식이 차례로 달린 심플한 구조를 갖추었다. 주환이나 수하식의 제작기술이 정교하지 않다.

이에 후속하는 자료가 서울 석촌동 1호분과 2호분 사이의 유물집중부에서 출토된 귀걸이다. 주환이 금동이고 유환부터 수하식까지는 금이다.

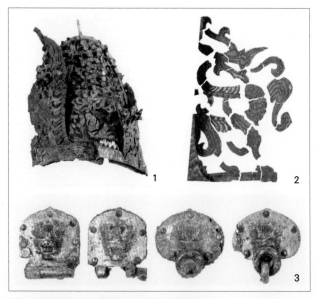

도1. 수촌리 1호분 금동관(1·2)과 수면과판(3)

소환입방체, 사슬, 공구체가
차례로 연결되어 있다. 고구
려 귀걸이 가운데 집안 마선
묘구 412호묘 출토품과 유
사하다.

이 귀걸이들을 필두로 한
성기 백제 금공품은 근래까
지 단속적으로 발굴되었다.
그 가운데 다수는 장신구와
장식대도이다. 장신구로는
관, 귀걸이, 허리띠장식, 비
녀, 금동신발이 있다.

도2. 공주 수촌리 8호분 귀걸이와 세부

지금까지 발굴된 한성기 금동관으로는 화성 요리 1호 목곽묘, 동 사창
리 목곽묘, 천안 용원리 9호 석곽묘, 공주 수촌리 1·4호분, 서산 부장리 5
호분구 1호묘, 고흥 길두리 안동고분, 익산 입점리 86-1호분 출토품을 들
수 있다. 이 가운데 공주 수촌리 4호분 출토품이 전형이다. 고깔모양의 기
본구조에 전식(前飾), 측식, 후식, 그리고 관(管)과 수발형(受鉢形) 장식을
갖추었다. 문양에 기준하면 용봉문 계열과 초화문 계열로 나눌 수 있다.

금귀걸이는 주환이 모두 세환(細環)이다. 세환은 속이 찬 금봉을 휘어
만든 것이 많다. 수촌리 4호분나 용원리 37호묘, 부장리 6호분구 6호묘 출
토품은 단면 사각형의 금봉을 비틀어 꼬아 나선형으로 만든 것이다. 중간
식으로는 공구체가 많이 사용되었으며 원판상 장식 또한 특색이 있다. 용
원리 9호 석곽묘나 부장리 6호분구 6호묘 출토품의 중간식은 금판을 땜으
로 접합하여 만든 중공(中空)의 원판상 장식이다. 수촌리에서는 삼익형, 원

추형 수하식을 갖춘 귀걸이도 출토되었다.

한성기 귀걸이 가운데 가장 정교한 기법이 구사된 사례로 수촌리 8호분 출토품을 들 수 있다. 길이가 4.6cm에 불과함에도 매우 정교하다. 중간식과 수하식에 크고 작은 금알갱이가 장식되어 있다. 소환구체를 중간식으로 사용한 귀걸이 가운데 가장 이른 시기의 자료에 해당한다.

한성기 허리띠장식으로는 수촌리 1호분과 4호분, 연기 나성리 4호묘 출토품이 있다. 수촌리 1호분과 4호분 출토품은 과판에 수면(獸面)[1]이 표현되어 있다. 나성리 4호묘 출토품의 과판에는 용문이 표현되어 있다. 이 허리띠장식의 제작지에 대해 조사단은 신라나 왜로부터의 반입품일 가능성을 지적하였고, 또 다른 연구에서는 복수로 출토된 교구, 수하식의 형태 등을 통해 신라 허리띠장식과의 관련성을 상정하였으나 경주산으로 단정하지는 않았다. 그러나 과판 대착부(帶着部)와 수하식의 문양, 크기 등에서 신라, 왜 유적 출토품과 구별되는 특징을 갖추었을 고려하면 백제산으로 보아도 좋을 것 같다.

비녀도 특징적이다. 성남 판교 석실묘에서 출토된 비녀는 몇 가지로 세

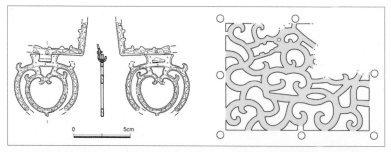

도3. 연기 나성리 4호묘 허리띠장식 실측도(좌: 보고서)와 과판 문양 복원도(우: 필자)

---

1) 1호분 과판의 문양은 뿔로 보면 용의 얼굴일 수도 있다.

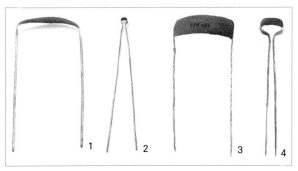

도4. 판교 석실묘 비녀(1·2)와 비교자료(3.라마동 Ⅱ-M266호묘, 4.라
마동 Ⅱ-M313호묘)

분할 수 있다. 길쭉한 은봉의 중간을 망치로 두드려 판상으로 편 다음 'ㄷ'
형으로 구부려 완성한 것과 가는 금속봉의 중간을 망치로 두드려 판상으
로 편 다음 중간 부위를 둥글게 만든 것이 있다. 후자는 은제품과 금동제품
이 있다. 4세기 전연의 무덤인 중국 요녕성 북표시 라마동(喇嘛洞) Ⅱ지구
M266호묘, M313호묘 출토품과 유사하다. 이 비녀의 제작지 문제는 장차
의 연구가 필요하다.

금동신발은 금귀걸이만큼이나 출토 사례가 많다. 화성 요리 목곽묘, 공주
수촌리 1·4호분, 고창 봉덕리 1호분 4호석실 출토품이 대표 사례이다. 이 시
기의 금동신발은 신발의 앞뒤축을 관통하는 중심선에서 좌우 측판이 결합되
고 바닥에 작은 금동 못이 박힌 점이 특징이다. 금동신발의 형태나 문양은
다양하다. 대표 문양은 凸형문, 용문, 능형문, 귀갑문, 초화문 등이다.

금동신발이 가장 많이 출토된 곳은 공주 수촌리고분군이다. 수촌리
1·3·4·8호분에서 출토되었다. 1호분 출토품은 측판에 凸형문, 저판에 사
격자문이 시문되어 있다. 3호분 출토품의 측판에는 1호분 출토품처럼 凸
형문이 있지만, 저판에는 용문과 연화문이 시문되었다. 4호분 출토품은 측

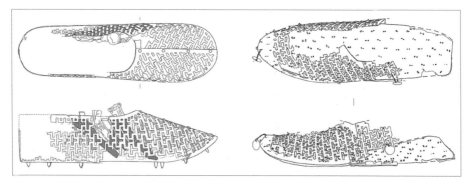

도5. 백제(좌: 수촌리 1호분)와 신라(우: 금관총) 금동신발의 凸형문 비교

판과 저판 모두에 용문이 투조로 표현되어 있다. 8호분 출토품은 측판 일
부만 남아 있어 전모를 알 수 없지만 凸형문과 측판 결합방식은 1·3호분
출토품과 유사하다.

장식대도 역시 금공품의 범주에서 살펴볼 수 있다. 공주 수촌리 1호분
대도는 환두가 횡타원형을 띠며, 병연금구는 은판을 가공하여 만들었는데
이면에서 타출한 파상문이 베풀어져 있다. 이 대도의 철제 환에 시문된 문
양 표현기법이 주목된다. 환에 용문을 주출한 다음 은입사로 문양을 강조
하고, 한 단 낮은 바탕에 금박을 붙여 장식한 것이다. 이러한 기법은 대가
야, 왜 유적 출토 대도에서도 확인된다. 용 몸의 비늘, 네 발, 입의 윤곽, 눈,

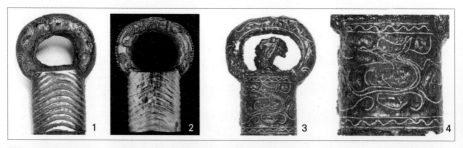

도6. 수촌리 1호분(1·2)과 옥전 35호분 대도(3·4)의 비교

뿔, 턱수염, 서기(瑞氣)가 은입사로 표현되어 있다.

천안 용원리 12호 석곽묘 대도는 환두가 횡타원형이며 철제 주조품이다. 환에 표현된 주룡문(走龍文)과 환의 내측에 배치된 동물 머리에 은입사와 금박 등 귀금속 장식이 베풀어져 있다. 환두에 문양을 표현하는 기법은 공주 수촌리 1호분 출토품과 유사하다. 즉, 문양을 주출한 다음 돌출부에 은입사를 통해 문양을 강조하고, 한 단 낮은 바탕에 금박을 붙여 색채대비를 꾀하였다.

두 번째 시기인 웅진기에는 무령왕릉 출토품에서 볼 수 있듯이 최고 수준의 금공품이 제작된다. 1971년 발굴된 백제 무령왕릉에서는 무령왕과 왕비가 각각 523년과 526년에 세상을 떠 무덤에 합장되었음을 기록한 지석(誌石)이 출토되었고, 도굴의 피해를 입지 않은 채 발굴된 이 무덤에서는 금제 장신구를 비롯하여 웅진기의 다양한 금공품이 일괄로 출토되었다.

웅진기 금공품의 소유양상을 살펴보면 왕실 독점 현상이 현저하다. 무령왕릉에서는 관식, 뒤꽂이, 귀걸이, 허리띠, 목걸이, 팔찌, 금동신발 등의 장신구가 왕과 왕비 유해부에서 출토되었다. 왕릉 출토 금공품 가운데 수량이 가장 많은 것은 엽형, 화형, 능형, 원형을 띠는 금은제 장식품이다. 왕릉에서 출토된 금공품은 수량뿐만 아니라 제작 수준 또한 탁월하다. 그리고 여타 고분과 달리 3면의 청동거울, 14점의 금속용기가 포함되어 있다.

그 밖의 무덤 가운데 송산리와 교촌리 등 왕도 소재 고분군의 경우 발굴 이전에 대부분 도굴된 것이어서 출토 유물의 수량이 극히 적다. 지금까지 알려진 자료를 보면 귀걸이와 허리띠장식에서 한성기의 특징을 부분적으로 계승하면서도 웅진기만의 특색을 발현하였음을 알 수 있다.

475년에 웅진으로 천도하게 되면서 백제의 금공품 제작 체계도 큰 타격을 입었다. 그러면 웅진기의 어느 시점에 이르러 백제의 금공문화가 원상

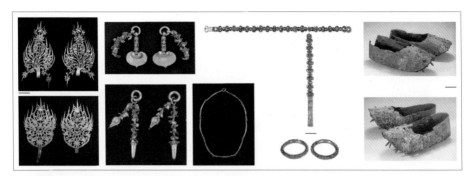

도7. 무령왕릉 출토 장신구(상단: 왕, 하단: 왕비)

을 회복하였을까. 현재까지의 자료에 한정한다면 대체로 동성왕 재위 연간이면 가능하였던 것 같다. 즉, 무령왕릉 출토 금공품의 수량과 제작 수준을 보면 그 시점을 더 소급시킬 여지가 있다. 한성기와 웅진기 금공품을 비교할 때 연속성과 단절성이 아울러 살펴진다.

첫째, 연속성이다. 공주 수촌리 1호분에서는 망자의 유해에 착장하였던 각종 장신구와 장식대도가 도굴되지 않은 채 발굴되었다. 이 일괄 유물에 이미 '백제양식'이 발현되어 있다. 금공품에서 특정 국가의 양식이 발현되었다는 것은 곧 전업적으로 그 일에 종사하는 장인 집단이 존재했음을 전제한다. 수촌리 1호분 출토품을 지표로 하는 한성기 금공품의 양식적 특징은 송산리고분군 출토품으로 이어진다.

둘째, 단절성이다. 웅진기의 특징적 금공품으로 엽형(葉形) 및 화형장식, 금속용기를 들 수 있다. 주로 공주 일원에 분포하며 무령왕릉에서 집중적으로 출토되었다. 한성기의 금속용기로는 초두나 초호 정도가 알려져 있지만 웅진기가 되면 완, 잔, 명(皿), 탁잔 등으로 다양해지며 금속으로 만든 수저까지 출토된다. 이 가운데 백제에서 제작된 물품이 어느 것이고 중국 남조로부터 수입한 물품이 어느 것인지 구분하기란 쉽지 않다. 백제에서 제작된 것이 분명한 부여 왕흥사지 사리기의 제작에 구사된 기술력으로 보면 무령왕릉 출토 금속용기 가운데 백제산이 상당수 포함되어 있을 것으로 추정하여도 무리가 없겠다.

사비기의 금공품은 수량이 적다. 한성기 및 웅진기와 달리 장신구의 비중이 급감하며 사찰에서 사용하였던 불교공예품이 주종을 이룬다. 부여 능산리사지와 왕흥사지, 익산 미륵사지에서 중요한 발견이 이어지면서 사비기 금공문화의 실체가 밝혀졌다.

1993년에 부여 능산리의 능사 터에서 금동대향로가 출토되면서 백제 금공품 연구는 새로운 전기를 맞이하였다. 목탑지 하부에서 창왕명 석제사리감이 출토됨에 따라 능사 목탑의 건립 연대가 567년이고, 향로는 백제 사비기의 사찰에서 의례용 물품으로 사용된 것임을 알 수 있었다.

2007년에 이르러 백제 금공품 연구에 활력을 불어넣는 새로운 발견이 있었다. 바로 부여 왕흥사지 목탑지에서 백제 창왕 24년인 577년의 기년명을 가진 일괄 유물이 발굴된 것이다. 창왕의 부왕인 성왕은 독실한 불교 신자였으며 왕권 강화에 불력을 적극적으로 활용한 인물이었다. 『삼국유사』에 기록된 대통사가 성왕의 발원에 의해 창건된 것으로 보는 견해가 많다. 이러한 분위기가 아들인 창왕에게도 그대로 이어졌다. 국가적 차

도8. 능사 터 출토 금동대향로

원에서 대규모의 사찰이 건립되었고 그에 부수하여 여러 종류의 금공품도 제작되었을 것이다.

특히 왕흥사지 목탑지의 청동함(舍利函), 은호, 금병으로 구성된 사리기는 백제에서 제작된 작품임이 분명하며, 특히 청동함의 경우 제작공정 마무리 단계에서 고속 녹로를 활용하여 마무리 가공하였음이 밝혀졌다. 아울러 함께 출토된 공양품 가운데는 무령왕릉 출토품의 제작기법이나 의장을 그대로 계승한 사례가 존재하고 있어 주목을 받았다.

2009년 미륵사지 서탑에서 또 하나의 사리장엄구가 발굴되었다. 석탑 심주석 중앙에 마련된 사리공에서는 다량의 일괄 유물이 출토되었다. 그 가운데 가장 중요한 것은 사리봉영기(舍利奉迎記)이다. 명문의 내용에 의하면 백제 좌평 사택적덕(沙宅積德)의 딸인 백제 왕후가 재물을 희사하여 가람을 창건하고 기해년인 639년에 사리를 봉영하였다고 한다.

미륵사지의 사리용기는 밖에서부터 금동호, 금호, 유리병 순으로 겹쳐 있고 금동제 외호와 금제 내호에 정교하면서도 유려한 문양이 시문되어 있다. 미륵사지 출토 금공품에 대한 연구에서 사리용기 제작의장의 빼어남을 강조하는 경향이 있지만, 그보다 더 의미가 있는 것은 함께 출토된 유물의 매납연대가 분명하다는 점이다. 일괄유물에 포함된 2점의 은제 관식은 나솔 이상의 고위관료가 사용한 관모의 부속품이다. 이 발굴을 통해 백제 은제 관식의 연대를 결정할 수 있는 자료가 추가되었다.

이처럼 능사, 왕흥사지, 미륵사지 서탑에서 사비기의 금공품이 연이어 발굴되면서 백제 금공문화의 실상이 밝혀졌다. 특히 왕흥사지 사리기와 공양품은 사비기 금공문화의 전개 양상을 이해하는데 중요한 의미를 가진다. 공양품 가운데 금제품을 살펴보면 무령왕릉 출토품과의 강한 친연성이 느껴진다. 곡옥의 머리를 씌우는 모자형 장식, 작은 고리를 연접하여 만든 구체와 입방체, 반구형 장식 2개로 만든 공구체, 흑옥을 원판상으로 깎고 가장자리에 금판을 덧씌운 장식 등은 무령왕릉 금공품과 유사도가 높다. 왕흥사지 사리 공양의 주체가 창왕이었으므로 그에 소요되는 공양품 가운데 왕실 물품을 제작하던 장인의 솜씨가 발휘된 것이 많았을 것이다. 바로 이 물품이 무령왕릉 출토품과 유사하다는 것은 어찌 보면 당연하다 하겠다. 장례풍습의 변화로 무덤 속에 금공품을 부장하는 일이 적어졌지만 장인들의 기술력은 그대로 이어졌고 새로운 기술의 개발과 그것을 토대로 더 우수한 금공품을 탄생시켰을 것이다.

2. 백제 금공품의 정치적 성격

5세기를 전후해 축조된 백제 고분에서는 금동관, 금귀걸이, 금동제 허리띠장식, 금동신발 등의 금공품이 조합을 이루며 출토된다. 금공품 가운데 다수는 장신구이다. 이 장신구는 주변국의 그것과 구별되는 백제양식이 발현되어 있다.

백제에서 장신구의 조합이 갖추어진 5세기 무렵, 삼국시대 각국 사이의 국제 관계는 실로 복잡하였다. 고구려 · 신라, 백제 · 가야 · 왜의 연합군이 국제전을 벌였고, 5세기 전반에는 고구려의 남진정책이 본격화하자 위기를 느낀 신라와 백제가 동맹을 맺어 공동보조를 취하였던 시기이다. 고고자료에서 보더라도 신라 수도 경주에 고구려계 문물이 다량 이입되었고 대가야의 왕족묘에는 백제에서 제작되거나 혹은 백제의 영향을 받은 물품이 묻히게 된다.

4세기 중 · 후반 영토를 크게 확장한 근초고왕의 뒤를 이어 근구수왕, 침류왕이 즉위하였다. 이 사이에 영역은 더 넓어졌고 사서 편찬과 불교 수용

등 일련의 왕권 강화책에 힘입어 고대국가의 기반이 확립되었다. 대외적으로 백제는 5세기 이후 고구려와 잦은 전쟁을 벌였지만 중국 왕조와 조공-책봉 관계를 유지하며 상대적 안정을 유지한 시기였다. 이러한 시대적 여건 아래에서 5세기를 전후하여 백제적인 금공문화가 성립하였다.

한성기의 금공품이 출토된 곳은 서울, 화성, 원주, 천안, 청주, 서산, 공주, 익산, 고창, 고흥[2] 등 여러 지역이다. 그간 한성기의 백제 무덤이 많이 발굴되었지만, 장신구가 출토된 무덤은 극히 적은 편이다. 한성기 장신구는 아직 출토 예가 많지 않고 장신구 사이에 제작 기법의 다양성이 일부 보이지만 백제적인 양식이 발현된 점은 주목할 필요가 있다.

이처럼 한성기에 금동관이나 금동신발 등의 장신구를 소유한 인물은 많지 않고, 백제의 지방 소재 주요 거점 지역의 유력자 가운데 일부에 한정된다. 공주 수촌리를 제외한다면 그것의 소유가 연속적인 경우가 드물며, 신라의 경우처럼 관에서 금동신발까지 신체 각 부위를 장식하는 장신구가 일습으로 부장되는 경우가 거의 없다는 점이 눈에 띈다.

장신구의 사여는 체계적이었고 효과가 더욱 컸으리라 추정된다. 이러한 물품의 소유는 국가의 공식 행사, 즉 국가적인 의례나 모임에 참석할 수 있는 일종의 자격과도 같은 기능을 한 것 같다. 따라서 백제의 유력자들은 이러한 물품을 얻기 위하여 노력하였을 것이며 그것은 왕실에 대한 복속 의례나 충성 서약의 형태로 표현되었을 것이다.

---

2) 길두리 안동고분 금동관에 대하여 부품의 형태나 조립 위치로 보아 현지에서 제작되었거나 조립되었을 것으로 보는 연구가 있다. 전립식과 후입식이 수촌리나 부장리 금동관과 반대로 결합되어 있고, 전립식과 후입식의 형태 또한 다르다는 점을 근거로 제시하였다.
박보현, 2017, 「고흥 안동고분 금동관으로 본 분여설의 한계」 『과기고고연구』 23, 아주대학교 박물관.

475년 고구려의 공침을 받아 백제는 수도 한성을 잃고 웅진으로 천도하였으며, 천도 초기 정정의 불안으로 다시 원래의 상태를 회복하는 데는 꽤나 많은 시일이 필요하였다. 이 시기의 금공품은 한성기에 비하여 출토 수량이 적다. 그나마 대부분이 무령왕릉에 집중되며 귀족이나 왕족의 무덤에서 출토되는 경우가 드물다.

그러면 무령왕릉의 사례처럼 왕릉급 무덤에 장신구의 부장이 집중된 이유는 무엇일까. 왕이나 왕비의 장례의식은 그 사회에서 최고의 격을 유지한 채 치렀을 것이다. 묘지를 미리 선정하고 수릉처럼 무덤을 사전에 축조하였을 가능성도 있으며 장례에 소용되는 다양한 물품도 미리 준비하였을 것이다. 6세기 전반의 백제사회에 외래 묘제가 수용되고 성대한 장례의식이 거행된 배경으로는 추락된 왕권을 복구하려는 의도가 개재되어 있었을 것이다. 아울러 강대한 귀족으로부터 왕권 내지 왕실을 보호하는 것이 우선시되었기 때문에 지방으로의 사여는 적었던 것 같다.

백제 사비기의 지방 지배방식은 전국을 5방으로 나누고 그 하부에 군·성을 편제하여 직접지배를 실현한 데서 특징을 찾을 수 있다. 5방제의 실시는 지방관을 전국적으로 파견하여 영역적 지배를 관철하는 것이었으므로 자연히 지방사회의 기존 질서는 재편될 수밖에 없었다. 특히 성왕대 22부사 중심으로 정치를 운영하고 16관등제와 의관제도를 확립한 것은 중앙통치조직의 확립뿐만 아니라 지방 지배의 강화와도 연결되었을 것이다.

사비기의 장신구는 형태적으로 간소하고 종류도 관식, 귀걸이, 허리띠장식에 한정된다. 또한 박장화의 경향과 함께 유적에서 출토되는 빈도 역시 전 시기에 비하여 급격히 줄어든다. 장송의례용품인 금동신발이 소멸된 점은 특기할 만하다.

사비기의 장신구 가운데 은제 관식은 『주서』『북사』에 기록된 은화(銀花)

로 보이는 바, 이는 나솔 이상 고급 관인의 상징물임이 분명하다. 허리띠장식은 중앙 및 지방에서 모두 출토되는데, 관식에 비하면 소유층이 보다 넓어 하위의 관인도 소유할 수 있었던 것으로 보인다. 『주서』에 의하면 사비기의 백제에는 16품계가 있었고 품계에 따라 허리띠의 재질이나 색깔에 차이가 존재하였다. 이 기록을 통해 보면 백제사회에서 관대(官帶)가 중시되었음을 알수 있고, 허리띠에 부착하는 금구 역시 관인의 상징물 가운데 하나였을 것이다. 이처럼 사비기의 경우 중국 사서의 기록처럼 관직의 품계에 따른 색복의 차이가 장신구에도 적용된 것으로 보이며, 무덤에서 출토되는 장신구는 앞 시기와는 달리 관인의 소유물로 성격이 변화하였음을 알 수 있다.

3. 대가야로 확산된 백제 금공문화

4세기 이후 가야와 백제는 연합군을 이루어 전쟁에 함께 참여하기도 했고 오랫동안 가까운 관계를 유지하였다. 그와 같은 여건 아래에서 인적·물적 교류가 상당했을 것이다. 그런데 가야산 금공품이 백제유적에서 출토되지 않음에 비하여 백제산 혹은 백제계 금공품이 가야유적에서 다수출토된다.

가야 특히 대가야로 확산된 백제 금공문화를 살펴보면 완제품이 전해진경우도 있지만 도안이나 제작기술 등 일부 요소만이 전해진 사례가 있다. 대가야의 중심지인 고령에서 대형분의 발굴 사례가 적은 편이고 발굴에 앞서 여러 차례 도굴되어 최고급 물품의 출토 사례가 많지는 않다. 다만 옥전고분군 등 대가야권 유력자들의 무덤에서 금공품이 산발적으로 출토된다.

장신구 가운데는 합천 옥전 23호묘 금동관이 대표적이다. 이 금동관은고깔모양 몸체 좌우에 조우형(鳥羽形) 입식이 부착되어 있고 내부에 삼엽

도9. 백제와 대가야 귀걸이의 비교(1.용원리 9호석곽묘, 2.용
원리 37호묘, 3.용원리 129호묘, 4.옥전 23호묘, 5. 중안동,
6.옥전 20호묘)

문이 투조로 표현되어 있다. 정수리 부분에는 대롱모양 장식이 부착되어
있으나 꼭대기에 반구형 장식은 없다. 문양이나 입식의 형태로 보아 백제
금동관인 화성 요리 1호분이나 고흥 길두리 안동고분 출토품과 비교해볼
수 있다.[3)]

---

3) 옥전 23호묘 금동관의 경우 기왕에 보고된 본체 이외에도 다량의 조각이 남아
있으며 그 가운데는 공주 수촌리나 고흥 길두리 금동관의 전식 및 후식과 유사

대가야 귀걸이의 주환은 모두 세환이며 현재까지 태환이식의 출토예가 없다. 이 점은 백제의 귀걸이와 공통하는 점이다. 옥전 23호묘 귀걸이는 원판상 장식이 중간식으로 사용되었다. 이는 천안 용원리 9호 석곽묘, 서산 부장리 6호분구 6호묘 출토품처럼 백제 귀걸이에 유례가 있으므로 백제의 영향을 받은 것으로 보인다. 합천 옥전 M11호분 금귀걸이는 백제 무령왕비의 금귀걸이와 제작기법에서의 유사도가 높으므로 백제와 관련지어 살펴볼 수 있는 자료이다.

허리띠장식 가운데도 백제의 영향이 살펴지는 사례가 있다. 합천 옥전 M11호분, 의령 경산리 2호분 출토품이 그것이다. 모두 백제 무령왕릉 출토품과 유사하다. 기왕의 발굴 결과로 보면 대가야에서는 금속제 허리띠장식이 크게 유행하지 않은 것 같다.

옥전 M11호분 은제 허리띠장식(도10-1)은 석실 내부가 도굴로 교란되어 착장품인지의 여부를 알 수 없다. 교구의 형태는 버섯형이다. 띠연결부의 하부에 둥근 고리가 달려 있어 특이하다. 대단금구는 교구의 띠연결부와 형태가 유사하다.[4] 전체적으로 보아 간소한 편이며 신라 허리띠장식과는 차이가 현격하므로 가야산 혹은 백제산으로 추정할 수 있다. 저자는 과거 이 허리띠장식을 경산리 2호분 출토품과 함께 백제산으로 추정한 적이 있었는데[5], 백제 허리띠장식의 출토 사례가 증가한 현시점에서 보면 백제산이라기보다는 백제의 영향을 받아 대가야 공방에서 제작된 것일 가능성이 더 큰 것 같다.

한 것도 포함되어 있어 이 금동관을 백제산으로 보아도 무리가 없을 것 같다.

4) 경상대학교박물관, 1995, 『합천 옥전고분군 V』, p.29 · 32.
5) 이한상, 2004, 「대가야의 장신구」『대가야의 유적과 유물』, 대가야박물관, pp.267~268.

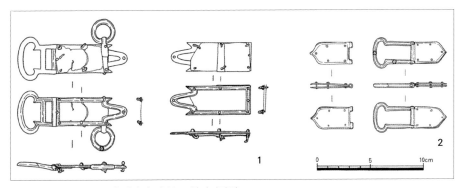

도10. 옥전 M11호분(1)과 경산리 2호분(2) 허리띠장식

경산리 2호분 은제 허리띠장식(도10-2)은 석실 중앙에서 출토되어 착장품일 가능성이 있지만 단정하기는 어렵다. 교구는 버섯형이다. 띠연결부는 띠 쪽이 뾰족한 편이며 5개의 못이 박혀 있다. 옥전 M11호분 출토품보다는 간략한 편이다. 대단금구는 띠연결부만이 남아 있고 끝판은 결실되었다.[6]

남원 유곡리·두락리 32호분에서 출토된 금동신발에는 타출기법으로 능형문이 새겨져 있어 익산 입점리 1호분, 나주 신촌리 9호분 을관 출토품과 유사하므로 백제산 금공품으로 보인다.

대가야의 장식대도 가운데는 백제산 혹은 백제의 영향을 받아 제작된 것이 여러 점 있다. 그 가운데 하나가 옥전 35호묘 용봉문대도이다. 이 대도의 경우 문양 표현기법이 주목된다. 철로 기본 형태 및 주요 문양을 주출한 다음, 돌출된 부위에 은실을 상감하여 문양의 세부를 표현하였고 이어 한 단 낮은 바탕 면에 금박을 붙여 완성하였다. 동일한 기법은 수촌리 1호분 등 더 이른 시기의 백제 대도에서도 확인되므로, 이 대도는 백제에서 제

---

6) 경상대학교박물관, 2004, 『의령 경산리고분군』, pp.43~45.

작된 것이거나 백제로부터의 직접적 기술전파를 통해 만들어진 것으로 추정할 수 있다.

옥전 M3호분 용문대도는 백제산일 가능성이 있다. 같은 무덤에서 출토된 3점의 대도와 제작기법에서 현격한 차이가 있다. 소지금속 위에 주룡문을 투조한 은판이 덧대어져 있고 주룡문 투조 은판의 뚫려 있는 부분, 즉 용문의 여백에 얇은 금판이 부착되어 있다. 문양 표현 및 색채대비 기법에 더해 파부의 제작기법까지 아울러 검토하면 백제 대도와 유사함을 알 수 있다.

옥전 28호묘 은장대도(도11-4) 역시 백제산일 가능성이 있다. 환부에는 은판이 씌워졌고, 병연금구의 은판에 이면타출로 파상문이 시문되어 있다. 이와 유사한 사례로는 공주 수촌리 1호분(도11-1), 논산 모촌리 II-5호분 (도11-2), 일본 에타후나야마고분 대도(도11-3)가 있다.

대가야로 전해진 백제 금공품의 또 다른 사례로 금속용기를 들 수 있다.

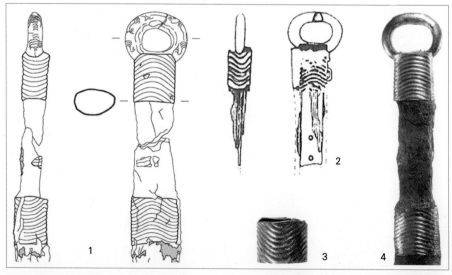

도11. 이면타출 파상문이 시문된 대도 사례(1.수촌리 1호분, 2.모촌리 II-5호분, 3.에타후나야마고분, 4.옥전 28호묘)

합천 옥전 M3호분, 고령 지산동 44호분, 의령 경산리 2호분에서 출토된 동제용기는 백제산일 가능성이 있다. 모두 주조로 외형을 만든 다음 녹로에 고정, 회전력을 이용하여 기벽을 정리하고 침선을 새긴 것이다. 고령의 대가야 왕이 그것을 입수한 다음 옥전이나 경산리의 유력자에게 내려준 것인지, 혹은 소유자별로 백제와 교섭하여 입수한 것인지 단정하기는 어렵다.

이와 같은 유물은 백제와 대가야 사이에 존재했던 교류관계의 산물일 것이다. 4세기 이래 두 나라는 밀접한 관계를 유지하였다. 특히 『광개토왕릉비』에 기록된 것처럼 4세기말의 국제정세는 고구려-신라, 백제-가야-왜가 대립하였고 그러한 상황 속에서 백제와 가야는 혈맹 관계였다. 따라서 이 무렵 백제의 수많은 문물이 가야로 이입되었을 것이다. 그런데 400년 고구려군의 남정으로 백제-가야-왜 세력은 큰 타격을 입었고 이후 원상복구까지는 상당기간이 소요되었을 것 같다.

대가야의 성장이 국제사회에서 공인되는 것은 남제로부터의 작호제수(爵號除授)이다. 그 무렵 백제는 고구려의 남진에 한강유역을 상실하고 웅진으로 천도한 상태였고 국가의 안위를 걱정할 정도로 어려움을 겪고 있었다. 대가야는 그 기회를 살려 금강 상류, 섬진강 이서지역으로 세력을 확장했고 특히 영산강유역 제 세력들과 네트워크를 강화한 것으로 보인다. 그러나 대가야의 세력 확장은 한시적이었다. 동성왕, 무령왕대를 거치며 백제는 다시 옛 모습을 회복하고 상실하였던 경역을 되찾는 한편 대가야에 대한 영향력 강화에 나선 것으로 보인다. 고령 지산동고분군, 합천 옥전고분군, 의령 경산리고분군에서 확인되는 백제산 물품은 당시의 상황을 잘 보여주는 자료이다.

이상에서 살펴본 것처럼 백제의 금공문화는 5세기를 전후하여 백제 고유의 양식과 기술로 정립되었으며, 이러한 문화는 외교 관계를 통해 대가야로 전파되었다. 이 과정은 단순한 문화 수용을 넘어, 두 나라 간의 정치·군사적 협력 및 문화적 교류의 일환으로 이해할 수 있다.

대가야는 5세기 이후 백제와의 연대를 강화하면서 백제의 선진 문화를 적극적으로 수용하였고, 금공문화 또한 그 핵심적 요소였다. 초기에는 완성된 금공품이 백제에서 대가야로 이입되는 형태가 주를 이루었으며, 이는 고령이나 합천 소재 유적의 출토품을 통해 확인할 수 있다. 그러나 곧 백제 장인이 대가야 지역에 직접 파견되어 현지에서 금공품을 제작하거나, 대가야 장인에게 기술을 전수함으로써 점차 대가야의 자생적 제작 체계가 형성된 것으로 보인다.

이러한 기술 이전은 단순한 모방 수준을 넘어서 대가야 고유의 조형성과 장식미를 반영한 대가야양식 금공품의 발전으로 이어졌다. 대가야적 특색을 지닌 금동관, 금귀걸이, 장식대도 등의 금공품이 활발히 제작되었는데, 특히 5세기 후반 이후에는 대가야가 독자적 금공문화를 형성하였다는 점에서, 단순한 수용을 넘은 재창조의 양상이 확인된다.

결국 백제와 대가야 간의 금공문화 교류는 단순한 기술 전파를 넘어, 양국 간의 정치적 동맹, 문화적 연대의 증표였으며, 이를 통해 한반도 남부 지역에서 금공문화의 다양성과 지역화가 진전되는 계기를 마련하였다는 점에서 의미가 크다.

제2장
신라와 대가야

신라는 삼국시대 여러 나라 가운데 가장 화려한 장신구 문화를 꽃 피웠다.[1] 특히 많은 물건을 무덤에 넣어두는 풍습과 적석목곽묘라는 특이한 무덤의 구조로 인하여 많은 금공품이 현존한다. 신라에 금공품이 등장하는 시점은 4세기까지 소급하지만, 신라양식 금공품이 본격적으로 만들어져 사용되는 것은 5세기 중엽 이후이다.

대체로 5세기 중엽에서 6세기 전반까지가 신라 금공문화의 전성기였다. 이 시기의 금공품은 주로 무덤에서 출토되며 후대에 비한다면 소유층이 상대적으로 넓었던 것으로 보인다. 금관, 금허리띠, 금반지와 금팔찌, 금동신발, 금은으로 장식된 화려한 대도 등에서 주변국 금공품과 확연하게 구별되는 신라양식이 살펴진다. 신라의 금공문화는 주변국으로도 확산되었다. 그러나 백제에서 대가야로의 전파처럼 전면적 양상은 아니었고, 금관가야를 제외하고는 일부 금공품이 전해지거나 디자인적 요소가 산발적으

---

1) 이한상, 2004, 『황금의 나라 신라』, 김영사.

로 파급된 양상이다.

여기서는 신라양식 금공품의 특징을 개관한 다음 어느 시점의 어떤 금공품이 대가야로 전해졌고, 또 어떤 금공 요소가 대가야로 전파되었는지, 그리고 신라 유적에서 출토된 대가야 금공품의 존재에 대해서도 살펴보고자 한다.

1. 신라 금공품의 특징

1) 관

신라의 금속제 관은 재질에 따라 금관, 금동관, 은관, 동관으로 나뉘며 관테의 유무 등 형태에 따라 대관(帶冠)과 모관(帽冠)으로 구분할 수 있다.[2] 이 가운데 전형적인 대관은 나뭇가지와 사슴뿔 모양의 입식을 갖춘 5점의 금관이다. 5~6세기 신라 왕족 무덤으로 추정되는 황남대총 북분, 금관총, 서봉총, 금령총, 천마총 출토품이 그에 해당한다. 모두 맨 아래쪽에 대륜(臺輪)이 있고 그 위에 나뭇가지 모양 입식 3개와 2개의 사슴뿔 모양 입식을 갖추었다.

이 금관들은 나뭇가지 모양 입식의 형태가 조금씩 다르다. 즉. 황남대총 북분, 금관총, 서봉총 금관은 산(山)자 모양 장식이 3단이고 금령총과 천마총 금관은 4단이다. 이러한 도안 차이가 생긴 이유는 후대로 가면서 화려함이 강조된 결과일 가능성이 있다. 5점의 금관 가운데 금령총 금관에만 곡옥(曲玉)이 없다. 그런데 이러한 차이는 다른 나라 관 사이의 차이에 비

---

2) 毛利光俊彦, 1995, 「朝鮮古代の冠-新羅-」『西谷眞治先生古稀記念論文集』.
   함순섭, 2001, 「고대 관의 분류체계에 대한 고찰」『고대연구』8, 고대연구회.

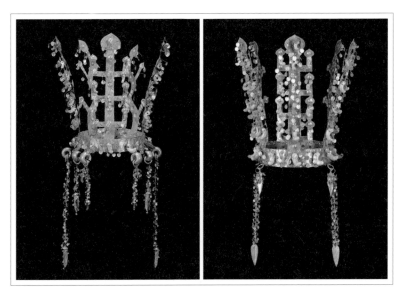

도1. 황남대총 북분 금관(좌)과 천마총 금관(우)

한다면 미미한 편이다. 따라서 신라의 금관은 매우 신라적인 특징을 갖춘 관이라 부를 수 있다.

　신라의 관 가운데 다수는 왕경 공방에서 제작된 것으로 보아 무리가 없다. 그러나 지방 유력자들의 무덤에서 출토되는 금동관까지 모두 그렇게 볼 수 있을 것인지에 대해서는 다양한 논의가 전개되었다. 왕경 공방에서 만들어져 지방으로 분여된 것으로 본 견해가 일찍이 제기되었고[3] 이에 대해 각 지역에서 신라 중앙의 관을 모방하여 제작하였을 것이라는 반론이 나온 바 있다.[4] 그와 달리 중앙에서 지방의 장인집단을 장악하여 만든 것

---

3) 최종규, 1983, 「중기고분의 성격에 대한 약간의 고찰」『부대사학』 7, 부산대사학회.
4) 박보현, 1987, 「수지형입화식관의 계통」『영남고고학』 4, 영남고고학회.

으로 보기도 한다.[5] 이러한 논의를 더 진전시키기 위해서는 정밀한 기초적 연구의 축적이 필요하다.

2) 귀걸이

초현기의 신라 귀걸이는 고구려 귀걸이를 모델로 제작되었다. 고구려와 마찬가지로 주환(主環)의 굵기에 따라 태환이식과 세환이식으로 나뉜다. 전자는 종류가 단순한 편임에 비하여 후자는 여러 종류가 공존한다.[6]

굵은 고리는 속이 비어 있고, 여러 매의 금판을 땜으로 접합하여 만든 것이다. 황남대총 북분 단계에 이르면 주환이 커지면서 그것의 제작에 사용하는 금속판의 숫자가 늘어난다.

태환이식의 중간식(中間飾)은 매우 정형화되어 있다. 맨 위쪽에는 소환구체(小環球體) 1개, 그 아래에 구체(球體)의 윗부분만 제작한 반구체를 연접한 것이다. 이는 구체 1개를 중간식으로 활용한 고구려 귀걸이와 다른 점이다. 중간식의 구조는 시간의 흐름에 따라, 혹은 귀걸이의 격에 따라 약간의 다양성을 지닌다. 즉, 구체와 반구체 사이에 소환을 겹쳐 쌓거나 스프링처럼 감아서 만든 장식이 끼워지기도 한다.

이러한 변화의 흐름과 궤를 같이하는 것이 달개[瓔珞]이다. 고대 귀걸이 가운데 달개가 많이 달린 것은 신라 태환이식이다. 고구려 귀걸이 가운데 달개가 부착된 발굴 사례가 확인되지 않고, 백제도 무령왕비 귀걸이가 손꼽힐 뿐이다. 대가야 역시 6세기 귀걸이에 일부 사례가 있지만 소수이다.

---

5) 전덕재, 1990, 「신라 주군제의 성립배경 연구」『한국사론』 22, 서울대학교 국사학과.

6) 주경미, 1997, 「삼국시대 이식의 연구-경주지역 출토 수하부이식을 중심으로-」『미술사학연구』 211, 한국미술사학회.

세환이식은 태환이식에 비하여 종류가 다양하다. 그렇지만 초기에 유행한 형식은 중간식이 소환구체나 소환입방체(小環立方體)로 구성되어 있어 태환이식의 중간식과 유사함을 알 수 있다. 그런데 5세기 후반 이후 세환이식의 종류가 다양해진다. 이 무렵이 되면 매우 작은 소환과 각목대(刻目帶) 등을 조합하여 만든 원통형 장식이 중간식으로 이용되며, 이후 6세기까지 지속적인 변화를 겪으며 제작된다.

수하식 가운데 신라적이라고 부를 수 있는 것은 화려한 장식이 부가된 심엽형 및 펜촉형 수하식이다. 심엽형 가운데는 5세기 후반 이후 중간에 세로로 각목대를 부착한 예가 많아지며 6세기에는 금알갱이를 붙이거나 여러 줄의 각목대를 붙인 것이 유행한다. 펜촉형의 경우 5세기 자료는 금판을 펜촉 모양으로 오린 다음 중간 부분을 세로로 조금 접어 완성한 것이고, 6세기 자료는 2매의 펜촉 모양 금판을 접합하여 속이 빈 장식으로 만든 것이다.

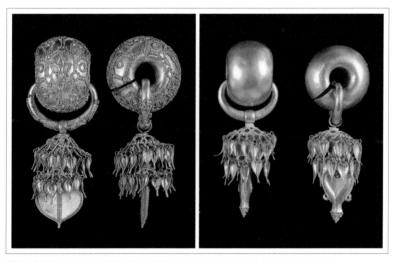

도2. 최전성기의 신라 태환이식 사례(좌: 보문리부부총 석실묘, 우: 황오리 52호분)

신라 귀걸이 가운데는 금색에 청색의 유리가 덧붙여져 화려함을 배가시킨 예가 있다. 금령총이나 금관총, 서봉총 출토품이 대표 사례이다. 중간식과 수하식에 유리옥이 끼워지거나 달개의 표면에 유리가 장식된 것이 있다.

3) 목걸이, 반지, 팔찌

신라의 목걸이(頸飾과 頸胸飾)도 귀걸이 못지않게 화려하다. 경주의 왕족묘에서는 남색 유리구슬을 엮어 만든 목걸이가 출토되며, 금으로 만든 장식을 함께 엮어 만든 것도 있다. 황남대총 남분과 북분, 천마총 출토품이 대표 사례이다.

금으로 만든 목걸이는 유례가 드문데, 황남대총 남분과 노서리 215번지 고분 출토품이 주목된다. 전자는 맨 아래쪽에 금으로 만든 곡옥이 배치되고 그 좌우로 각각 3개씩 되는 속 빈 금구슬과 금사슬이 연결되어 있다. 후자는 태환이식의 중간식에 쓰이는 소환구체들을 연접시켜 만든 것이다.

도3. 노서리 215번지 고분 금목걸이(좌)와 금팔찌(우)

구체에는 달개가 장식되어 있어 화려하며 경옥제 곡옥이 부가되어 있다.

팔찌의 출토 사례도 많은 편이다. 5세기의 팔찌에는 새김눈[刻目文]을 넣은 것이 유행하다가 6세기 이후 장식 문양이 변화한다. 즉, 노서리 215번지 고분 출토품처럼 돌기가 장식된다. 금제품의 경우 초기에는 속이 찬 금봉을 구부려 만들지만 6세기 자료 가운데는 속이 빈 것들이 많아진다. 또한 이 시기 자료 가운데는 금령총 출토품처럼 돌기에 유리가 장식되기도 하고 노서리 215번지 고분이나 황오리 52호분 출토품처럼 용문이 새겨지기도 한다.

신라 무덤에서는 반지의 출토 사례가 많은 편이다. 황남대총 남분에서는 18점의 반지가 출토되었다. 그런데 무덤 주인공 손에는 반지가 끼워져 있지 않았다. 모두 별도로 묻은 공간에서 출토되었다. 황남대총 북분에서는 19점의 반지가 출토되었는데 오른손에 3개, 왼손에 2개가 착장되어 있

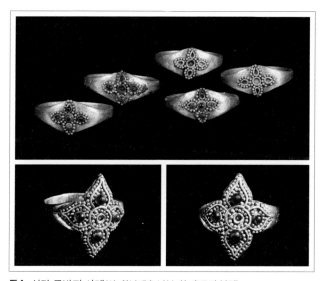

도4. 신라 금반지 사례(상: 황남대총 남분, 하: 출토지 불명)

었다. 6세기가 되면 열 손가락에 모두 반지를 착장한 사례가 등장하여 유행한다. 신라 반지는 6세기가 되면 가장 화려한 모습을 보인다. 반지 윗부분은 마름모꼴이나 꽃잎 모양으로 넓게 만들어졌고, 그 표면에는 금알갱이나 유리옥이 장식되기도 한다.

4) 허리띠장식

고대사회에서 허리띠는 매우 중요하게 여겨졌을 것으로 보이며, 신라 역시 예외가 아니었다. 당시 허리띠는 복식의 구성품으로서 소유자의 사회적 지위를 표상하는 성격을 지녔다. 신라에서는 관위(官位)에 따라 허리띠의 재질과 색깔이 달랐을 것인데, 오랜 세월이 지나 유기물 허리띠는 썩어 없어졌고 금속제 허리띠장식만이 출토된다.

5~6세기 신라 유적에서 주로 출토된 허리띠장식의 과판(銙板)에는 삼엽문(三葉文)이 표현된 사례가 많다.[7] 지금까지 6점의 금제품을 위시하여 다수의 금동 및 은제품이 출토되었다. 특히 금제품에는 다양한 형태의 요패가 매달려 있다. 삼엽문 허리띠장식의 계보는 고구려에서 찾을 수 있지만, 이러한 유형의 허리띠장식은 신라에서 크게 유행하였으며 일부 신라적 색채를 드러냈다.

그간의 발굴조사에서 5세기를 전후한 시기에 축조된 것으로 추정되는 황남리 109호분 3·4곽이나 월성로 가-13호분에서는 허리띠장식이 출토되지 않았고, 그보다 늦은 시기에 해당하는 황오리 14호분 1곽이나 황남대총

---

7) 윤선희, 1987, 「삼국시대 과대의 기원과 변천에 관한 연구」 『삼불김원룡교수 정년기념논총Ⅱ』.
박보현, 1991, 「적석목곽분문화지역의 대금구」 『고문화』 38, 한국대학박물관협회.

남분에서는 출토되었다. 현재까지의 자료에 한정한다면 신라에서 금속제 허리띠장식이 제작되는 시점은 5세기 전반 무렵이다.

금제품의 경우 황남대총 남분을 제외하면 모두 금관과 함께 출토되었다. 금관은 왕만이 아니라 왕과 그 일족이 제한적으로 소유한 물품이었는데 금제 허리띠 역시 마찬가지였을 것으로 추정된다. 남성과 여성의 무덤에서 모두 출토된 점으로 미루어 금제 허리띠의 소유에는 금관과 마찬가지로 성별 구별은 없었음을 알 수 있다. 은제품은 소량의 금동제품과 마찬가지로 중앙과 지방에서 모두 출토된다. 은제품은 1점만 출토될 경우 매장된 주인공의 허리춤에서 발견되지만 금제품과 함께 있을 경우에는 유물만 별도로 넣은 공간에서 출토된다.

신라의 금속제 허리띠 혹은 허리띠장식 가운데 일부에 요패가 부착되어 있다. 요패는 향낭, 약통, 물고기, 숫돌, 집게, 곡옥, 도자 등을 형상화한 장식물로 구성된다. 원래 허리띠에 물건을 주렁주렁 매달고 생활하는 것은 북방 유목민의 풍습과 연관되지 않을까 추정된다.

신라 허리띠장식 가운데 대부분은 관과 마찬가지로 경주의 공방에서 제작되었을 것이지만 일부는 지방의 공방에서 제작된 것 같다. 허리띠장식은 금귀걸이나 장식대도와 달리 제작 기술이 비교적 단순하므로 재료와 도안만 있으면 현지에서도 제작할 수 있었을 것으로 보인다.

신라 무덤에서 황금이 사라지는 시점, 대체로 6세기 중엽을 전후한 시기가 되면서 기존의 삼엽문 허리띠장식이 없어지고 새로운 형태의 허리띠장식이 유행한다. 이러한 유형을 과거 누암리형(樓岩里型) 허리띠장식[8]이라고 명명한 바 있는데, 앞 시기와 달리 비교적 작은 규모의 무덤에서 출토되며, 부품의 형태와 구성이 간소하다.

---

8) 이한상, 1996, 「6세기 신라의 대금구」 『한국고고학보』 35, 한국고고학회.

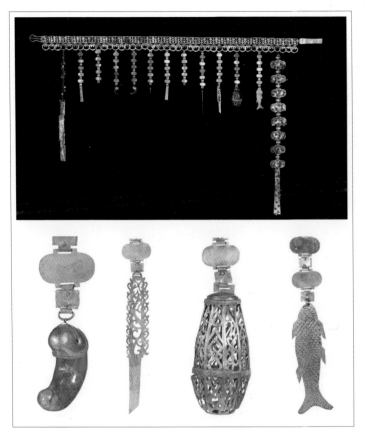

도5. 천마총 금허리띠와 드리개 세부

5) 금동신발

삼국시대 금동신발 가운데 신라 무덤 출토품이 가장 많다. 그간 20기 이상의 무덤에서 금동신발이 출토되었는데 다수가 왕도인 경주에 분포한다. 대체로 한 무덤에서 한 켤레씩 출토되지만, 왕릉급 무덤에서는 복수로 출토되기도 한다. 신라의 지방 가운데 경산, 의성, 대구, 양산, 창녕 등지에서 금동신발이 출토되었다.

신라 금동신발은 백제 금동신발에 비하여 문양이 간소한 편이다. 황남대총 남분, 황남대총 북분, 금관총, 천마총 출토품처럼 凸형문을 투조로 표현한 것이 있으며 금령총, 호우총, 은령총 출토품처럼 문양이 없는 것도 있다. 신라 금동신발에 종종 활용된 凸형문은 고구려나 백제에서도 유행하였으며 특히 백제 한성기 금동신발에 유행한 도안이다. 그런데 신라와 백제의 凸형문 도안은 문양 패턴에 현저한 차이가 있어 주목된다. 황남대총 남분 금동신발에서 볼 수 있듯이 신라의 금동신발은 凸형문의 문양대가 각 1줄씩 상하반전된 모습으로 배치되어 있다. 이에 비하여 수촌리 1호분 금동신발은 凸형문이 동일한 방향으로 배치되어 있다.

학계에서는 금동신발을 장신구의 범주에 넣어 설명한다. 여기서 말하는 장신구란 현대의 장신구와는 약간의 개념차가 있으며 복식품이라는 의미가 더 강하다. 삼국시대 무덤에서 발굴된 장신구 가운데는 일상용품도 있지만 금동신발의 경우 그렇게 보기가 어렵다. 그것은 금동신발이 장식성은 뛰

도6. 황남대총 남분 금동신발

어나지만 지나치게 크고 너무나 취약한 구조를 지니고 있기 때문이다.

왜 삼국시대 사람들은 금동신발을 만들어 무덤에 넣어준 것일까. 동서 고금을 막론하고 우리 인간은 자신이 살고 있는 삶이 영원하기 를 바라며, 인생의 한정성을 깨닫게 되면서 사후세계에 깊은 관심을 가지게 된다. 현세의 삶이 내세로 그대로 이어지기를 소망하는 경우도 있고 그 반대의 경우도 있다. 현세의 지위나 경제력이 우월한 왕족과 그 측근들은 특히 전자에 해당할 것이다. 그들은 자신이 사용하던 물품에 더해 각종 물품을 새로이 만들어 무덤 속에 부장한 것이다. 그와 비슷한 맥락에서 신라의 왕족이나 지방 유력자 무덤에 금동신발이 묻힌다. 그런데 금동신발은 관, 귀걸이 등 여타 장신구와 달리 실생활에서 사용하기는 어려운 구조를 지녔다. 즉, 금동신발은 본디 왕실의 장례용품이었던 것이다.

6) 장식대도

신라에서는 5세기를 전후로 장식대도를 만들어 사용하는 문화가 시작되었다. 이러한 문화는 같은 시기의 고구려나 백제, 가야에서도 유행하였는데, 신라의 장식대도 문화는 고구려에서 계보를 찾을 수 있다. 황남대총 남분이 축조된 5세기 중엽 이후 대도의 제작 수량이 많아지고 신라적 특색이 완연해진다.

신라의 대도 가운데 특별한 존재는 황남대총 남분과 금관총 출토품이다. 황남대총 남분에서는 자도(子刀)가 6개나 달린 삼루대도(三累大刀)가, 이보다 조금 늦은 시기의 무덤인 금관총에서는 이사지왕(尒斯智王)명 삼루대도가 출토되었다. 삼루대도는 전연, 고구려에 유례가 있지만 전형적인 사례는 신라 유적 출토품이다. 황남대총 남분 출토품은 실용품이라기보다는 의장용으로서의 성격이 짙고 금관총 출토품은 소유자의 이름을 알

려주는 자료여서 가치가 크다.

한편, 천마총에서는 삼루대도 대신 단봉대도(單鳳大刀)가 패용된 채 출토되었고, 식리총과 호우총에서는 용봉문대도가 출토되었다. 대체로 보아 경주 최상층급 무덤의 패용대도는 시기에 따라 삼루대도에서 용봉문대도로 변화하는 양상이다.[9]

그밖에 신라적 특색이 잘 살펴지는 대도 유형으로 삼엽대도[10]를 들 수 있다. 황남대총 남분 출토 대도가 이른 시기의 자료이며 황남대총 북분, 금관총, 학미리 1호분 출토품이 그에 후행한다. 경주 대형묘의 경우 주로 유물수장부에서, 중형묘에서는 피장자의 패용도로 부장된다. 황남대총 출토품을 제외하면 대부분 은판을 덧씌워 장식한 것이다. 환의 형태는 원형도 있지만 대부분 상원하방형(上圓下方形)이다. 전자는 고구려 장식대도에서 기원을 구하는 것이 좋으나 후자는 계보가 뚜렷하지 않고, 여러 요소가 신라 공방에서 복합되어 탄생한 것으로 추정할 수 있다.

도7. 황남대총 남분(좌)과 학미리 1호분(우) 대도

---

 9) 穴澤咊光·馬目順一, 1976, 「古新羅墳丘墓出土の環頭大刀」『朝鮮學報』 122, 朝鮮學會.

10) 구자봉, 2005, 「삼국시대의 환두대도 연구」, 영남대학교 박사학위논문.

2. 금공품에 투영된 두 나라의 교류

1) 신라 유적 출토 대가야 금공품

5세기 이후의 신라 무덤에서는 다양한 계보를 가진 물품이 출토된다. 그 가운데 대가야계로 분류할 수 있는 자료가 있는데, 호우총과 식리총에서 출토된 장식대도가 그것이다. 전술한 것처럼 대가야의 용봉문대도는 제작 기법에서 몇 가지 특징을 갖추고 있다. 즉, 주룡문이 표현된 환두의 단면이 ∩형처럼 아래쪽이 트여 있고 그 부위에 길쭉한 금속판을 덧대어 환을 완성한다는 점, 대부분 얇은 금판을 덧씌워 도금한 점, 환 내 용봉 장식을 환과 따로 만들어 조립한 점 등이다.[11]

식리총 대도는 자료가 제대로 공개되어 있지 않아 의문이 있지만 환두의 주룡문, 환내 용두봉수(龍頭鳳首) 장식, 병연금구와 파부(把部)의 문양 및 제작기법이라는 요소가 합천 옥전 M3호분 용봉문대도[12]와 유사하다. 이 대도는 신라 유적 출토 장식대도 가운데 이질적인 존재이므로 대가야로부터 이입된 것으로 추정할 수 있다. 그렇다면 그 계기는 무엇이었을까. 이 시기의 양국 관계를 전하는 문헌 기록이 거의 없으므로 구체적인 추정은 어렵지만, 식리총은 금령총과 더불어 봉황대고분에 딸린 무덤으로 볼 수 있고[13] 출토 유물의 격이 높을 뿐만 아니라 중국 남조 혹은 백제와 연결지을 수 있는 자료가 많은 점을 고려하면 무덤의 주인공은 왕족이며 생

---

11) 이한상, 2010, 「대가야의 성장과 용봉문대도문화」『신라사학보』 18, 신라사학회.

12) 조영제 외, 1990, 『합천 옥전고분군 II -M3호분-』, 경상대학교박물관.
　　이한상, 2013, 「합천 옥전 M3호분 용봉문대도의 환부 제작공정」『고고학탐구』 14, 고고학탐구회.

13) 김용성, 2009, 『신라왕도의 고총과 그 주변』, 학연문화사.

전에 대가야-백제-남조 사이의 교류에 관여한 인물이었을 가능성을 고려해볼 수 있다.

호우총 대도는 파손이 심하지만 주룡문, 제작기법에서 보면 대가야의 전형적인 용봉문대도와 공통하는 요소를 많이 갖추고 있다. 환의 속이 비어 있고 단면 ∩형의 부품 하부에 막음판이 덧대어졌음이 확인된다. 환부 표면에는 대향하는 주룡문이 시문되어 있고 환내 장식은 단봉이다. 이 대도 역시 대가야에서 제작된 것이고 식리총

도8. 호우총 대도와 세부

대도와 유사한 계기를 거쳐 신라로 전해진 것으로 추정할 수 있다.

2) 대가야 유적 출토 신라 금공품

대가야 유적에서도 신라양식 혹은 신라산 금공품이 출토된 바 있다. 대표 사례가 고령과 합천에서 발굴된 조우관의 관식, 출자형 입식 갖춘 금동관, 그리고 합천 옥전 M3호분 출토품을 위시한 신라양식 금귀걸이 등의 장신구를 들 수 있다. 이러한 금속 장신구는 경주 출토품과 유사하기는 하지만 크기나 조형성에서 다소 차이가 있어 신라의 영향을 받아 대가야권에서 제작한 것으로 보이는데, 일부는 신라의 지방인 창녕 소재 공방에서 제작된 것일 수도 있다.

이와 달리 신라산일 가능성이 있는 사례로는 지산동 45호분 출토 삼엽

도9. 지산동 45호분 삼엽대도

대도(三葉大刀)를 들 수 있다. 삼엽대도는 삼국시대 각국 대도에 표현되는 공통 도안이기 때문에 이 자료만으로 각국 대도의 특징과 제작기법의 교류 관계를 언급하기는 어렵다. 다만 신라에서 제작된 대도의 경우 환두의 형태가 상원하방형(上圓下方形)이고 그 속에 삼엽문이 표현된 것이 많다. 외형 및 제작기법으로 보아 지산동 45호분 대도는 경주에서 제작한 물품으로 보아도 문제가 없을 것 같다.

이상에서 살펴본 것처럼 신라에서는 4세기 후반부터 황금문화가 시작되었고 5세기 중엽 이후 황금문화가 만개하였다. 황남대총 남분과 북분에서 나타나는 금관, 귀걸이, 가슴걸이, 목걸이 등은 당시 신라 황금문화의 정수를 보여주는 대표적 유물이다. 특히 나뭇가지와 사슴뿔 모양의 독창적인 금관은 신라 황금문화의 상징적인 예술성을 보여준다. 신라 황금문화는 5세기에 절정을 이루며 정교한 공예 기술과 세련된 미적 감각을 결합한 독창적인 장신구들을 만들어냈다. 그러나 6세기 이후 신라 사회가 급격한 변화를 겪으며 쇠퇴의 길을 걸었다.

대가야는 신라에 인접해 있었지만 신라 황금문화의 강한 영향을 받지는 않은 것처럼 보인다. 이는 금관가야와는 다른 양상이다. 그 이유는 대가야 사회에서 신라양식 금공품보다는 백제양식 금공품이 선호되었고 그것에 기반하여 대가야적 색채가 짙은 금공문화를 창출하였기 때문인 것 같다.

제3장
아라가야와 대가야

　가야는 한 나라로 통일되지 못하고 느슨한 연맹을 이루었다. 가야 연맹은 신라, 백제와 어깨를 나란히 하며 활동했다. 그러나 우리가 알 수 있는 것은 거기까지다. 가야연맹을 구성한 나라가 몇이었는지, 그 나라들의 정확한 이름이 무엇이었는지조차 알 수 없다. 그나마 금관가야와 대가야의 경우 건국 설화와 왕계의 일부, 언제 어떤 과정을 거쳐 멸망하였는지에 관한 기록이 전하지만 다른 여러 나라의 역사는 수수께끼로 남아 있다. 영남 각 분지의 산등성이에 군집하는 거대한 고총만이 그 옛날 가야의 영화를 웅변할 뿐이다.

　학계는 4세기까지 김해의 금관가야, 5세기 이후 고령의 대가야가 연맹의 리더 역할을 한 것으로 보고 있다. 그런데 한번도 맹주가 되지는 못했지만, 늘 그에 준하는 독자성과 영향력을 행사하던 나라가 있었다. 바로 경남 함안에 웅거한 아라가야로, 당시에는 안라(安羅)로 불리던 나라다.

　그러한 위상에도 불구하고 아라가야의 금공문화가 어떠하였는지 제대로 알기 어렵다. 지금까지 출토된 아라가야의 금공품 수량이 적음에 기인한다. 여기서는 함안 말이산 45호분 금동관, 남문외 6-2호묘 출토 금귀걸이를 소재로 아라가야적인 금공문화가 존재했는지, 만약 그렇다면 그것이 대가야산 금공품과는 어떤 관련이 있는지 등의 문제에 대하여 검토하고자 한다.

1. 함안 말이산 45호분 금동관

대향의 쌍조문이 표현된 금동관 조각이다. 두 마리의 새는 날개부가 서로 연접되어 있다. 출토 상태가 매우 불량하며 많은 부분이 결실되었다. 크기나 굴곡 등으로 보면 지산동 30호분 2곽 금동관[1]처럼 유기질 관의 전면에 부착한 금동제 대관(帶冠)의 일부로 보인다. 다른 금동관들과 달리 하나의 동판에 대륜(臺輪)과 입식(立飾)의 윤곽을 그린 다음 여백부를 투조(透彫)하여 기본형을 만든 것이다. 전면에 걸쳐 2개가 1조를 이루는 소공(小孔)이 뚫려 있다. 소공 가운데 일부는 유기질제 장식을 매달기 위한 것이고 또 일부는 유기질제 관의 표면에 금동판을 부착하기 위한 것으로 보인다. 표면과 이면 모두에 아말감기법으로 도금이 이루어졌다.

대륜의 횡단면은 내측을 향해 호선(弧線)을 이루며 가장자리는 위쪽이 조금 더 넓어 끝부분이 사선을 이룬다. 대륜의 투조 문양대는 상하 2열이고 단위 문양은 종장방형이며, 구사된 투조기법이 정교하지 않아 크기가 일정하지 않다.

입식의 기본 구도는 좌우대칭이나 새 머리의 상부 형태가 다소 다르다.

---

1) 영남매장문화재연구원 · 고령군, 1998, 『고령 지산동30호분』, p.104.

도1. 금동관의 새 머리 부분 출토 모습

보존처리가 완료된 현재의 상태에서 양자의 차이가 현격하지 않으나 출토
당시의 사진(도1)을 자세히 살펴보면 원래는 꽤나 차이가 있었던 것 같다.

좌측 새의 경우 눈 부위에 구멍이 뚫려 있고 상하 부리는 크기가 조금
다르지만 모두 아래쪽을 향해 조금 휘었다. 턱, 이마, 뒤통수가 둥글게 돌
출되어 있다. 목은 C자처럼 휘었고 출토 상태로 보면 머리 위에는 삼산(三
山) 혹은 삼엽(三葉) 모양 장식이 부가되었던 것 같다. 두 날개를 펼친 모양
이지만 날개의 선단부가 결실되어 전체 모습을 알 수 없다. 몸통 부위에는
5개의 단엽문(單葉文)이 투조되었는데, 그 중 하나는 파손되었다. 몸통 하
부에 엽상(葉狀)의 깃이 돌출되었고 그것에서 재차 다리가 파출된 모습이
다. 다리의 세부는 표현되어 있지 않다. 꼬리 부위는 대부분 결실되었다.

우측 새의 경우 턱, 이마, 뒤통수가 둥글게 돌출된 점은 좌측 새와 같지
만 세부적으로는 차이가 있다. 목은 역(逆)C자처럼 휘었다. 정수리보다 더

뒤쪽에는 봉상(棒狀)의 길쭉한 장식이 사방향으로 부가되어 있다. 현재의 유물에서는 그것만이 관찰되지만 발굴 당시의 사진을 보면 자그마한 장식이 더 있었던 것 같다. 좌측 새와 마찬가지로 날개는 펼친 모습이나 선단부가 결실되어 전체 모습을 알 수 없다. 몸통 부위에는 5개의 단엽문이 투조되었을 것으로 보이나 현재는 2개만이 남아 있다. 다리 가운데 하나는 결실되었다. 좌측 새와는 달리 꼬리 부분이 남아 있다. 꼬리의 끝이 위로 살짝 들리며 곡선적으로 마무리되었고 아래쪽에 2가닥의 장식이 평행을 이룬다.

이 관은 좌우대칭의 구도를 갖추었다. 하변에 대륜, 상부에 쌍조문 입식이 대향으로 표현되었다. 이러한 구도를 갖춘 것은 삼국시대 금공품 가운데 유례를 찾아볼 수 없다. 황남대총 남분을 비롯한 신라 고총 출토 금속제 안륜 가운데 좌우대칭 구도를 갖춘 것은 있지만 주로 당초상으로 변화한 용문이 표현되곤 한다.[2] 그밖에 삼연(三燕) 무덤인 방신촌(房身村) 2호묘 출토 월아형(月牙形) 금패식[3]처럼 대향의 봉황문이 새겨진 사례는 있다. 그러나 말이산 금동관처럼 바탕을 투조하여 대향의 쌍조문을 표현한 경우는 확인되지 않는다. 합천 옥전 M3호분 출토품[4]을 위시한 가야 환두대도의 환 내에서는 쌍룡 혹은 용봉이 머리를 교차하는 도상이 확인되며, 대향의 구도를 갖춘 사례로는 고령 지산동 구 39호분 화살통 부속구에 표현된 쌍룡문이 있다.[5]

---

2) 문화재연구소, 1993, 『황남대총남분 발굴조사보고서-도면·도판-』, 도면110, 111.
   문화재연구소, 1994, 『황남대총남분 발굴조사보고서-본문-』, pp.155~156.
3) 遼寧省文物考古研究所, 2002, 『三燕文物精粹』, 遼寧人民出版社, 圖版38.
4) 조영제 외, 1990, 『합천 옥전고분군Ⅱ-M3호분-』, 경상대학교박물관, pp.44~52.
5) 이한상, 2019, 「고령 지산동 구39호분 성시구의 용문 검토」 『고고학탐구』 23,

말이산 45호분 금동관을 복원하면 도2와 같다. 좌측 새의 경우 머리 일부, 꼬리, 날개 일부가 결실되었지만 처음 출토되었을 때의 사진을 참고한다면 상하 부리를 다 갖추었고 머리 위에 삼산 혹은 삼엽에 가까운 장식이 있었음을 알 수 있다. 몸통에 단엽문을 표현하기 위하여 타원형으로 바탕을 투조하였는데, 그 가운데 결실된 1개의 엽문은 다른 엽의 형태와 잔존 흔적을 토대로 복원할 수 있다. 꼬리는 우측 새의 꼬리 부위와 동일하였을 것으로 보인다.

우측 새의 경우 좌측 새에 비해 결실된 부분이 많아 문양 복원에 어려움이 있다. 머리 부위에서는 파손된 흔적 및 발굴 당시의 사진을 참고하여 위쪽 부리, 머리 위 장식을 복원하였다. 다리 하나가 결실되었으나 좌측 새의 다리를 참고하여 복원하였다. 몸통의 엽문도 제대로 남아 있지 않지만 좌

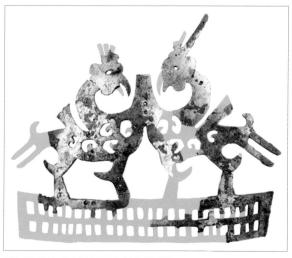

도2. 말이산 45호분 금동관 복원 모식도

pp.21~38.

측 새의 도상과 잔존 흔적을 종합적으로 고려하여 복원하였다. 복원 후 좌우 새의 도상을 비교하면 기본적으로는 유사하나 단위 문양의 크기나 세부 위치에서는 다소 차이가 있다는 점을 고려하면 한쪽 도안을 좌우 반전하여 문양을 완성한 것으로 보기는 어렵다.

대륜도 일부만 남아 있다. 그런데 문양대를 구성하는 종장방형 문양은 세부 규격에서는 차이가 다소 있지만 유사한 패턴으로 배열되어 있다. 따라서 그것을 확장, 반전하여 전체 모양을 유추하였다.

이 금동관에 표현된 새의 종류가 무엇인지 단정하기 어려우나 기왕에 봉황으로 특정된 자료와 유사한 요소를 갖추고 있다는 점을 주목하면 봉황으로 추정할 수 있다. 봉황은 상상의 동물이며 원래는 봉과 황으로 구분되지만, 유물에 표현된 도상에서 어느 것이 봉이고 또 어느 것이 황인지 특정하기 어렵다.

고구려의 금공품 가운데는 운산 용호동 1호분 출토 봉황형 금동판 4매(도3-1)[6]가 대표 사례이다. 하부에 2개의 구멍이 있고 측면에는 별도의 연결장치가 일부 남아 있어 유기질제 기물에 부착하였던 것임을 알 수 있다. 부리와 두 다리, 날개 혹은 꼬리로 보아 봉황으로 보아 무리가 없다. 특히 정수리 부위에 끝이 보주형을 띠는 장식이 돌출된 점은 특이하다.

백제 한성기에 해당하는 서산 부장리 5호분 금동관[7], 익산 입점리 86-1호분 금동관[8], 고창 봉덕리 1호분 4호석실 금동신발과 장식대도[9], 천안 용

6) 關野貞, 1920, 「平安北道給滿洲高句麗古蹟調查略報告」 『大正六年度古蹟調查報告』, 朝鮮總督府, p.523.
7) 충청남도역사문화연구원 · 효창종합건설(주), 2008, 『서산 부장리유적-본문-』, pp.212~219.
8) 문화재연구소, 1989, 『익산 입점리고분 발굴조사보고서』, p.43.
9) 마한백제문화연구소 · 고창군, 2016, 『고창 봉덕리1호분 종합보고서-도면-』,

도3. 삼국시대 금공품에 표현된 봉황문(1.용호동 1호분 봉황문 금동판, 2.용원리 1호석실묘 환두대도 세부, 3.무령왕릉 환두대도 세부, 4.식리총 금동신발 세부, 5.백제 금동대향로 세부)

원리 1호석곽 환두대도(도3-2)[10] 등에도 봉황이 표현되어 있지만 신체 각 부의 특징을 정확히 파악하기 힘들다. 그보다 늦은 시기에 제작된 무령왕릉 환두대도의 병연금구(도3-3)[11]와 백제 금동대향로 뚜껑 상부의 봉황문(도3-5)[12]은 형태가 정연하다. 그러나 이 양자와 말이산 금동관의 새 문양

----

pp.62~66.

10) 이남석 외, 2000, 『용원리고분군』, 공주대학교박물관, pp.46~66.

11) 이한상, 2010, 「무령왕의 환두대도」 『무령왕릉 출토유물 분석 보고서(Ⅱ)』, 국립공주박물관, pp.39~41.

12) 국립부여박물관 · 부여군, 2000, 『능사-부여 능산리사지발굴조사 진전보고서(본문)-』, p.86 · 192.

을 비교하면 부리나 다리 등에서 약간의 공통점을 찾을 수 있지만 차이가 더 크다.

신라 적석목곽분 출토 금공품에 봉황문이 시문된 사례는 거의 없다. 천마총 환두대도[13], 서봉총 금관에 봉황으로 추정되는 새 무늬가 표현되어 있다.[14] 그밖에 식리총 금동신발에는 다양한 형태의 새 무늬가 시문되어 있는데 그 가운데 쌍조문(도3-4)이 주목된다. 다만 이것을 봉황으로 볼 수 있는 적극적 근거는 없다.[15]

대가야의 봉황문은 유례가 많지 않다. 주로 5세기 이후 환두대도의 환내상이나 병연금구에 표현되어 있다. 지산동 30호분 주변 I지구 3호석곽묘 환두대도의 경우 환두가 청동제 주조품이고 환내상으로 봉황 머리가 표현되어 있다.[16] 부리는 새의 특징이지만 여타 부위는 용과 차이가 없다. 옥전 M3호분 환두대도 가운데는 환내상이 봉황인 것(도4-1), 봉황과 용이 머리를 교차한 것(도4-2)이 있다.[17] 이 대도에서도 봉황과 용은 부리 이외에서 차이를 찾아보기 어렵다. 지산동 구 39호분 환두대도의 경우 병연금구에 다양한 포즈의 새가 표현되어 있다.(도4-5)[18] 부리와 날개, 꼬리, 두 다리를

---

13) 문화재관리국 문화재연구소, 1974, 『천마총 발굴조사보고서』, p.108.

14) 국립중앙박물관, 2014, 『경주 서봉총 I (유물편)』, pp.11~12.

15) 梅原末治, 1922, 「慶州金鈴塚飾履塚發掘調査報告」『大正十三年度古蹟調査報告(第一冊)』, pp.221~223.

16) 영남매장문화재연구원, 2004, 『고령 지산동고분군 I』, p.66·69.

17) 조영제·박승규, 1990, 앞의 책, pp.44~51.

18) 有光敎一·藤井和夫, 2002, 「附篇 高靈主山第39號墳發掘調査槪報」『朝鮮古蹟研究會遺稿 II』, 유네스코 東아시아문화연구센터·財團法人 東洋文庫, p.76. 이한상, 2015, 「지산동고총군 금속장신구와 장식대도 검토」『고고학탐구』 17, 고고학탐구회, p.59.

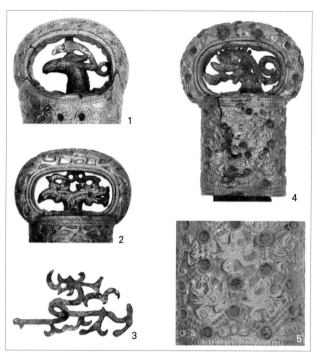

도4. 가야 대도의 봉황문(1·2.옥전 M3호분 대도 세부, 4.지산동 구 39호분 대
도 세부, 5.4의 일부에 필자 채색)과 비교자료(3.지산동 구 39호분 화살통
부속구의 쌍룡문)

갖춘 이 새들은 봉황일 가능성이 있다.

삼국시대의 각국에서는 각기 독특한 형태와 문양을 갖춘 금속제 관이
만들어졌다. 그 가운데 대관의 경우 둥근 대륜을 갖춘 점이 특징적이며 그
것에 별도로 만든 입식이 부착된다. 그와 달리 말이산 금동관의 경우 대륜
과 입식이 하나의 판에 표현되어 있어 특이하다.

신라 대관의 대륜은 통상 소유자의 머리 전체를 횡으로 감싸거나 혹은
양끝이 상당히 근접할 정도로 길다. 말이산 금동관은 그에 비해 대륜의 길
이가 매우 짧다. 이에 비견되는 것으로는 지산동 30호분 2곽 출토품에 불

과하다.

통상의 대관은 좌우대칭 구도를 보여준다. 신라 금관의 경우 좌우 가장 자리에 1개씩의 녹각형 장식, 가운데에 3개의 출자형 혹은 연속 산자형(山字形) 장식이 배치되어 있다. 대가야 금관이나 금동관의 경우 초화형 입식이 좌우대칭을 이루며 대륜에 부착되어 있다.[19] 기왕에 발굴된 신라와 가야의 대관 가운데 말이산 금동관처럼 쌍조문이 좌우대칭 구도로 표현된 사례는 없다.

이와 같은 몇 가지 특징으로 보아 이 금동관이 대가야를 비롯한 주변국 공방에서 제작된 것으로 보기는 어렵다. 또한 도안 및 제작 기술이 정교하지 않은 점을 고려한다면 금공문화가 발달한 중국 남북조의 여러 왕조로부터 완제품이 전해진 것으로 보기도 어렵다. 따라서 현시점에서는 이 금동관의 제작지를 아라가야 공방으로 보는 것이 좋을 것 같다.

2. 함안 남문외 6-2호묘 금귀걸이

이 귀걸이는 원래 주환, 유환, 사슬, 환, 수하식을 갖추었을 것으로 보인다. 이 귀걸이의 부품 형태와 조립 방식을 살펴보면 다음과 같다.

1) 주환

중실(中實)의 세환(細環)이다. 금선을 자른 다음 둥글게 휘어 만든 것이다. 표면이 거친 편이고 길이 방향으로 길쭉 길쭉한 면을 가진다. 이는 인

---

19) 김종철, 1981, 『고령 지산동고분군-32~35호분 · 주변석곽묘-』, 계명대학교박물관, pp.26~27.

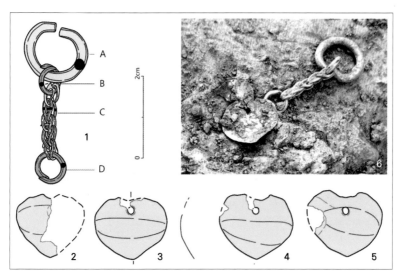

도5. 남문외 6-2호묘 귀걸이(1~5)와 출토 모습(6)

발판(引拔板)의 구멍이 매끈하지 않아 생긴 흔적일 수 있다. 일부는 금선을 둥글게 휘기 위해 모루에 올린 다음 타격하는 과정에서 생긴 흔적일 가능성도 있다. 주환의 양 끝은 벌어졌고 끝 부분이 다른 부분에 비해 조금 가늘며 망치로 여러 차례 타격한 흔적이 남아 있다.

2) 유환

주환 굵기의 1/3 정도 되는 가는 금사를 자른 다음 둥글게 휘어 만든 것이다. 정연한 고리 모양이 아니며 양 끝이 서로 지나쳐 주환에 감겨 있다. 이는 삼국시대 여타 귀걸이의 유환과 다른 점이며, 중간식 및 수하식의 유동성 제고라는 유환 본래의 기능을 저해하는 요소가 되었을 수 있다. 양 끝의 절단면이 사면을 이룬다. 이는 수하식 현수용 환의 경우와 마찬가지이다.

3) 사슬

가느다란 원환을 가공해 만든 5개의 고리 모양 장식을 엮은 것이다. 맨 위쪽의 경우 땜질 과정에서 금사의 일부분이 녹아 굵기가 균일하지 않다. 사슬의 제작공정을 설명해보면 다음과 같다.

첫째, 유환의 1/2 정도 되는 가는 금사를 일정 크기로 토막 낸 다음 양 끝을 땜질하여 원환을 만든다.

둘째, 원환을 찌그러트려 길쭉한 타원으로 만든 후 절반으로 접는다.

셋째, 양쪽 끝 부분을 벌려 둥근 봉상의 모루에 끼운 다음 두드린다.

넷째, 위의 방식으로 만든 부품 5개를 차례로 엮는다.

4) 환

사슬과 수하식 사이에 끼워져 있다. 둥근 고리의 양 끝 부분은 각기 비스듬히 잘려 있고 일부가 겹쳐져 있다. 환의 전체 직경은 유환보다 조금 크다. 둥글게 구부리는 과정에서 생긴 주름상의 흔적, 집게에 눌린 흔적 등이 남아 있다.

5) 수하식

4매 모두 심엽형이며 잔존상태가 불량하다. 지판이 얇은 편이며 한쪽으로 오목하다. 윗부분 좌우에 견부가 마련되어 있고 환에 걸기 위한 작은 원공이 뚫려 있다. 이 구멍은 끝이 둥근 끌로 타격하여 뚫은 것이며 타격 후 가장자리를 따라가며 남겨진 매끈하지 않은 부분은 이면으로 접은 다음 망치로 두드려 마감했다.

이상의 여러 부품은 각기 만들어졌고 일정한 순서로 조립되었다. 신라나 백제의 귀걸이 가운데는 금사 혹은 금판으로 만든 연결금구로 유환, 중간식, 수하식을 조립하는 것이 보통이지만 이 귀걸이처럼 사슬이 사용될 경우 연결금구의 역할은 축소되거나 아예 사라진다.

주환은 맨 마지막 단계에 결합된 것 같다. 그에 선행하여 유환과 사슬의 위쪽이 먼저 결합되었을 것이다. 유환의 한쪽 끝을 사슬의 측면으로 끼운 이후 주환에 감듯이 마무리한 것으로 보인다. 이것과의 선후관계는 알 수 없지만 별도로 사슬, 환, 수하식이 결합되었을 것이다. 환의 한쪽 끝을 사슬에, 다른 쪽 끝을 2매의 수하식에 끼웠을 것인데 2매의 수하식은 오목한 면이 각각 밖을 향하도록 걸었을 것으로 추정된다.

이 귀걸이의 가장 큰 특징은 사슬이라고 할 수 있다. 사슬 가운데는 중국 북표시 라마동(喇嘛洞) II-71호묘 귀걸이(도6-1)[20]처럼 복수의 소환을 쇠사슬 엮듯이 연결한 것이 있지만 유례가 드물다. 통상의 사슬은 앞에서 설명한 것처럼 길쭉한 타원형 환을 절반으로 접은 부품을 반복하여 엮은 것이다.[21] 대부분 홑사슬이지만 일부 겹사슬도 있다.

사슬은 고구려, 백제, 신라, 가야의 금공품에 모두 사용되었다. 고구려[22],

---

20) 遼寧省文物考古研究所, 2002, 『三燕文物精粹』, 遼寧人民出版社, p.42, 도21.

21) 일본에서는 이를 '兵庫鎖'라 부른다. 원래 大刀에 장식된 銀鎖를 兵具鎖라 부르던 것이 지금의 명칭처럼 변화하였다고 한다.

22) 사슬이 사용된 고구려 귀걸이로는 집안 마선묘구 412호묘 출토품이 알려져 있다. 도록에 사진(도6-2)이 게재되어 있는데 길이가 4.9cm로 소개되었다. 그런데 이와 매우 유사한 귀걸이가 집안 麻線安子溝 401호묘에서도 출토된 사례가 있는데, 길이는 5cm로 보고되었다. 모두 마선묘구에 속하는 무덤 출토품이고 크기도 큰 차이가 없어 같은 유물이 다르게 소개되었을 가능성도 배제할 수 없다.
吉林省文物考古研究所外, 2002, 「集安麻線安子溝高句麗墓葬調査與淸理」 『北方文物』 2002-2, pp.49~50.
吉林省文物考古研究所外, 2010, 『集安出土高句麗文物集粹』, 科學出版社, p.87.

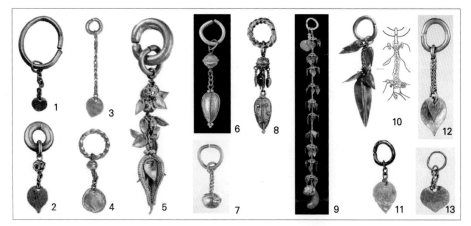

도6. 사슬이 사용된 귀걸이와 드리개(1.라마동 Ⅱ-71호묘, 2.마선묘구 412호묘, 3.석촌동 4호분 주변, 4.용원리 37 호묘, 5.무령왕비, 6.지산동 44호분 11곽, 7.평촌리 209호묘, 8.중안동, 9.금관총(금관수식), 10.금관총, 11.병산동 14호묘, 12.황오동 100-1호묘, 13.신흥리 28호묘)

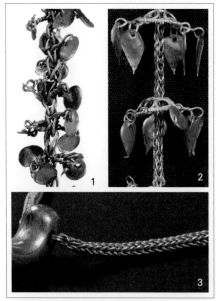

도7. 장신구에 사용된 사슬 세부(1.무령왕비 귀걸이, 2.금관총 금관 드리개, 3.황남대총 남분 목걸이)

백제(도6-4·5), 가야(도6-6·8)에 서는 사슬이 귀걸이에만 활용되었 지만 신라에서는 귀걸이와 드리개 (도6-9, 도7-2), 목걸이(도7-3)에 활 용되었다. 귀걸이에 사용될 경우 통상 중간식과 수하식의 사이에 배치되며, 중간식과 결합하지 않 는 사례는 드물다.

남문외 6-2호묘 귀걸이는 후자 에 해당한다. 이 귀걸이에는 중간 식이 없고 사슬이 유환과 수하식 사이에 끼워져 있다.

백제 귀걸이 가운데는 서울 석

촌동 4호분 주변 출토품[23])이 이와 같은 유형이다. 다만 이 귀걸이에는 유환과 환이 없으며 주환과 심엽형 수하식 사이에 사슬이 끼어 있어 남문외 귀걸이와 다르다. 석촌동 귀걸이의 연대는 4세기 후반까지 소급될 가능성이 있다.

대가야 귀걸이 가운데 중간식 없이 유환과 공구체 수하식 사이에 사슬을 장식한 사례가 있다. 해당 귀걸이의 경우 사슬과 수하식 연결에 별도의 환이 사용되지 않았다. 그 대신 수하식 상부에 땜질 등으로 고정식 소환을 만든 다음 그것과 사슬의 맨 아래 부품을 연결하는 방식이 활용되었다. 고령 본관동 36호분[24]), 합천 옥전 35호묘[25]), 옥전 75호묘[26]), 산청 평촌리 209호 석곽묘 출토품[27])이 그에 해당한다. 이 무덤들의 연대는 5세기 중엽부터 6세기 전반까지 다양하다.

신라 귀걸이 가운데는 주환, 유환, 사슬, 환, 심엽형 수하식을 모두 갖춘 사례가 있다. 경주 금관총(도6-10)[28]), 황오동 100번지 1호묘(도6-12)[29]), 강

---

23) 서울대학교박물관 · 동 고고학과, 1975, 『석촌동 적석총 발굴조사보고』, 도판 15-③.

24) 계명대학교박물관, 1995, 『고령 본관동고분군』, pp.96~97.

25) 옥전 35호묘 출토품 2쌍 가운데 1쌍에는 공구체 중간식이 끼워져 있다. 경상대학교박물관, 1999, 『합천 옥전고분군Ⅷ』, pp.122~123.

26) 하나의 주환에 2줄의 귀걸이가 달려 있는데, 그 중 1줄이 본 유형에 속한다. 경상대학교박물관, 2000, 『합천 옥전고분군Ⅸ』, p.90 · 98.

27) 경남발전연구원 역사문화센터, 2007, 『산청 평촌리유적Ⅱ-산청군 생초 반갯들 수해복구사업지구내 유적 발굴조사(본문)-』, pp.208~209. 경남발전연구원 역사문화센터, 2007, 『산청 평촌리유적Ⅱ-산청군 생초 반갯들 수해복구사업지구내 유적 발굴조사(도면)-』, p.512.

28) 국립경주박물관, 2016, 『경주 금관총(유물편)』, pp.59~60.

29) 국립경주박물관, 2001, 『특별전 신라황금』, p.119의 사진 158.

릉 병산동 공항대교 접속도로부지 14호묘 출토품(도6-11)[30]이 그것이다. 상주 신흥리 라-28호묘 귀걸이는 사슬과 심엽형 수하식이 바로 연결되어 있다.[31](도6-13) 그밖에 경주 출토로 전하는 국립경주박물관 소장품[32]의 경우도 병산동 14호묘 귀걸이와 유사한 사례이다. 이러한 유형의 신라 귀걸이는 주로 5세기 후반에 제작된 것들이다.

남문외 귀걸이의 또 다른 특징은 수하식에서 찾아진다. 수하식은 얇은 금판을 두드리고 오려내 만든 오목한 심엽형이며, 환에 걸기 위한 구멍은 표면에서 둥근 끌로 타격하여 뚫어낸 것이다. 같은 크기의 수하식 2매가 사용되었는데, 볼록한 부분이 서로 맞닿게 배치되었을 것 같다. 심엽형 수하식을 갖춘 귀걸이 가운데 이른 시기의 것에는 단엽이 많으며 약간의 시차를 두고 차츰 복엽이 많아진다. 그 경우 큰 것 하나에 작은 것 2매가 조합되는 것이 대부분이다. 남문외 귀걸이처럼 같은 크기의 오목한 심엽형 수하식 2매로 구성된 사례는 매우 드물다.

이상에서 열거한 귀걸이 가운데 남문외 출토품과 유사도가 높은 것은 대가야가 아닌 신라의 귀걸이다. 특히 사슬의 하부와 수하식 사이에 환을 갖춘 점이 주목된다. 그러나 유환과 심엽형 수하식이 잘 보여주듯 세부 형태에서는 차이가 크다. 또한 남문외 귀걸이와는 시차 또한 상당하다. 남문외 6-2호묘 출토 대가야양식 토기는 고령지역 토기의 흐름에서 보면 대가야가 멸망하는 562년에 근접한 것이기 때문이다.

---

30) 강릉원주대학교박물관 외, 2012,『강릉 병산동유적-강릉 병산동 공항대교 접속도로 건설부지내 문화유적 발굴조사 보고서(본문)-』, p.323.
31) 한국문화재보호재단 외, 1998,『상주 신흥리고분군IV』, pp.108~109. 한국문화재보호재단 외, 1998,『상주 신흥리고분군 V』, p.46.
32) 국립경주박물관, 2001, 앞의 책, p.119의 사진 155.

그렇게 볼 경우 남문외 6-2호묘 축조 시점의 해당 지역 정치적 향배가 궁금하다. 아라가야의 경우 금관가야나 대가야와 달리 신라로의 복속 시점이 분명하지 않다. 금관가야가 멸망한 532년보다는 늦고 대가야가 멸망한 562년보다는 이를 것이다. 그렇다면 위와 같은 연대관으로 보면 6-2호묘의 축조 시점에 신라가 함안을 영유했을 수도 있고 그렇지 않을 수도 있다.

만약 영유했다면 6-2호묘에서 대가야양식 토기와 현지 토기가 함께 출토되고 신라 토기가 출토되지 않은 점이 문제이다. 이 경우 신라의 지배력이 강하게 관철되지 않는 과도기적 상황 때문이라고 설명할 수도 있다. 그와 달리 신라적 색채를 갖춘 유물이 발견되지 않는다는 점에 주목한다면 아라가야가 여전히 독자성을 유지한 것으로 볼 여지도 충분하다. 아직 자료가 부족하지만 신라의 물질문화가 확산되는 일반적 양상에 즉하여 해석한다면 후자의 가능성이 더 높을 것 같다.

가야 각지에서 종종 대가야양식 귀걸이가 출토되곤 한다. 그러나 그 가운데 남문외 6-2호묘 출토품과 같은 유형은 출토된 바 없다. 대가야양식 귀걸이에도 사슬이 활용되나 중간식 없이 심엽형 수하식과 조합하거나 혹은 수하식을 걸기 위해 별도의 환이 끼워진 사례가 없다. 신라 귀걸이의 경우도 마찬가지이다. 신라 귀걸이 가운데 5세기 후반 이후의 자료에 남문외 귀걸이와 유사한 사례가 있지만 유환의 형태, 심엽형 수하식의 형태와 매수 등에서 차이가 상당하다.

이러한 차이를 제작지의 차이로 치환할 여지가 있다. 대가야산이나 신라산이 아니라고 한다면 아라가야산일 가능성을 우선적으로 고려해볼 수 있다. 아직 아라가야 금속장신구의 실체는 분명하지 않으나 다음의 몇 가지 사례를 통해 아라가야 공방에서 제작된 아라가야 금공품의 존재를 상정할 수 있다.

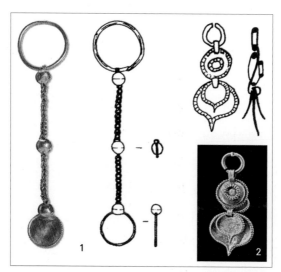

도8. 아라가야적인 귀걸이의 사례(1.도항리 11호석곽묘, 2.도항리 4-가호묘)

함안에서는 아라가야적인 귀걸이도 몇 점 출토된 바 있다. 경남고고학연구소가 발굴한 함안-여상간 도로 확포장공사구간 내 유적 도항리 11호석곽묘(도8-1) 출토 귀걸이[33]는 공구체와 사슬을 이어 만든 장쇄식(長鎖式) 귀걸이인데 맨 아래 공구체의 하면 홈에 원판의 수하식이 끼워져 있다. 이러한 기법은 대가야 귀걸이에서는 확인되지 않았다. 국립창원문화재연구소가 발굴한 도항리 4-가호묘에서 출토된 귀걸이(도8-2)[34]는 중간식이 특이하다. 중공 편구형의 장식이 종으로 부착된 것인데 가야권에서는 본 예가 유일하다. 따라서 아직 자료는 부족하지만 아라가야적인 귀걸이가 존재하였던 것으로 이해할 수 있다. 이러한 시각의 연장선상에서 남문외

---

33) 경남고고학연구소, 2000, 『함안 도항리 · 말산리유적(본문)』, p.21.
　　경남고고학연구소, 2000, 『함안 도항리 · 말산리유적(도면)』, p.22.
34) 국립창원문화재연구소, 1999, 『함안 도항리고분군Ⅱ』, p.44.

6-2호묘 귀걸이도 아라가야 공방에서 제작된 것으로 추정하고자 한다.

이상에서 살펴본 것처럼 함안 일원의 금공품 가운데는 아라가야적 금공문화의 소산이 포함되어 있음을 알 수 있다. 말이산 45호분 금동관이나 남문외 6-2호묘 출토 귀걸이의 경우 대가야나 신라의 공방에서 제작한 것으로 보기에는 주저되는 점이 많으며 오히려 아라가야가 운영한 귀금속 공방에서 제작된 것으로 보는 것이 타당할 것 같다. 장차 아라가야 공방에서 제작된 것으로 보이는 금공품에 대한 자료 집성, 세밀한 관찰과 분석, 주변국 금공품과의 심도있는 비교가 이루어진다면 한국 고대 금공품 연구에서 공백으로 남아 있는 아라가야 금공문화의 실체가 해명될 수 있을 것으로 보인다.

제4장

소가야와 대가야

소가야의 중심지는 경남 고성 일원이며, 현 고성읍 내에 자리한 송학동고분군이 소가야 최상부를 구성한 인물들의 묘역임이 밝혀지고 있다. 소가야양식 토기는 고성, 진주, 사천을 중심으로 섬진강 이서 일부, 운봉고원 일부, 마산, 칠원, 진례 등 넓은 범위에 분포한다.[1] 이 모든 지역을 소가야의 경역이라 부르기는 어렵지만 소가야의 문화권이었을 가능성은 있다.

그런데 소가야양식 토기의 분포권은 일정하지 않다. 시기에 따라 외연의 변화가 보이는데, 5세기 후반 대가야양식 토기의 확산과 관련하여 범위

----

[1] 박승규, 2001, 「고고학을 통해 본 소가야」 『고고학을 통해 본 가야』, 한국고고학회.
김규운, 2018, 「고고자료로 본 소가야의 권역과 변천」 『한국고대사연구』 92, 한국고대사학회.
하승철, 2018, 「고고학으로 본 소가야의 성립과 변천」 『동아시아고대학』 51, 동아시아고대학회.

가 축소되는 경향이 있다. 대가야양식 토기의 확산에는 대가야산 금공품이 수반한다. 어떤 곳에서는 소가야양식이 대가야양식으로 교체되기도 하고 또 다른 곳에서는 양자가 혼재하기도 한다.

여기서는 소가야의 중핵이라 할 수 있는 고성 출토 금공품에 대하여 검토함으로써 소가야의 금공문화가 어떻게 전개되었고, 또 대가야 금공문화와는 어떤 관계를 가졌는지에 대하여 살펴보고자 한다.

1. 금공품의 출토 사례

1) 금속장신구

고성지역 소가야 무덤에서는 약간의 금속 장신구가 출토된 바 있다. 송학동 1호분 내 여러 석곽 및 석실에서 귀걸이, 팔찌, 허리띠장식이 출토되었다. 율대리 2호분과 내산리 소가야 무덤에서도 귀걸이와 팔찌가 출토된 바 있다. 아직 고성에서 금속 장신구의 전형이라 할 수 있는 금동관이나 금동신발은 출토된 바 없다.

(1) 송학동 1호분 출토품

동아대학교박물관이 2000년에서 2002년까지 3차에 걸쳐 송학동 1호분을 발굴하였다. 이 무덤은 당초 전방후원분일 가능성이 제기되었으나 발굴 결과 여러 기의 무덤이 연접된 것으로 밝혀졌다. 1A호분에는 11기의 수혈식석곽, 1B호분에는 횡혈식석실 1기와 2기의 수혈식석곽이 조성되어 있다. 양자 사이에 조성된 1C호분에는 대형 횡혈식석실 1기가 들어있다.[2]

---

2) 동아대학교박물관, 2005,『고성 송학동고분군 제1호분 발굴조사보고서』.

- 귀걸이

7기의 유구에서 모두 14개[3]의 귀걸이가 출토되었다. 2개씩 출토된 귀걸이는 1쌍일 가능성이 있다. 14개 중 11개가 금이다. 1A-2호묘 출토 공구체는 은지금장으로 보고되었다. 가야의 여타 귀걸이처럼 태환은 없고 모두 세환이다. 대부분 수식 없는 소환(素環)이지만 1A-11호묘 출토품 가운데 일부는 수식 갖춘 귀걸이였을 가능성이 있다.(도1-5)

1A-4호묘(2개), 1A-9호묘(2개), 1B-2호묘(2개), 1B-3호묘(2개) 출토품은 각각 1쌍, 1A-11호묘(4개) 출토품은 2쌍일 가능성이 있다. 외경은 1A-11호

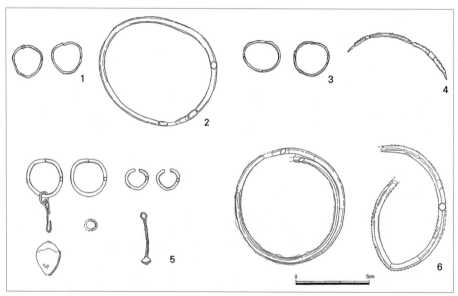

도1. 송학동 1호분 출토 귀걸이와 팔찌(1·2.1A-9호묘, 3·4.1A-4호묘, 5·6.1A-11호묘)

3) 통상 귀걸이를 計數할 때 점이라는 표현을 쓴다. 1짝 혹은 1쌍이 출토되었을 때 모두를 1점으로 표현하는 경우가 있어 이 책에서는 잠정적으로 개라는 표현을 함께 사용하였다.

묘 출토품을 제외하면 2.1~2.65cm 범위이다. 굵기는 금동제품을 제외하면 0.1~0.25cm여서 삼국시대 다른 소환이식에 비해 가는 편이다.

- 팔찌

3기의 유구에서 5개의 팔찌가 출토되었다. 모두 동제품이며, 1A-4호묘 출토품에는 각목문(刻目文)이 새겨져 있고 1A-9호묘와 1A-11호묘 팔찌에는 무늬가 없다. 각목문이 새겨진 팔찌의 굵기는 0.2×0.3cm이고 무늬가 없는 팔찌의 굵기는 0.4cm이다. 팔찌가 파손되거나 찌그러져 있어 원래의 크기를 계측하기 어려우나 찌그러진 채로 계측하면 외경은 7.1~8.0cm 정도이다. 팔찌가 출토된 3기의 유구에서 모두 귀걸이가 출토되었다.(도1)

- 허리띠장식

1C호분에서 출토된 은제 허리띠장식은 착장품이다. 교구(鉸具) 1개, 과판(銙板) 3개, 대단금구(帶端金具) 1개로 구성되어 있다.(도2) 교구의 길이는 12.2cm, 과판 대착부의 길이와 너비는 모두 2.2cm, 대단금구의 길이는 17.2cm이다. 교구는 망자의 왼쪽에서 오른쪽으로 향한 모습으로, 과판은

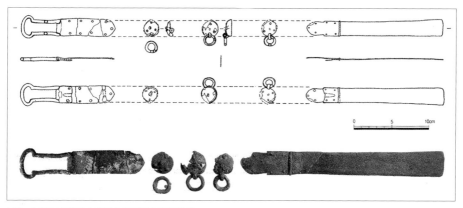

도2. 송학동 1호분 1C호분 은제 허리띠장식

밀집되지 않고 일정한 간격을 유지한 모습으로 출토되었다. 대단금구의 출토 모습이 특이한데, 망자의 가랑이 사이 아래쪽으로 늘어뜨려진 양상이다.

교구는 버섯형 연금(緣金)과 길쭉한 띠연결부가 경첩식으로 연결되어 있다. 연금의 단면은 둥근 편이고 자금(刺金)은 없다. 띠 연결부에는 원래 9개의 못이 박혀 있었던 것으로 보인다. 못 가운데 일부는 혁대 고정용이 아닌 장식적 요소로 보인다.

과판은 대착부가 도형(桃形)[4]이고 하부에 소환이 걸려 있다. 이 과판의 주요 특징은 대착부의 형태와 구조이다. 보고서의 도면과 사진이 상세하지 않아 정확하게 파악하기는 어려우나 기왕의 신라 과판과는 다소 차이가 있다. 가장자리를 따라가며 박혀 있는 3개의 못은 띠 고정용이 아니다. 아마도 백제 왕흥사지 목탑지 은제 과판[5]의 경우처럼 내측에 부착된 은판 고정용이거나 혹은 표면 장식용일 수 있는데 전자일 가능성이 더 큰 것 같다. 중앙에 박혀 있는 것은 못이 아니고 대착부를 띠에 바느질 하듯이 꿰맬 때 필요한 부품이다.

대단금구는 장방형판과 띠연결부로 구성되며 교구와 달리 부품 사이의 유동성이 없다. 원래 5개의 못이 부착되었던 것 같지만 모두가 띠 고정용으로 쓰이지는 않은 것 같다.

(2) 율대리 2호분 출토품

국립진주박물관이 1989년에 14번 국도 확 · 포장공사 구간 내 율대리 2

---

4) 통상 逆心葉形이라고 부르고 있으나 표현이 쉽게 와닿지 않아 수정하였다.
5) 국립부여문화재연구소, 2009, 『왕흥사지III-목탑지 금당지 발굴조사보고서-』, p.80.

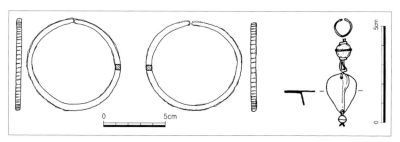

도3. 율대리 2호분 3곽 동팔찌(좌)와 금귀걸이(우)

호분을 발굴하였다. 봉토의 규모가 22m에 달하는 무덤 내부에는 5기의 석곽묘가 조성되어 있다. 그 중 3곽에서 금귀걸이 1짝과 동팔찌 1쌍이 출토되었다. 신라양식 대부장경호, 대가야양식 파수부완, 소가야양식 고배가 함께 출토되었다.

귀걸이는 토층 관찰용 트렌치에서 1짝만 수습되었는데 착장품일 가능성이 있다. 중간식이 공구체이고 금사로 삼익형 수하식을 매단 유형이다. 수하식 하부에 구멍을 뚫어 금사로 자그마한 공구체를 매단 점이 특이하다. 대가야양식을 갖춘 것이지만 정교함은 떨어진다. 소환 하나가 별도로 수습되었는데 이 귀걸이의 주환이거나 유환일 가능성이 있다. 이 부품을 합쳤을 때의 길이는 5.6cm이다.(도3-우)

팔찌는 좌우 팔목에 1점씩 착장된 모습으로 출토되었다. 발굴 당시 팔찌 안에 팔뼈 일부가 남아 있었다고 한다. 외환이 둥근 편이며 가장지리를 따라가면서 0.4~0.5cm 간격으로 각목문이 새겨져 있다. 외환의 지름은 7.3×8.0cm이다.(도3-좌)

(3) 내산리고분군 출토품

고성 내산리에는 소가야 무덤이 군집을 이루며 분포한다. 고총의 경우 주로 5세기 후반 이후 축조되기 시작하여 6세기 중엽경까지 이어진다. 발굴 결과 하나의 봉토 안에 여러 기의 크고 작은 석곽묘, 옹관묘, 목곽묘가 들어 있었다. 토기는 소가야양식을 갖춘 것이 주종을 이루지만 대가야양식 토기, 호남지역 토기, 신라양식 토기가 섞여 있다. 일부 무덤에서 약간의 귀걸이와 팔찌가 출토되었다.[6]

- **귀걸이**

수식 갖춘 귀걸이는 출토된 바 없고 출토된 것은 모두 소환이다. 보고서가 발간된 자료에 기준할 때 12기의 유구에서 15개의 귀걸이가 출토되었다. 재질로 보면 금제품이 7개, 은제품이 1개, 금동제품이 5개, 동제품이 2개로 금제품이 가장 많다. 규격에서 정형성이 없다.

1호묘 1곽, 64호묘 주곽에서는 금제품이 각 1쌍, 8호분 2곽에서 금동제품 1쌍이 출토되었고 나머지 유구에서는 1개씩만이 출토되었다. 1호묘 3곽, 21호묘 1곽, 34호묘 주실에서 금제품이 1개씩 출토되었다. 21호묘 2곽에서는 은제품 1개가 출토되었고 36호묘 2곽과 60호묘, 63호묘 1곽에서는 금동제품이 1개씩 출토되었다. 63호묘 3곽과 같은 무덤 6곽에서 동제품이 1개씩 출토되었다.

- **팔찌**

7기의 무덤에서 11개의 팔찌가 출토되었다. 은제품은 2개, 동제품은 9개이다. 1호묘 3곽과 34호묘 1곽에서는 귀걸이가 함께 출토되었다. 복수의 팔찌가 출토될 경우 좌완과 우완에 나뉘어 착장되었던 것 같다.

---

6) 국립창원문화재연구소, 2002, 『고성 내산리고분군Ⅰ』.
   국립창원문화재연구소, 2005, 『고성 내산리고분군Ⅱ』.
   국립창원문화재연구소, 2007, 『고성 내산리고분군Ⅲ』.

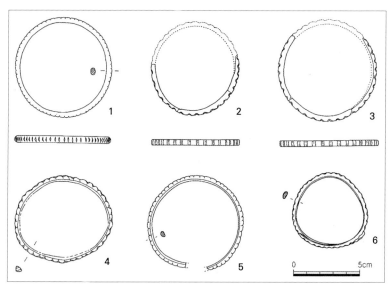

도4. 내산리고분군 팔찌1(1.21호묘 11곽, 2·3.60호묘, 4.8호묘 3곽, 5.34호묘 주실, 6.34호묘 1곽)

1호묘 3곽, 8호묘 3곽, 21호묘 11곽, 34호묘 1곽에서는 각각 동팔찌 1개씩, 60호묘에서는 1쌍이 출토되었다. 1호분 3곽 출토품은 유존상태가 좋지 않지만 외연에 각목문이 시문된 것으로 보인다. 8호묘 3곽(도4-4), 21호묘 11곽(도4-1), 34호묘 1곽(도4-6), 60호묘 출토품(도4-2·3)도 외연에 각목문이 시문되어 있다.

28호묘 1곽에서는 은팔찌 1개가 출토되었다. 팔찌의 한쪽은 트여 있고 외연에 50개의 돌기가 장식되어 있다.(도5-좌)

34호묘 주실에서는 4점의 팔찌가 출토되었다. 좌우 팔목에 2점씩 착장된 양상인데, 1개는 은제품이고 3개는 동제품이다. 2개에는 무늬가 없고 1개에는 각목문, 다른 1개에는 돌기가 장식되어 있다.(도5-우)

송학동 1호분 1C호분에서는 금과 은으로 장식된 장식도가 출토되었다.

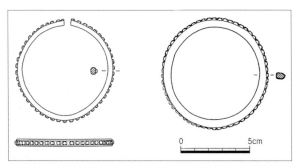

도5. 내산리 소가야묘 팔찌2(좌: 28호묘 1곽, 우: 34호묘 주실)

대도 가운데 파부(把部)에 은사가 감기고 초구금구(鞘口金具)가 은으로 장
식되어 있다.(도6-2·3) 모자도(母子刀) 가운데 1점에는 은으로 장식이 가
해졌다. 특히 주목되는 것은 길이가 25.8cm인 금은장 도자이다. 은제 허리
띠장식의 대단금구와 함께 허리띠의 아래쪽에서 현수된 듯한 양상으로 출
토되었다. 병두금구, 초구금구, 초미금구는 금판으로, 파부에는 은제 각목
대를 감아 장식한 것이다.(도6-1) 무령왕릉을 비롯한 웅진기 백제 무덤 출
토품과 비교할 수 있는 자료이다.

2) 금속용기와 장식마구

▪ 금속용기

소가야 무덤에서는 금속용기의 출토 사례가 매우 드물다. 송학동 1-C호
분 출토품 가운데 소형 동제 고배가 있을 뿐이며 진주 수정봉 2호분 출토
동합[7]까지 포함해도 2점에 불과하다. 수정봉 2호분에서 대가야양식 토기
가 주로 출토된 바 있다.

---

7) 朝鮮總督府, 1916,『朝鮮古蹟圖譜 三』, p.281의 사진825.

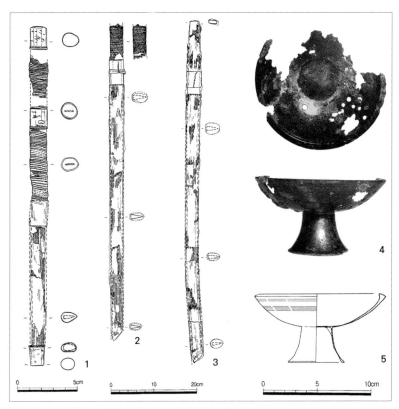

도6. 송학동 1호분 1C호분 장식도(1~3)와 동제 고배(4 · 5)

이 중 송학동 고배의 경우 구경이 10.6cm이고 전체 높이가 6.3cm에 불과하다. 잔존 상태는 나쁜 편이다.(도6-4 · 5) 배부와 대각은 별도로 만들어 접합한 것 같다. 1차 성형 후 고속으로 회전하면서 금속공구로 기면을 조정해 완성한 것으로 보인다.

■ 장식마구

송학동 1호분에서 출토된 마구류 가운데 금과 은이 장식된 사례가 있다. 소가야 무덤에서는 신라처럼 화려한 장식마구가 출토되지 않는다. 다만 철로 행엽, 운주, 경판을 만들면서 금동판이나 은판을 부가하는 정도이다.

　A-1호묘 쌍엽검릉형행엽의 경우 상부 타원형 장식 좌우에 큼지막한 쌍엽문이 표현되어 있고 그 아래에 검릉형행엽의 하부와 같은 자그마한 장식이 부착되어 있다.(도7-3) 검릉형행엽의 도안적 요소를 갖추었지만 윗부분이 과장되었고 좌우에 별도의 장식을 부가한 점이 특징적이다. 철지에 금동판을 겹친 다음 가장자리에 철제 연금을 올리고 못으로 고정해 완성한 것이다. 1A-1호묘(도7-4), 1A-6호묘 출토 검릉형행엽(도7-6)에 모두 금동판이 쓰였다. 행엽 제작공정을 보면 철제 지판 위에 금동판을 올린 다음 재차 그 위에 연금을 올리고 못으로 고정하는 방식이 구사되었다. 후자에는 철지금동장 못이 쓰였다. 1C호분에서는 3점의 자엽형행엽(刺葉形杏葉)

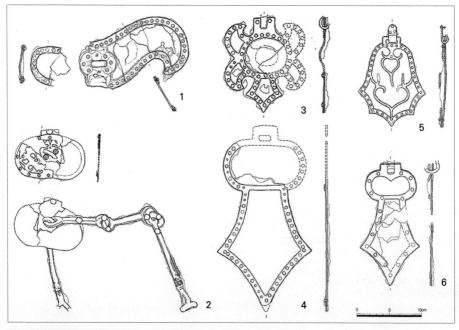

도7. 송학동 1호분 장식마구류(1·3·4.1A-1호묘, 5.1C호분, 2·6.1A-6호묘)

이 출토되었다.(도7-5) 이 행엽 역시 철지에 금동판을 올린 다음 철제 연금을 덮고 철지은장 못으로 고정하여 완성한 것이다.

1A-1호묘 재갈의 타원형 경판(도7-1)에는 은판이, 1A-6호묘 출토 재갈의 f자형 경판(도7-2)에는 금동판이 철제 지판 위에 덧대어 장식되었다. 전자는 금동판 위에 재차 문양이 투조되어 있는 금속판이 올려진 다음 원두정으로 고정되었다. 문양의 많은 부분이 파손되었지만 용문일 가능성이 있다.

2. 금공품의 양식과 계보

1) 소가야산 금공품

그간 소가야 금공품에 관한 연구가 미진하여 어떤 것을 소가야산이라 부를 수 있을지 분명히 말하기 어렵다. 장신구 가운데 팔찌의 일부가 주변국 자료와 다소 다른 특징을 갖추었으므로 그것을 소가야산이라고 구분할 수는 있다. 팔찌 가운데 돌기를 갖춘 것은 후술하듯이 신라산일 가능성이 있다. 그 외에 귀걸이, 허리띠장식, 금속용기, 장식도, 장식마구 등의 주요 금공품은 대부분 외래품일 가능성이 있다.

내산리고분군에서 발굴된 팔찌 가운데 소가야산으로 특정할 수 있는 자료를 모아 보면 도8과 같다. 그 중 무늬가 없는 것을 Ⅰ류, 각목문이 시문된 것을 Ⅱ류로 나눌 수 있다. 물론 단면 형태나 재질, 단절 여부 등에 따라 더 분류할 수 있으나 출토 유물의 개체수가 적은 편이어서 세분하지 않는다.

Ⅰ류에 해당하는 것은 34호분 주실 출토품이다.(도8-1·2) 2점 가운데 1

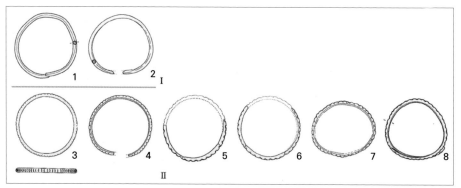

도8. 내산리 고분군 팔찌의 분류(1·2·4.34호묘 주실, 3.21호묘 11곽, 5·6.60호묘, 7.8호묘 3곽, 8.34호묘 1곽)

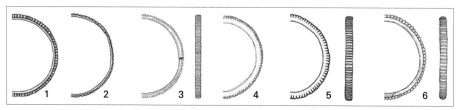

도9. 대가야, 신라의 각목문 팔찌 도안 비교(1.옥전 28호묘, 2.옥전 M2호분, 3.금관총, 4.서봉총, 5.양산부부총, 6.계성 Ⅱ-1호분)

점은 은팔찌, 다른 1점은 동팔찌이다. 은제품은 단면 4각봉을 휘어 만든 것
이다. 무늬가 없어 팔찌만으로 제작 시점이나 제작지를 특정하기 어렵다.
신라의 경우 황남대총 북분에서 무늬 없는 팔찌 10점이 출토되었다. 창녕
계성 Ⅱ지구 1호분의 사례[8]로 보면 이러한 유형의 팔찌는 6세기까지 여전
히 존속했던 것 같다.

Ⅱ류에 해당하는 것은 8호묘 3곽(도8-7), 21호묘 11곽(도8-3), 34호묘 주
실(도8-2·4)과 1곽(도8-8), 60호묘 출토품(도8-5·6)으로 내산리 팔찌 가운

---

8) 호암미술관, 2000, 『창녕 계성고분군(상)』, p.68·72.

데 가장 많다. 1호분 3곽 출토품도 이 유형에
속할 가능성이 있다. 이 유형의 팔찌는 삼국
시대 여러 나라에서 유행했다. 백제 팔찌 가
운데는 무령왕릉 출토품(도10-1)이 전형이고
부여 왕흥사지 사리공양품에도 각목문 팔찌
가 포함되어 있다.(도10-3) 무령왕비의 매장
시점은 529년이고 왕흥사지의 사리공양 시
점은 577년이다. 신라에서는 이 유형의 팔찌
가 금관총이 축조되는 5세기 후반에 등장하
여 서봉총 단계까지 유행하였다.[9]

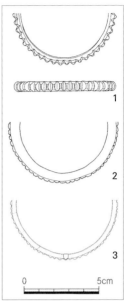

도10. 백제 팔찌 도안 비교
(1.무령왕릉, 2.능사, 3.왕흥사지)

　소가야묘 출토 각목문 팔찌를 대가야, 신
라의 동류 팔찌와 비교해보면 다소 차이가
확인된다. 신라 팔찌는 재질별로 다소 차이
가 있지만 금관총, 서봉총 팔찌처럼 각목문
이 조밀하게 시문되어 있고 팔찌를 뉘었을 때 팔목에 닿는 내측과 각목문
이 시문된 외연 사이가 넓은 편이다. 각목문은 조밀한 것에서 성근 것으로
변화한다.

　신라 팔찌의 이러한 특징은 옥전 28호묘나 M2호분 출토품(도9-1·2)과
는 꽤나 다르다. 옥전고분군 발굴자는 두 무덤의 연대를 5세기 3/4분기로
설정했다.[10] 이러한 연대관을 수용한다면 이 두 무덤은 금관총에 선행하
는 것이어서 옥전 각목문 팔찌가 신라로부터 영향을 받은 것이라고 설명

9) 국립중앙박물관, 2014, 『경주 서봉총 I (유물편)』, p.40·46.
10) 경상대학교박물관, 1992, 『합천 옥전고분군III』, p.153·155.
　　경상대학교박물관, 1997, 『합천 옥전고분군VI-23·28호분-』, pp.155~157.

하기는 어렵다. 따라서 아직 자료는 발굴되지 않았으나 무령왕릉 출토품과 연결되는 의장을 일부 갖추었다는 점에 주목하면 옥전 팔찌는 백제로부터 전해진 완제품이거나 백제 양식을 수용한 것으로 추정할 수 있다.

진주 중안동에서 출토된 은팔찌는 외연의 각목대가 성근 편이고 돌출도가 현저하다.[11] 이는 무령왕비 팔찌와 유사한 점이다. 또한 팔목에 닿는 부위와 각목대 사이가 매우 좁다. 이는 무령왕비 팔찌 및 옥전 팔찌와 유사하다. 소가야권 팔찌 가운데 특이한 사례이며 공반된 수식갖춘 귀걸이 1점이 전형적인 대가야양식을 띠는 점으로 보면 대가야산일 가능성도 고려할 수 있다. 다만 대가야의 팔찌는 아직 실체가 해명되지 않아 판단을 보류하고자 한다. 고성 율대리 2호분 3곽 동팔찌는 윤부 단면이 방형에 가깝고 각목문이 성근 것으로 합천 봉계리 대형묘 출토품과 유사하다. 대가야양식 수식갖춘 귀걸이 1점이 공반되었다. 윤부의 단면 형태는 다소 다르지만 내산리 21호분 11곽 팔찌와 비교해볼 수 있다.

이처럼 내산리 소가야 무덤의 II류 팔찌는 외형으로 보아 신라산으로 보기 어렵다. 아직 자료가 부족하지만 백제-대가야-소가야로 이어지는 계보 관계를 설정할 수 있다. 다만 외형에서 다소 차이가 있고 수량에서도 소가야묘 출토품이 많은 점(도11)을 고려하여 여기에서는 소가야산이라고 특정하고자 한다.[12] 현재까지의 자료에 기준한다면 소가야에서 II류 팔찌

---

11) 朝鮮總督府, 1916, 『朝鮮古蹟圖譜 三』, p.288.
朝鮮總督府, 1916, 『朝鮮古蹟圖譜解說 三』, pp.24~25.
김도헌, 2000, 「진주 중안동 출토 유물」 『가야고고학논총』 3, 가락국사적개발연구원, p.230.
12) 이와는 달리 소가야 무덤 출토 팔찌를 신라 양식 팔찌의 모방품으로 추정하기도 한다.
신은희, 2005, 「삼국시대 경남지역 고분 출토 금속제 팔찌의 성격」 『문물연구』

도11. 소가야(1.내산리, 2.율대리, 3.송학동, 4.중안동)와 대가야의 팔찌 분포(5.옥전, 6.백천리)

가 등장할 수 있는 상한 연대는 5세기 후반이고 6세기 전반 무렵 유력자들이 선호하는 장신구로 유행한 것 같다.

2) 외래계 금공품

① 백제계

■ 송학동 1C호분 은제 허리띠장식

교구는 횡치한 버섯형이며 자금을 갖추지 않았다. 연금의 단면은 둥근 편이다. 이는 5~6세기 백제 교구에서 종종 확인되는 형식이다. 이러한 형식의 교구는 한성기 이래 웅진기까지 지속적으로 제작된다. 능사 목탑지

9, 동아시아문물연구원, p.151.

출토품을 필두로 한 사비기 교구에서는 아직 송학동 교구와 유사한 사례가 출토되지 않았다.

도형 과판은 삼국시대 여러 나라에서 유행하였는데, 송학동 과판은 6세기 중엽 경에 유행하는 형식이다. 백제 웅진기 및 사비기의 도형 과판에는 역연대를 알 수 있는 자료가 있다.

첫째, 525년에 왕릉에 묻힌 무령왕의 과판이다.(도12-1) 금판을 두드려 만들었고 4개의 금못을 끼워 넣어 혁대에 직접 고정한 점이 특색이다. 대착부의 하단 중앙을 아래쪽으로 길쭉하게 늘린 다음 둥글게 말아서 만든 현수부를 갖추었다.[13] 이러한 구조의 과판은 신라의 경우 5세기 중엽 이래 6세기 전반까지 유행하였다.

둘째, 567년에 매납된 부여 능사 목탑지 출토 과판이다. 대착부의 못 숫자와 이면에 부착된 고리의 형태에 따라 몇 가지로 나눌 수 있다. 못이 좌우로 하나씩 끼워진 것이 많고 위쪽 혹은 상하에는 판의 이면에서 타출하여 못의 효과만 낸 것도 있다. 좌우의 못은 혁대에 직접 고정하는 것이 아니고 별도로 만든 혁대 고정용 금구와 과판의 대착부를 고정하는 기능만 가진다.[14](도12-2)

셋째, 577년에 매납된 왕흥사지 목탑지 출토 과판이다.(도13) 대착부의 이면에 부착된 혁대 고정용 금구의 제작기법에 따라 두 가지로 구분된다. 하나는 세장방형의 은판에 굴곡을 주어 ⌐형의 금구를 만든 다음 못을 박

---

13) 이한상, 1993, 「무령왕릉 출토품 추보1-대금구-」『고고학지』 5, 한국고고미술연구소.

14) 국립부여박물관 · 부여군, 2000, 『능사, 부여 능산리사지발굴조사 진전보고서 -본문-』, pp.130~31.
국립부여박물관 · 부여군, 2000, 『능사, 부여 능산리사지발굴조사 진전보고서 - 도면 · 도판-』, p.195.

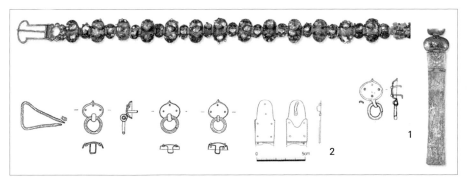

도12. 무령왕릉(1)과 능사 목탑지(2)의 허리띠장식

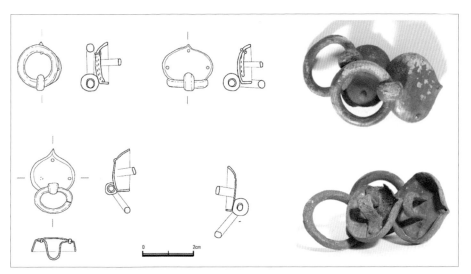

도13. 백제 왕흥사지 목탑지 과판의 형태

아 고정한 것이다. 다른 하나는 도형의 얇은 은판에 U형의 금구를 땜으로 접합한 다음 이 은판과 대착부를 못으로 고정한 것이다. 못으로 고정할 때 모루에 대고 이면에서 망치로 두드렸는데 능사 출토품에 비하여 마무리가 매끈하다.

이상 세 유적의 과판은 외형은 유사하지만 세부적으로는 차이를 보인다. 무령왕릉 과판은 대착부의 못이 이면의 혁대를 관통하고 있음에 비하여 능사나 왕흥사지 사례는 별도의 고정용 금구를 붙인 다음 띠에 고정하려 한 점이 다르다. 송학동 1C호분 과판은 기본적으로는 후자와 유사하다.

다만 교구의 형태, 과판의 이면 중앙에 부착된 부품으로 보면 능사 허리띠장식보다 조금 더 고식적인 요소를 지닌 것으로 추정할 수 있다.

6세기 말~7세기 초 신라 누암리형 허리띠장식[15]에서도 유사한 면모가 확인되나 송학동 1C호분 출토품은 그에 선행하는 요소를 갖추었기에 제작지 혹은 계보를 백제에서 찾는 것이 좋을 것 같다. 현재까지 유사한 사례가 가야권에서는 확인되지 않았으므로 잠정적으로 무령왕릉과 능사 목탑지 조성 시점 사이에 백제 공방에서 제작된 것으로 추정하고자 한다.

- 송학동 1C호분 장식도

삼국시대 각국에는 장식도 문화가 존재했다. 나라별로 칼자루 끝의 형태가 다소 다르다. 백제와 가야에는 용봉문대도

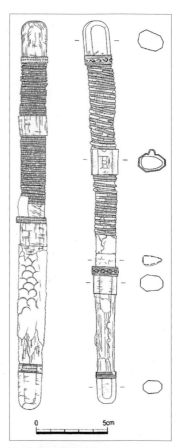

도14. 무령왕비 장도

---

15) 이한상, 1996, 「6세기 신라의 대금구-누암리형 대금구의 설정-」『한국고고학보』 35, 한국고고학회.

가, 신라에서는 삼엽대도나 삼루대도가 유행했다. 신라 장식도 가운데는 대도에 도자가 부착된 유형이 많으나 백제와 가야는 그런 사례가 적다. 금은으로 장식된 도자는 백제와 신라 유적에서 종종 출토되곤 하는데 백제의 경우 원두(圓頭), 신라의 경우 삼엽도자나 삼루도자가 많다.

이러한 출토 경향에서 보면 송학동 1C호분 장식도는 백제적 특징을 갖춘 것으로 볼 수 있고 특히 장식도자는 무령왕비 금은장도(도14)[16]와 유사한 의장을 갖춘 것이다. 아직 관련 자료가 부족하지만 송학동 1C호분 장식도는 백제산으로 추정해도 좋을 것 같다.

▪ 송학동 1C호분 동제 고배

가야에서는 신라나 백제에 비하여 금속용기 문화가 유행하지 않은 것 같다. 5세기 이후의 자료로는 고령 지산동 44호분 동완과 접시 혹은 뚜껑(도15-3)[17], 합천 옥전 M3호분(도15-4)[18]와 의령 경산리 2호분 동완(도15-5)[19], 진주 수정봉 2호분 동합, 고성 송학동 1C호분 동제 고배(도15-6)가 전부이다. 이 금속용기는 모두 백제로부터 들여온 것으로 보인다.[20]

송학동 동제 고배는 워낙 유례가 없는 것이어서 제작지를 특정하기 어

---

16) 국립공주박물관, 2019, 『무령왕릉 신보고서 V』, pp.112~117.

17) 윤용진·김종철, 1979, 『대가야고분발굴조사보고서』, 고령군, p.20.
경북대학교박물관 외, 2009, 『고령 지산동 44호분-대가야왕릉-』, p.12의 원색사진10.

18) 경상대학교박물관, 1990, 『합천 옥전고분군Ⅲ-M3호분-』, p.93.

19) 경상대학교박물관, 2004, 『의령 경산리고분군』, pp.30~44.

20) 우지남, 1987, 「대가야고분의 편년-토기를 중심으로-」『삼불김원룡교수정년퇴임기념논총I』, 일지사.
이한상, 1994, 「무령왕릉 출토품 추보2-동제용기류-」『고고학지』6, 한국고고미술연구소.

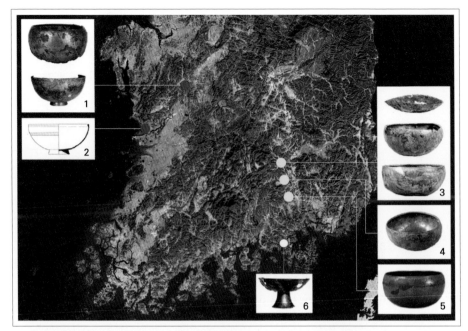

도15. 백제와 가야의 금속용기 분포(1.무령왕릉, 2.옥북리, 3.지산동, 4.옥전, 5.경산리, 6.송학동)

렵다. 다만 구연의 형태, 1차 주조 후 녹로의 고속회전력을 이용하여 금속 제 공구로 표면을 조정하는 기법은 같은 시기의 신라 금공품에서는 잘 보이지 않는 특징이다. 이 기법은 위에서 언급한 동완을 비롯하여 무령왕릉 금속용기, 그리고 그에 이은 왕흥사지 사리기[21]의 제작에서도 관찰된다. 따라서 송학동 동제 고배의 제작지를 백제로 추정할 수 있다.

② 대가야계

• 송학동 검릉형행엽과 f자형판비

삼국시대 마구에서 신라와 가야양식을 구분할 수 있는 표지적 유물이

---

21) 국립부여문화재연구소, 2009, 앞의 책, p.70.

행엽과 재갈이다. 행엽에서는 편원어미형이 신라, 검릉형이 가야적 특징으로 알려져 있다.[22] 고령 지산동고분군의 사례로 보면 초기에는 신라양식의 편원어미형행엽이 만들어지다 백제양식의 검릉형행엽으로 대체되는 양상이 확인된다. 검릉형행엽의 경우 대가야권에서 유행하며 대가야양식으로 거듭난다. f자형판비에서도 그러한 양상이 확인된다. 대가야 f자형판비의 계보는 백제에서 찾을 수 있지만 그것이 대가야와 아라가야에도 전해져 현지에서 제작된다. 대체로 학계에서는 검릉형행엽과 f자형판비를 갖춘 대가야적 마구 세트가 5세기 후반경 성립한 것으로 보고 있다.[23]

송학동에서 출토된 검릉형행엽과 f자형경판부비는 대가야의 그것과 형태나 제작기법에서 구분하기 어려우므로 여기에서는 대가야로부터 반입된 물품으로 보는 견해[24]를 따르고자 한다. 다만 쌍엽검릉형행엽의 제작지에 대해서는 국내에서 송학동 출토품이 유일하므로 현재의 자료만으로 일본열도산인지, 대가야산인지 특정하기 어렵다. 현재까지는 일본열도산으로 보는 견해가 많은 편이다.

③ 신라계

▪ 내산리 팔찌

내산리 28호묘 1곽 은팔찌는 외연에 둥근 돌기 50개가 장식되어 있고, 내산리 34호묘 주실 동팔찌는 외연에 둥근 돌기 59개가 장식되어 있다. 이

---

22) 김두철, 1992, 「신라와 가야의 마구」 『한국고대사논총』 3, 한국고대사회연구소.

23) 諫早直人, 2012, 『東北アジアにおける騎馬文化の考古學的研究』, 雄山閣.

24) 이사하야 나오토, 2018, 「마구로 본 소가야와 왜의 교류」 『소가야의 고분문화와 대외교류』, 국립가야문화재연구소, p.138.
류창환, 2021, 「소가야 출토 마구의 성격과 의미」 『한국학논총』 56, 국민대학교 한국학연구소, pp.75~76.

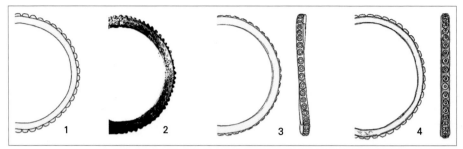

도16. 내산리 신라양식 팔찌 비교 자료(1.노서리 215번지 고분, 2.보문리 부부총 석실, 3.서봉총, 4.계성 Ⅱ-1호분)

유형의 팔찌는 6세기 신라에서 유행하였다. 금, 은, 동제품이 있고 외연 돌
기의 형태가 다양하다. 현재까지의 발굴품 가운데 서봉총 은팔찌(도16-3)
가 이른 단계의 자료이다. 금령총이나 천마총 금팔찌도 세부에서는 차이
가 있지만 이 유형에 포함시킬 수 있다. 6세기의 경주와 양산, 창녕 출토 팔
찌 가운데 다수는 이 유형이다. 윤부의 단면은 방형 혹은 장방형을 띤다.

　내산리 28호묘 1곽 은팔찌와 비교할 수 있는 것은 경주 노서리 215번
지 고분 출토 출토품(도16-1)[25]이다. 돌기의 돌출도가 현저하지 않고 둥
근 편이다. 내산리 34호묘 주실 동팔찌는 경주 보문리부부총 석실(도16-
2)[26], 창녕 계성 Ⅱ지구 1호분(도16-4)[27], 부여 능사 목탑지 출토품과 비교
할 수 있다. 이와 같은 자료를 통해 보면 내산리 28호묘 1곽과 34호묘 주실
팔찌의 연대는 6세기 전반의 늦은 단계 혹은 중엽으로 추정할 수 있다. 이
와 같은 유형의 팔찌가 부여 능사 목탑지에서도 출토된 바 있으나 신라에

---

25) 有光敎一·藤井和夫, 2000, 「第2篇 慶州路西里215番地古墳發掘調査報告」
　　『朝鮮古蹟硏究會遺稿Ⅰ』, 유네스코 東아시아문화연구센터·財團法人 東洋
　　文庫, p.128.
26) 국립경주박물관, 2011, 『경주 보문동합장분』, p.92.
27) 호암미술관, 2000, 『창녕 계성고분군(상)』, p.68·93.

서 유행한 유형이므로 신라에서 계보를 찾는 것이 좋겠다. 신라 팔찌와 유
사도가 높은 점을 고려하여 여기에서는 잠정적으로 신라산일 것으로 추정
하고자 한다.

　■ 송학동 자엽형행엽

　6세기 신라 무덤에서는 종형과 자엽형행엽이 출토되곤 한다. 6세기 전
반에 축조된 것으로 보이는 호우총 출토품(도17-우)이 대표 사례이다. 형
태나 제작기법으로 보면 송학동 1C호분 출토품과 유사도가 높다. 그간 신
라 무덤에서 유사한 예가 여러 점 확인되었으므로 송학동 자엽형행엽은
신라로부터 들여온 것으로 보아도 좋을 것 같다. 선행 연구에서는 이 행엽
이 532년 신라가 금관가야를 병합한 이후 남해안을 거쳐 고성으로 전해진
것으로 추정한 바 있다.[28]

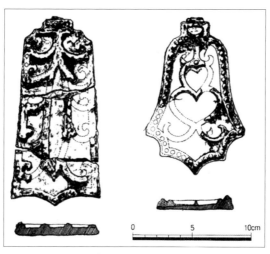

도17. 경주 호우총 종형 및 자엽형행엽

28) 류창환, 2021, 앞의 논문, p.80.

이상에서 소가야 무덤 출토 금공품에 대해 살펴보았다. 소가야 무덤에서는 주변국 유적에 비해 금공품 출토 수량이 적다. 그리고 다양한 양식이 혼재된 양상이다.

소가야산으로 볼 수 있는 것은 송학동과 내산리에서 출토된 각목문 동 팔찌에 한정된다. 각목문이 시문된 팔찌는 백제, 대가야, 신라 유적에서도 출토된 바 있으나 그것들과 소가야 팔찌는 다소 차이가 있다.

외래품으로는 백제, 대가야, 신라에서 제작된 것이 있다. 백제산일 가능성이 있는 것은 모두 송학동 1C호분에서 출토되었다. 은제 허리띠장식, 금은으로 장식된 대도와 도자, 동제 고배가 그것이다. 그리고 대가야로부터 들여온 것은 송학동의 검릉형행엽과 f자형경판부비 등 장식마구이고, 신라로부터 들여온 것은 내산리의 팔찌 일부와 송학동의 자엽형행엽이다. 시기적으로 보면 대가야산이 선행하고 신라와 백제산이 후행하는 양상이다. 백제산 금공품의 역연대는 520년대 이후 560년대 이전으로 추정해볼 수 있다.

전체적으로 보면 고성을 중심으로 한 소가야 무덤 출토 금공품 중에는 소가야산보다는 외래물품이 다수를 점한다. 외래물품은 계보에서 다양성을 보여 다양한 외래토기가 함께 묻히는 양상과 맥이 닿는다. 이는 해상교통의 요지에 자리잡고 주변국과 다양한 교류를 수행하던 소가야인들의 면모를 잘 보여주는 현상이기도 하고, 주변 제국이 소가야를 부용 내지 복속시키려 노력한 산물일 수도 있다.

제5장

왜와 대가야

  한반도와 일본열도(이하 '열도'로 약칭) 사이의 교류는 국가 형성 이전의 아득한 선사시대부터 활발했다. 교류를 향한 열망은 넓은 바다조차도 가로막지 못하였던 듯하다. 고대의 경우 열도에서는 한반도가 선진문물 수입의 창구로 비추어졌고 대륙과 접촉하기 위해 반드시 거쳐야 하는 통로였다. 백제나 가야의 경우 때때로 열도의 물자를 수입하였고, 또 때로는 군사적 동맹을 맺어 신라나 고구려와 전쟁을 벌이기도 하였다.[1]

  1980년대 이후 가야유적에 대한 발굴조사가 활발해지면서 열도로부터 수입된 각종 물품의 존재가 속속 확인되기에 이르렀고 금관가야를 비롯하여 대가야권의 여러 지역에서 스에키와 함께 마구류 등이 출토되었다.[2] 일본열도에서는 규슈를 중심으로 가야 사람들의 마을이 확인되었고 4세기

---

  1) 박천수, 2007, 『새로 쓰는 고대 한일교섭사』, 사회평론.
  2) 趙榮濟, 2004, 「西部慶南地域加耶古墳發見の倭系文物について」『福岡大學考古學論集-小田富士雄先生退職記念-』.

후반에서 가야로부터 석실묘가 전파되기도 하였고, 초기 스에키의 생산 개시에 가야계 장인들이 관여하였을 것으로 보인다.[3]

여기에서는 일본 고분시대 여러 유적에서 발굴된 수식 갖춘 귀걸이[4]가 운데 대가야적 요소를 지니는 것을 가려 뽑아 살펴보고, 그러한 요소를 어떠한 기술적, 역사적 맥락에서 이해할 수 있는지 설명하고자 한다.

1. 장쇄식 귀걸이의 비교

열도에서 출토된 수식 갖춘 귀걸이는 길이의 장단에 따라 장쇄식(長鎖式)과 단쇄식(短鎖式)으로 나뉜다.[5] 이러한 분류가 유효성을 가지기 위해서는 각 귀걸이의 다양한 계보를 먼저 파악할 필요가 있다.

열도의 장쇄식 귀걸이는 5세기 후반~6세기 전반에 집중된다. 일본 학계의 연대관으로 보면 후쿠이현의 무카이야마(向山) 1호분 출토품(도1-1·2)과 텐진야마(天神山) 7호분 출토품(도1-7)이 가장 이른 단계의 자료이다. 전자는 5세기 초에서 중엽, 후자는 5세기 중엽으로 편년되고 있다. 그 외에 효고현 칸스즈카고분(カンス塚古墳)과 미야야마고분(宮山古墳), 나라현

---

3) 武末純一, 2002,「朝鮮半島と日本列島」『季刊考古學』80, 雄山閣.

4) 野上丈助, 1983,「日本出土の垂飾附耳飾について」『古文化論叢 藤澤一夫先生古稀記念』.
石本淳子, 1990,「日韓の垂飾附耳飾についての一考察」『今里幾次先生古稀記念播磨考古學論叢』.
高田貫太, 1998,「垂飾附耳飾をめぐる地域間交涉」『古文化談叢』41, 九州古文化研究會.
金宇大, 2017,『金工品から讀む古代朝鮮と倭』, 京都大學學術出版會.

5) 野上丈助, 1983, 위의 논문.

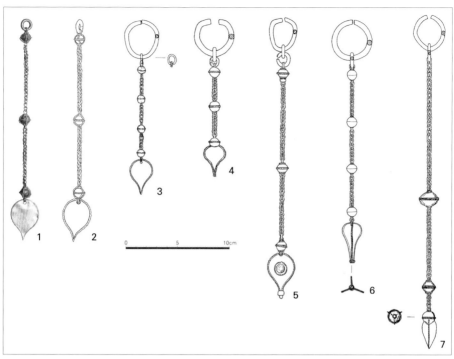

도1. 열도 출토 장쇄식 귀걸이(1·2.무카이야마 1호분, 3.시모키타카타 5호 횡혈묘, 4.미야야마고분 3석실, 5.칸스즈카고분, 6.니자와센즈카 109호분, 7.텐진야마 7호분)

니자와센즈카(新澤千塚) 109호분, 미야자키현 시모키타카타(下北方) 5호 지하식 횡혈묘 출토품은 5세기 후반대로 편년된다.

　이 가운데 시모키타카타 횡혈묘의 귀걸이(도1-3)는 4개의 공구체(空球體)와 3줄의 사슬, 그리고 심엽형 수하식으로 구성된다. 이 귀걸이는 열도 출토 귀걸이 가운데 길쭉한 편은 아니지만 대가야 귀걸이에 비하면 긴 편이다. 대가야 귀걸이 가운데 이처럼 4개 이상의 공구체를 중간식으로 사용한 사례는 합천 옥전 28호묘 출토품이다. 옥전 28호묘는 5세기 3/4분기로 편년되며 시모키타카타 5호묘는 5세기 후반~6세기 초로 편년된다. 시모키타카타 귀걸이와 동일한 유형으로 분류할 수 있는 귀걸이로는 미야야마고분의 제3석실(도1-4)과 무카이야마 1호분 출토품이 있다. 미야야마고분 귀걸이는 공구체 3개와 2줄의 사슬이 중간식으로 사용되었고 맨 아래쪽 공구체와 심엽형 수하식이 연접되어 있다. 이러한 기법은 가야 귀걸이에서는 잘 확인되지 않지만, 텐진야마 7호분 귀걸이에 사용되고 있으므로 '열도적인 기법'으로 볼 수 있다.

무카이야마 1호분 귀걸이(도1-2)는 공구체 3개와 2줄의 사슬, 심엽형 수하식을 갖춘 것으로, 공구체의 장식기법이 특이하다. 구체의 표면에 세로로 금알갱이가 붙어 있다.[6] 이 무덤은 이른 단계의 규슈형 횡혈식석실이므로 5세기 중엽 이전으로 연대가 소급할 가능성이 있다.[7] 대가야 금공품 가운데 금알갱이가 장식되는 것은 6세기를 전후하여 확인되지만, 백제의 경우 공주 수촌리 8호분 출토 귀걸이처럼 5세기 전반에 이미 금알갱이 부착기법이 귀걸이 제작에 구사되는 점을 고려한다면, 장차 대가야 금공품에서도 그와 비슷한 시기의 금알갱이 장식 사례가 확인될 공산이 크다.

칸스즈카고분 귀걸이는 3개의 공구체와 4줄의 사슬, 심엽형 수하식으로 구성되어 있다. 심엽형 수하식의 중앙에 반구상(半球狀) 장식이 부가되어 있다. 이러한 장식은 이후 열도의 장쇄식 귀걸이에 많이 적용되어 주목된다. 구마모토현 에타후나야마고분 장쇄식 귀걸이를 비롯하여 사가현 시마타즈카고분(島田塚古墳), 후쿠오카현 세스도노(セスドノ)고분, 가가와현 헤비즈카고분(蛇塚古墳), 후쿠이현 니시즈카고분(西塚古墳), 효고현 미야야마고분(宮山古墳), 에히메현 가네코야마고분(金子山古墳), 나가노현 아

---

6) 村上隆, 2003, 『日本の美術443-金工技術-』, 至文堂, pp.67~70.
7) 花園大學考古學研究室, 2015, 『若狹向山1號墳』, 福井縣若狹町.

제치(畦地) 1호분 출토품에 유례가 있다. 특히 가네코야마고분, 세스도노고분, 시마타즈카고분, 헤비즈카고분, 니시즈카고분 출토품은 금동제이며 귀걸이 사이의 유사도가 높으므로 열도의 같은 공방에서 제작되었을 가능성이 있다.[8]

문제는 에타후나야마고분 장쇄식 귀걸이와 칸스즈카고분, 미야야마고분의 귀걸이를 이입품으로 볼 수 있을까 하는 점이다. 에타후나야마고분 장쇄식 귀걸이의 계보를 대가야 귀걸이에서 구하는 것은 타당하지만 제작지까지 대가야로 볼 수 있을지 분명하지 않다. 이 귀걸이의 주환에 걸린 3개의 수식에는 모두 구체와 사슬이 사용되었다. 수하식은 각각 원추형과 심엽형이고, 심엽형의 경우는 중위에 각목대(刻目帶)만 있는 것과 반구체도 있는 것으로 나뉜다.

이러한 장식은 대가야 귀걸이의 수하식과 유사하지만, 5세기의 대가야 귀걸이 가운데는 공구체에 영락이 부가되거나 심엽형 수하식에 반구체[9]가 표현된 발굴 사례가 없어 이입품인지의 여부는 더 검토할 필요가 있다. 따라서 이러한 귀걸이는 열도산이고, 대가야 장인이 제작에 관여했을 가능성을 고려할 수 있다. 미야야마고분과 칸스즈카고분의 귀걸이도 마찬가지이다.

니자와센즈카 109호분 금귀걸이(도1-6)는 중간식이 시모키타카타 5호 횡혈묘 귀걸이와 동일하지만 수하식이 다르다. 수하식은 상하로 긴 심엽

---

8) 有井宏子, 2002,「日本出土垂飾附耳飾の系譜」『究班』Ⅱ(埋藏文化財研究會 25周年記念論文集).

9) 가야의 심엽형 수하식은 아무런 장식이 없는 것, 가장자리에 각목대가 부착된 것, 맨 아래쪽에 공구체가 부착된 것으로 구분된다.
이한상, 2004,「대가야의 장신구」『대가야의 유적과 유물』, 대가야박물관, p.260.

상의 삼익형이며 맨 아래에는 횡으로 1조의 각목대가 돌려져 있다. 이러한 수하식은 한반도에서도 출토 예가 많지 않다. 대가야의 경우 합천 옥전 91 호묘, 고성 율대리 2호분 3곽, 창원 다호리 B15호묘 출토 귀걸이가 여기에 속한다. 그중 옥전 91호묘 귀걸이가 전형적이다. 이 귀걸이는 2개의 공구 체 사이에 비교적 짧은 사슬 1줄을 연결했다. 수하식은 위가 넓고 아래가 좁은 심엽상이며 맨 아래에는 금알갱이가 장식되었다. 이외에 율대리 2호 분 3곽 출토품처럼 공구체가 부가된 것도 있다. 백제의 경우 입점리 1호분 귀걸이는 수하식이 삼익형인데 일반적인 예처럼 심엽상은 아니고 타원형 에 가깝다. 따라서 니자와센즈카 109호분 귀걸이는 대가야로부터의 이입 품일 가능성이 있다. 이와는 달리 텐진야마 7호분 귀걸이는 공구체 3개의 크기와 장식뿐만 아니라 사슬의 길이도 다르다. 그와 함께 삼익형 수하식 의 상부가 공구체 하부에 끼워져 있는 점을 주목한다면 이 귀걸이는 이입 품으로 보기 어렵다.

아마도 이러한 여러 귀걸이 가운데 시모키타카타 5호횡혈묘와 니자와 센즈카 109호분 귀걸이 등을 모델로 하여 이후 다양한 형태로 제작되었을 것으로 추정된다. 그러나 1차 이입과 열도 제작 사이의 시기차는 인정되지 않는다. 5세기 후반~6세기 초에는 이미 열도적 디자인으로 제작된 장쇄식 귀걸이가 유행하기 때문이다.

특히 가네코야마고분, 이바라키현 산마이즈카고분(三昧塚古墳), 세스도 노고분, 시마타즈카고분 출토품 등 금동제 귀걸이와 와카야마현의 오타니 고분(大谷古墳), 아제치 1호분, 치바현 오즈카야마고분(大塚山古墳) 귀걸 이 등 은귀걸이[10]는 열도적 특징이 매우 강하다.

---

10) 한반도에서 은제 수식 갖춘 귀걸이의 출토 사례는 매우 적다. 대가야의 경우

2. 단쇄식 귀걸이의 비교

열도 출토 귀걸이 가운데 대가야와 관련되는 단쇄식 귀걸이로는 소위 '산치자형 수하식'을 갖춘 귀걸이[11]가 대표적이다. 나라현 와리즈카고분 (割塚古墳, 도2-1), 사가현 다마시마고분(玉島古墳), 후쿠오카현 다테야마 야마(立山山) 8호분, 오사카부 이치스가(一須賀) B7호분(도2-4), 미에현 호 코리구루마즈카고분(保子里車塚古墳, 도2-5), 후쿠오카현 히하이즈카고분 (日拜塚古墳, 2점) 등 모두 7점이 알려져 있다.

이러한 귀걸이는 산치자형 수하식을 갖춘 점 이외에도 공구체와 사슬이 사용된 점이 공통적이다. 이것은 대가야의 6세기 전반 동류 귀걸이와도 같 은 특징이어서 이 귀걸이를 대가야산으로 추정하는 견해가 많다

다마시마고분 출토품(도2-2)은 산치자형 수하식의 끝에 금알갱이가 붙 어 있고 영락을 연결할 때에 사슬에 대신하여 coiling 기법을 구사한 것이 독특하다. 다테야마야마 8호분 출토품(도2-3)은 중간식의 구체와 수하식 이 다른 귀걸이보다 크고 측면에 금알갱이를 붙여 무늬를 표현한 점이 특 징이다.[12] 이러한 예는 대가야 유적 출토품 가운데는 사례가 드물다. 히하 이즈카고분 출토품으로 전하는 귀걸이 가운데 1점은 공구체의 상부에 금알

지산동 45호분 순장곽과 함양 백천리 3-1호분 출토품이 알려져 있을 뿐이다.

11) 依田香桃美, 2001, 「古墳時代の垂飾附耳飾の復元技術について-保子里車塚 古墳出土品・金製垂飾附耳飾の場合-」『古代文化研究』9, 島根縣古代文化 センター.
宇野愼敏, 2004, 「山梔子形垂飾附耳飾とその背景」『福岡大學考古學論集-小 田富士雄先生退職記念-』.

12) 依田香桃美, 2004, 「古墳時代の垂飾附耳飾の技術について」『秘められた黄 金の世紀展』, 福岡市博物館, p.142.

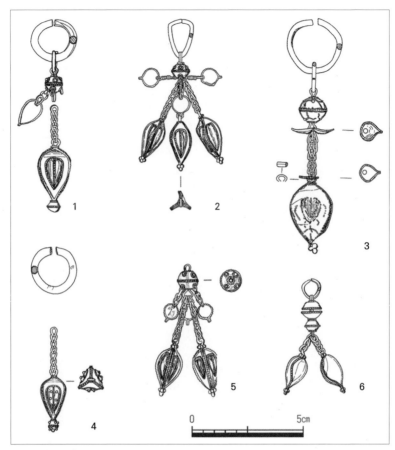

도2. 열도 출토 단쇄식 귀걸이(1.와리즈카고분, 2.다마시마고분, 3.다테야마야마 8호분, 4.이치스가 B7호분, 5.호고리구루마즈카고분, 6.히하이즈카고분)

갱이와 각목대가 장식되어 있는데 하부에는 장식이 없고 사슬과 연결금구가 다른 이식에 비하여 가늘어 소략한 느낌을 준다. 또 다른 1점(도2-6)은 중간식으로 크고 작은 공구체 2개를 연접하여 다른 귀걸이와는 다르다.

이상 7점의 귀걸이가 합천과 고령을 중심으로 한 대가야의 귀걸이와 깊은 관련성이 있는 것은 분명하다. 다만 전부를 대가야산으로 보는 것은 무리가 있으며 상당수는 열도에서 제작된 것일 것이다. 그 경우 이 귀걸이의 제작에 대가야 장인의 참여가 있었던 것으로 추정할 수 있다.

대가야 귀걸이 가운데 합천 옥전 M4호분 귀걸이의 제작 의장이 가장 빼어나다. 이 무덤은 옥전고분군의 M3호분보다 후행하고 M11호분보다는 이른 시기에 축조된 다라국 유력자의 무덤이다. 부장품으로 본다면 고령 지산동 45호분과 비슷한 6세기 전반에서 늦은 단계로 편년할 수 있다. 이 무덤에서는 같은 시기에 유행한 다양한 종류의 귀걸이가 함께 출토되었다. 중간식은 공구체와 사슬이며 공구체에는 금알갱이가 부착되어 있고 공구체의 하부에 영락을 매단 것, 그리고 공구체 하부에 입방체를 붙이고 다시 영락을 붙인 것이 있다.

이처럼 공구체에 금알갱이와 영락이 장식된 것은 대가야 귀걸이에서는 이전 시기에 볼 수 없던 새로운 모습이다. 또한 입방체를 함께 중간식으로 사용하는 점 또한 새로운 요소이다. 물론 신라 귀걸이의 경우 주로 중간식에 영락을 부가하고 입방체를 중간식에 활용하는 사례가 많이 있다. 백제의 경우 무령왕비의 귀걸이 중간식에서 영락이 확인된다. 그러므로 이러한 기법은 일단 외부로부터 이입된 것으로 보인다.

M4호분 출토 귀걸이의 수하식 가운데 원추형(도3-2)은 두 가지가 있다. 첫째는 수하식의 외연이 직선적인 것이다. 이러한 수하식은 대가야 귀걸이의 초기로부터 존속한 특징적인 요소로, 합천의 옥전 72호묘 귀걸이의 수하식처럼 간소한 형식으로부터 화려한 장식이 부가된 옥전 M4호분 출토품처럼 바뀌었다고 추정된다. 이러한 특징을 갖춘 귀걸이가 열도에서도 출토된 바 있는데, 구마모토현 덴사야마고분(傳佐山古墳) 귀걸이(도3-1)가 그에 해당한다. 한편, 지산동 44호분 6곽 출토품은 수하식 끝에 공구체가 부가되어 있다.

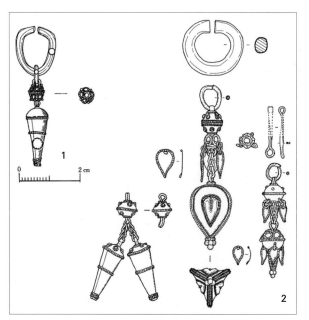

도3. 원추형 수하식을 갖춘 귀걸이(1.덴사야마고분, 2.옥전 M4호분)

둘째는 지산동 45호분과 옥전 M4호분 귀걸이에서 볼 수 있듯이 원추형 수하식의 상부가 구상(球狀)인 것이 있다. 이러한 수하식은 6세기 2/4분기에 갑자기 출현한다. 현재까지의 자료로 보면 지산동 44호분 6곽 출토품의 수하식처럼 원추형 수하식을 모델로 창안된 것으로 여겨진다. 이러한 원추형 수하식과 발달한 형태의 산치자형 수하식이 공반됨이 주목된다. 즉, 대가야 귀걸이의 최전성기에 산치자형 수하식이 존재했음을 알 수 있다. 그러면 이보다 선행하는 산치자형 수하식은 없을까.

옥전 M4호분보다 이른 시기의 고총 가운데 산치자형 수하식을 갖춘 전형적인 대가야 귀걸이가 출토된 곳은 고령 지산동 구 39호분이다.[13] 이 고

---

13) 有光敎一·藤井和夫, 2002, 「附編 高靈主山第39號墳發掘調査報告」『朝鮮古

총은 지산동고분군에서 가장 대형분이며 발굴 자료의 일부가 알려져 있다. 장식대도와 화살통 부속구, 토기로 본다면 6세기 전반에 축조된 것으로 보인다. 이 고총에서 출토된 귀걸이는 수하식에 금알갱이가 부착되어 있다. 이 수하식은 삼익형(三翼形) 수하식과 관련될 가능성이 있다. 삼익형 수하식의 계보는 익산 입점리 1호분 귀걸이의 예로 본다면 백제에서 구할 수 있다.

백제의 경우 무령왕비의 귀걸이(도4-1·2)에서 볼 수 있듯이 삼익형 수하식이 6세기를 전후하여 사익형으로 변화한다. 왕비의 귀걸이를 보면 4매의 심엽형 금판을 세로로 절곡하여 사익형 장식의 날개 사이에 끼워 넣어 화려하게 꾸몄음을 알 수 있다. 그래서 다른 사익형 수하식에 비하여 두껍고 화려한 느낌을 준다.[14] 이러한 미감이 기존의 삼익형 수하식과 결합하면서 지산동 구 39호분이나 옥전 M4호분 귀걸이의 산치자형 수하식이 탄생하였을 것으로 상정해보고자 한다. 산치자형 수하식의 3면에 장식된 심엽형의 도안은 기본적으로는 무령왕비의 사익형 수하식에 부착된 심엽형 영락의 이미지와 연결될 것으로 추정하고 싶다.

산치자형 수하식의 초현기 자료에서 보이는 또 하나의 특징은 금알갱이를 부착하는 기법이다. 이 역시 새로운 장식 기법으로 보인다. 무령왕비 귀걸이의 수하식 하부에는 다소 길게 돌출된 금선(金線)이 확인된다. 이와 유사한 금선은 일본 구마모토현 다이보고분(大坊古墳) 출토품에서도 관찰된다. 하지만 이 귀걸이의 정교함에 비춰볼 때, 이러한 마무리는 이례적이라고 할 수 있다. 금선의 원형을 복원하기 위해서는 시가현 가모이나리야마

蹟研究會遺稿II』, 유네스코 東아시아문화연구센터 · 財團法人 東洋文庫.

14) 국립공주박물관, 2001, 『백제 사마왕-무령왕릉 발굴, 그 후 30년의 발자취-』, p.34.

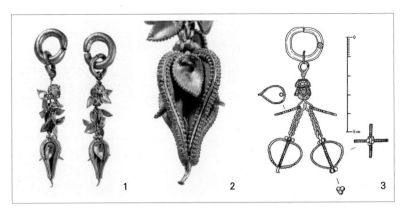

도4. 무령왕비 귀걸이(1 · 2)와 가모이나리야마고분 귀걸이(3)

고분(鴨稲荷山古墳)에서 출토된 귀걸이(도4-3)를 주의 깊게 살펴볼 필요가 있다. 이 귀걸이의 사익형 수하식 가운데 하나는 금알갱이가 붙어 있고, 다른 하나는 금선만 돌출되어 있다. 이는 금알갱이가 탈락하고 본래 줄기만 남은 상태로, 무령왕비 귀걸이 역시 같은 경우로 추정된다.

부장부터 발굴까지의 과정을 거치는 동안, 접합상태가 상대적으로 약한 금알갱이가 떨어져 나갔을 가능성이 있다. 두터운 사익형 및 심엽형 장식을 부가하고 그 위에 다시 금알갱이를 부착하는 방식은 6세기 전반 백제에서 대가야로 이입된 새로운 장식기법이었던 것으로 보인다.

이와 같은 형식의 귀걸이는 주로 6세기 전반에 집중적으로 제작되었으며, 합천과 창녕을 중심으로 분포한다. 당시 합천에는 대가야 연맹의 핵심 세력이었던 다라(多羅)가 있었고, 창녕에는 비자발[比自㳫]의 후예로서 신라 중앙으로부터 강력한 후원을 받던 거점 세력이 자리하고 있었다.[15]

---

15) 이희준, 2005, 「4~5세기 창녕지역 정치체의 읍락 구성과 동향」『영남고고학』 37, 영남고고학회.

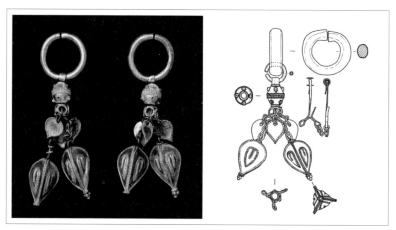

도5. 산치자형 수하식을 갖춘 귀걸이(좌: 교동 31호분, 우: 옥전 M4호분)

　이 두 세력은 낙동강을 사이에 두고 서로 마주하고 있었으며, 문화 교류의 창구로서의 역할을 담당하였다. 창녕양식 토기가 옥전고분군에서 출토되고, 동시에 창녕의 고총에서는 대가야양식 귀걸이가 확인된다. 대표적인 예로는 창녕 교동 31호분(도5-좌)과 계성 A지구 1호분 출토품을 들 수 있다. 그러나 이러한 대가야양식 귀걸이는 같은 시기 창녕에서 출토된 금속 장신구 가운데 일부에 불과하며, 대부분의 귀걸이는 신라양식에 속한다는 점이 주목된다.

　산치자형 수하식을 갖춘 대가야 귀걸이는 어느 시점에 일본열도로 전파되었을까. 이 문제를 해명하기 위해서는 산치자형 수하식을 지닌 대가야 귀걸이의 변화양상을 상세히 검토할 필요가 있다. 현재까지 한반도에서 출토된 귀걸이 가운데 산치자형 수하식을 지닌 전형적인 예로는 고령 지산동 구 39호분 주석실, 합천 옥전 M4호분(도5-우)과 M6호분, 창녕 교동 31호분, 계성 A지구 1호분, 장수 봉서리 출토품 등이 있다. 고령 지산동 44호분 11곽, 진주 중안동에서는 형태가 다소 다른 산치자형 수하식을 갖춘 귀걸이가 출토되었다.

이러한 귀걸이의 중간식은 형태적으로 매우 다양하다. 지산동 구 39호분 귀걸이처럼 공구체의 표면에 아무런 장식이 없는 예, 중안동 귀걸이처럼 공구체에 금알갱이와 영락이 장식된 예, 옥전 M4호분 및 교동 31호분 귀걸이처럼 공구체 표면에 금선을 부착해 돌기를 만들고 하부에 입방체를 부착한 예, 계성 A지구 1호분 귀걸이처럼 입방체만 있는 예 등으로 나뉜다.

이 가운데 장식이 없는 공구체가 상대적으로 고식이며, 금알갱이와 영락이 부착된 예가 신식으로 추정된다. 시기 차이는 크지 않지만, 신식 가운데에서도 공구체 표면에 돌기를 장식하고 하부에 입방체를 부착한 예가 다소 늦은 시기의 자료인 것 같다. 돌기 장식은 백제와 신라에서 5세기 말 이후 등장하는 기법으로, 돌기 내부에 붉은 안료가 채워진 경우가 많다. 공주 교촌리 출토 귀걸이와 백제 무령왕릉 출토 모자형 장식이 그 대표적 사례이다.

산치자형 수하식은 지산동 구 39호분 귀걸이(도6)처럼 세 면에 금알갱이를 하나씩, 정수리와 하단부에는 3~4개의 금알갱이를 가로 혹은 상하로 붙여 장식한 예, 옥전 M4호분 귀걸이처럼 세 면에 심엽형 장식과 각목대(刻目帶)를 부가하고 하단에는 금알갱이를 붙인 예, 장수 봉서리 귀걸이처럼 하단에 소형 공구체를 부착한 예로 나뉜다. 상대 서열상 금알갱이 위주의 장식이 고식이고, 각목대와 측면에 심엽형 도안이 새겨진 사례가 신식으로 추정된다. 또한 산치자형 수하식의 하단에 공구체가 부가된 예도 상대적으로 늦은 시기의 자료가 아닐까 한다.

열도 출토품 가운데 사가현 다마시마고분, 미에현 호고리구루마즈카고분, 나라현 와리쓰카고분에서 출토된 귀걸이의 중간식은 진주 중안동, 장

도6. 지산동 구 39호분 금귀걸이

수 봉서리, 고령 지산동 45호분 1실과 2실 등 대가야 6세기 전반의 늦은 단계 귀걸이와 공통적 요소를 갖추었다. 고령 지산동 44호분 11곽 및 지산동 구 39호분 귀걸이처럼 장식이 없는 공구체 하나로 구성된 귀걸이는 열도에서는 확인되지 않는다. 히하이즈카고분 출토품으로 전해지는 도쿄국립박물관 소장품의 경우, 장식은 없지만 대소 공구체 두 개로 구성되어 있어, 더 늦은 시기의 양식을 반영하는 것으로 보인다.

수하식의 경우 도쿄국립박물관 소장품을 제외하면 모두 심엽형 장식이 부가되어 있다. 이 가운데 호고리구루마즈카고분 귀걸이는 상하에 금알갱이가, 다마시마 고분 귀걸이는 하단부에만 금알갱이가 부착되어 있다. '노국의 언덕 역사자료관(奴国の丘歷史資料館)' 소장품은 상하에 금알갱이가 부착되어 있고, 다테야마야마 8호분 귀걸이는 하단부에만 금알갱이 장식이 확인된다. 와리즈카고분 및 이치스카 B7호분 귀걸이는 하단부에 공구체가 부착되어 있다.

한반도 자료를 기준으로 할 때, 일본열도에서 출토된 산치자형 수하식을 지닌 귀걸이 가운데 고령 지산동 44호분 11곽 및 구 39호분 출토품보다 선행하는 사례는 확인되지 않는다. 대가야 자료에 기반한다면 6세기 전반 이전으로 소급 하기는 어려울 것 같다. 중간식으로 보았을 때는 장수 봉서리 및 진주 중안동 단계의 귀걸이가, 수하식으로 보았을 때는 옥전 M4호분보다 약간 빠른 단계의 귀걸이가 열도 귀걸이에 영향을 준 것으로 보인다. 역년(曆年)으로 추정하자면, 6세기 2/4분기 초기가 될 가능성이 높다. 제작 기법의 유사성을 기준으로 보면, 일본열도 출토 7점의 귀걸이 가운데 호고리구루마즈카고분, 다마시마고분, 와리즈카고분 출토품이 상대적으로 이른 시기의 자료로 판단된다.

도7. 모노미야구라
고분 금귀걸이

이밖에 일본열도의 단쇄식 귀걸이 가운데 대가야와 관련 있는 사례로는 구마모토현 모노미야구라 고분 출토 귀걸이(도7)를 들 수 있다.[16] 이 귀걸이의 특징은 겹사슬과 화려한 공구체, 수하식을 지녔다는 점이다. 지금까지 열도에서는 이와 같은 유형의 귀걸이가 출토된 적이 없었으나, 한반도에서는 고령 본관동 36호분, 지산동 45호분 1실, 경산 교촌리 다10호묘 등 여러 무덤에서 출토된 바 있다.

이러한 유형의 귀걸이는 구조적으로 단순해 연대 추정이 어렵지만, 고령 본관동 36호분 및 지산동 45호분 1실의 공반 유물을 고려하면 6세기 전반의 늦

---

16) 三木ますみ, 1999, 「物見櫓古墳出土の垂飾附耳飾について」 『野津古墳群 II』, 熊本縣龍北町教育委員會.

은 단계로 편년할 수 있다. 이에 비해 모노미야구라고분 귀걸이는 매우 장식적인 성격을 지니며, 이러한 장식기법은 진주 중안동 귀걸이와 비교할 수 있고, 공반된 대가야 토기가 진주 옥봉 7호분 출토품과 유사하므로 지산동 45호분 단계로 편년할 수 있다. 이 귀걸이는 6세기 전반의 늦은 시점에 열도로 이입되었을 가능성이 크다.

이상에서 살펴본 것처럼 일본열도와 한반도에서 출토된 수식 갖춘 귀걸이의 재질은 금제품, 금동제품, 은제품으로 나눌 수 있다. 한반도에서는 금제품이 다수를 차지하는 반면, 일본열도에서는 금동제품과 은제품의 비중이 상대적으로 높게 나타난다.

특히 일본열도에서 두드러지는 양상은 사슬과 공구체를 여러 개 연결하여 장쇄식(長鎖式)으로 제작한 점이다. 최근 대가야 무덤에서도 장쇄식 귀걸이가 출토되고 있으나, 일본열도 귀걸이의 길이에는 미치지 못한다.

금동제품과 은제품은 대부분 일본열도 내에서 제작된 것으로 보이며, 그 분포 범위는 열도 전역에 걸쳐 비교적 고르게 나타난다. 한편, 금제품의 경우 일부는 한반도로부터 반입된 것으로 보이나, 제작 기법과 문양에서 차이를 보이기 때문에 상당수는 일본으로 이주한 장인이 야마토 정권 혹은 지방 수장의 주문에 따라 현지에서 제작했을 가능성도 고려할 필요가 있다.

일본열도에서 특히 선호된 귀걸이는 대가야계 귀걸이였다. 복수의 공구체에 사슬을 연결한 장쇄식 귀걸이, 그리고 공구체에 사슬과 신치자형 수하식을 부착한 단쇄식 귀걸이가 그것이다. 일본열도에서는 백제계 귀걸이가 단편적으로 완제품 형태로 반입된 데 비해, 대가야계 귀걸이는 양식적으로 선택되어 이후 일본열도 고유의 양식으로 변용된 것으로 보인다.

결어

고령에 도읍하였던 대가야는 여러 가야 가운데 가장 큰 위세를 떨친 나라이다. 대체로 5세기 무렵부터 실체가 뚜렷해졌고 5세기 후반 전성기를 구가하였다. 대가야에도 동아시아 여러 나라들과 마찬가지로 귀금속 공예품을 만들어 사용하는 문화가 있었으며, 그중에서도 금동관과 귀걸이 등 금속제 장신구는 대가야 지배층의 위세를 상징하는 핵심적인 물품이었다. 이들 금공품은 단순한 장식물을 넘어, 정치적 권위를 시각화하고 사회 내부의 위계를 보여주는 도구로 기능하였다.

금공품 제작에는 정교한 기술이 요구되는데, 그것은 외래문화와의 교류 속에서 유입되었고, 대가야 고유의 미감을 담은 금공품 제작에 활용되었다. 특히 백제와 신라는 대가야 금공문화의 형성에 결정적 영향을 주었고, 대가야는 이 두 나라, 특히 백제의 금공 기술을 수용하여 특유의 조형미를 발전시켜 나갔다.

5세기 전반부터 대가야에 금공품이 등장하기 시작하며, 초기에는 외래 요소의 영향이 뚜렷했다. 백제 한성기의 관이나 귀걸이, 장식대도의 영향이 대가야 금공품의 초기 양상에서 감지된다. 그러나 이러한 외래 양식은 점차 대가야의 독창적 형태로 변화되었다. 5세기 중엽 이후에는 대가야 고유의 조형 감각이 본격적으로 나타나며, 관과 귀걸이의 형태나 문양 등에서 대가야적 특색이 차츰 완연해진다. 특히 꽃잎과 풀잎 모양의 도안을 적극 활용한 디자인이 유행한 점은 다른 나라 금공문화와 구별되는 요소이다.

이러한 금공품 제작은 단순히 기술 수용만으로는 이루어질 수 없었다. 귀금속 재료의 안정적 확보, 숙련된 장인의 존재, 외래 금공기술의 효과적인 이해와 응용이 함께 이루어졌기 때문에 가능했다. 금의 경우 대가야가 자국에서 획득한 것이 아니라, 주로 신라 혹은 백제와의 교류를 통해 확보하였을 가능성이 높다. 이처럼 희소한 자원을 지속적으로 획득했다는 사실은 대가야가 일정한 외교적 위상과 신뢰 관계를 확보하고 있었음을 시사하며, 금공품 제작의 배경에는 정치적 기반과 외교적 협력 체제가 뒷받침되었음을 보여준다.

기술적인 측면에서도 대가야는 고도의 숙련을 필요하는 세공 기술을 보유하고 있었다. 금은 등 귀금속 소재를 자유롭게 늘이거나 편 다음 원하는 공예품을 만들었고 때로는 금알갱이를 만들어 금공품 표면에 붙여 장식하기도 하였다. 이는 대가야에서 금공 공방이 운영되었고, 장기간의 제작 전통과 기술 축적이 있었음을 보여준다.

대가야 유적에서 출토된 금동관과 귀걸이 중 일부는 신라의 양식을 따르고 있으나, 같은 시기의 경주 소재 신라 공방에서 제작된 것들과는 형태나 제작 기법에서 차이를 보인다. 이는 신라산 완제품을 수입한 것이 아니라, 신라양식 금공품을 대가야 공방에서 번안하여 제작하였을 공산이 큼을 말해준다. 그러한 개방성이 대가야 금공문화의 발전에 핵심 요소로 작용하였을 것이다.

대가야 유적에서 출토된 금공품 중 일부는 백제나 신라로부터 완제품 형태로 유입된 것으로 보이며 백제산 귀걸이, 금동신발, 장식대도, 금속용기 등이 대표 사례이다. 그러나 이들 완제품은 전체 발굴품에서 소수에 불과하며, 대부분은 외래 양식을 수용한 후 대가야적 특색을 반영해 제작된 것들이다. 그리고 백제산 완제품에 비해 신라산 완제품의 수는 더 적으며, 이는 백제와 대가야 사이에 긴밀하고 오랜 정치적 · 문화적 관계가 지속되었음을 방증한다. 신라의 금공품 양식은 5세기 전반 무렵부터 점진적으로 대가야에 영향을 주었으며, 대가야 멸망기로 갈수록 그 요소가 증가하는 경향이 나타나지만, 금관가야의 경우처럼 신라 문화에 경도되는 양상은 아니다.

귀걸이는 금공문화의 흐름을 가장 잘 보여주는 유물로, 관보다 더 많은 수량이 출토되었고 양식적인 변화도 풍부하게 나타난다. 고령 지산동고분군과 합천 옥전고분군에서 출토된 귀걸이들을 살펴보면 백제나 신라의 초기 귀걸이 양식을 기반으로 하면서도 주환, 중간식, 수하식 등 각 부품의 형태, 그리고 전체적 조형미에서 대가야만의 스타일이 발현되어 있음을 볼 수 있다. 이러한 대가야양식 귀걸이는 고령과 합천을 중심으로 하되 대가야를 넘어서 가야 전체로 퍼져 나갔다. 심지어 경산, 창녕과 같은 신라권과 일본열도에서도 발견되며, 일본에서는 현지에서 모방 제작된 방제품도 확인된다. 이는 대가야 금공품이 일정한 정치 · 문화적 권위 속에서 주변 지역으로 확산되었고, 그 영향력이 광범위했음을 뜻한다.

금공품 확산은 대가야 왕의 주도로 이루어졌을 가능성이 크다. 왕은 금공품을 단순한 사치품이 아닌 권력의 상징으로 활용하였으며, 이를 연맹체 내부의 지역 유력자들에게 사여하거나 정치적 의례에 활용함으로써 자신의 위상을 드러냈다. 금동관, 귀걸이, 장식대도 등은 위계질서를 시각화하고 정치적 충성 관계를 공고히 하는 데 사용된 정치적 기제였다. 이는 금공품이 단지 미적 가치만이 아니라, 정치권력의 상징이자 통치 전략의 일부였음을 의미한다.

하지만 대가야 금공문화는 제도화 수준에 있어 백제나 신라보다 다소 느슨한 구조를 보인다. 백제의 경우 관등 체계에 따라 장신구의 형태와 재질이 정형화되어 있었고, 신라 역시 금공품이 일정한 규칙 아래 제작·사용되었다. 그에 비하여, 대가야는 집권력의 한계 때문인지 획일화된 복식이나 장신구 양식이 활용되지는 못했고, 다양한 양식이 혼재되어 있었다. 이는 금공품이 정치 제도의 일부로 고정되지는 않았음을 시사한다.

결론적으로 대가야 금공문화는 외래 양식을 창의적으로 수용하고 이를 자국화하면서 고유한 미적 전통과 정치적 상징체계를 형성해 나갔음을 보여준다. 금동관과 귀걸이 같은 금속 장신구는 대가야 지배층의 권위를 시각적으로 드러내는 핵심 매개체였고, 이를 통해 연맹체 내부의 질서를 조율하고 왕권의 위상을 강화하는 수단으로 기능하였다. 대가야는 백제나 신라의 영향을 받으면서도 자율적인 문화를 꽃피웠고, 다양한 지역으로 금공문화를 확산시키며 동아시아 고대 금속공예사에서 중요한 위치를 차지하였다.

참고문헌

1. 국문

■ 보고서

강산문화연구원, 2024,『함양 백천리고분군 18호분』

경남발전연구원 역사문화센터, 2007,『산청 평촌리유적Ⅱ-산청군 생초 반갯들 수해복구사업지구내 유적 발굴조사』

경상남도, 1977,『창녕 계성고분군 발굴조사보고』

경상문화재연구원, 2022,『진주 수정봉고분군』

계명대학교박물관, 1995,『고령 본관동고분군』

고령군, 1979,『대가야고분발굴조사보고서』

관동대학교박물관 외, 1994,『동해 북평공단 조성지역 문화유적 발굴조사보고서』

국립가야문화재연구소, 2016,『고령 지산동고분군 518호분 발굴조사보고서』

국립경주박물관, 2010,『경주 계림로 14호묘』

국립공주박물관, 2019,『무령왕릉 신보고서Ⅴ』

국립나주문화재연구소, 2017,『나주 복암리 정촌고분 발굴조사보고서』

국립창원문화재연구소, 2001,『함안도항리고분군IV』

국방문화재연구원, 2023,『화성 사창리 산5-2번지 유적』

김재원, 1948,『경주 노서리 호우총과 은령총』, 국립박물관

김정완 외, 1987,『합천 반계제고분군』, 국립진주박물관

김정완 외, 1990,『고성 율대리 2호분』, 국립진주박물관

김종철, 1981,『고령 지산동고분군 32~35호분ㆍ주변석곽묘』, 계명대학교박물관

동양문물연구원 외, 2021,『거창 석강리고분군 M13호분』

문화공보부 문화재관리국, 1973,『무령왕릉 발굴조사보고서』

문화공보부 문화재관리국, 2014,『천마총 발굴조사보고서』

문화재연구소, 1985,『황남대총북분 발굴조사보고서』

문화재연구소, 1993,『황남대총 남분 발굴조사보고서(도면ㆍ도판)』

문화재연구소, 1994,『황남대총 남분 발굴조사보고서(본문)』

부산대학교박물관 외, 2021,『함양 백천리고분군』

부산대학교박물관, 1983,『동래 복천동고분군Ⅰ』

부산대학교박물관, 1986,『함양 백천리 1호분』

신라대학교박물관, 2004,『산청 중촌리고분군』

영남매장문화재연구원 외, 1998,『고령 지산동30호분』

윤덕향ㆍ곽장근, 1989,『두락리』, 전북대학교박물관

이남석, 2000,『천안 용원리고분군』, 공주대학교박물관 외

전남대학교박물관 외, 2015,『고흥 길두리 안동고분』

전영래, 1983,『남원 월산리고분군 발굴조사보고』, 원광대학교 마한ㆍ백제문
　　　화연구소

전주문화유산연구원, 2000,『장수 삼고리고분군-1~3호분-』

조영제 외, 1990,『합천 옥전고분군Ⅱ』, 경상대학교박물관

조영제 외, 1992,『합천 옥전고분군Ⅲ』, 경상대학교박물관

조영제 외, 1993,『합천 옥전고분군IV』, 경상대학교박물관

조영제 외, 1995,『합천 옥전고분군Ⅴ』, 경상대학교박물관

조영제 외, 1997, 『합천옥전고분군Ⅵ』, 경상대학교박물관

조영제 외, 1998, 『합천 옥전고분군Ⅶ』, 경상대학교박물관

조영제 외, 1999, 『합천 옥전고분군Ⅷ』, 경상대학교박물관

조영제 외, 2000, 『합천 옥전고분군Ⅸ』, 경상대학교박물관

조영제 외, 2003, 『합천 옥전고분군Ⅹ』, 경상대학교박물관

조영제 외, 2009, 『산청 생초 M12·M13호분』, 경상대학교박물관 외

조영제, 1988, 『합천 옥전고분군Ⅰ』, 경상대학교박물관 외

조영현, 2012, 『고령 지산동 제73~75호분』, 대동문화재연구원 외

충청남도역사문화연구원 외, 2007, 『공주 수촌리유적』

한국문화유산연구원 외, 2018, 『화성 요리고분군-화성 향남2지구 동서간선도
　　　로 내 문화유적 발굴조사 보고서-』

한빛문화재연구원 외, 2023, 『합천 옥전고분군-삼국시대-』

▪ 학술서

김도영, 2022, 『금공품으로 본 고대 동아시아 세계』, 진인진

김세기, 2003, 『고분자료로 본 대가야연구』, 학연문화사

김세기, 2020, 『대가야 고대국가론』, 학연문화사

김용성, 2009, 『신라왕도의 고총과 그 주변』, 학연문화사

김종일 외, 2019, 『한국금속문명사』, 들녘

노태돈, 2003, 『예빈도에 보인 고구려-당 이현묘 예빈도의 조우관을 쓴 사절에
　　　대하여-』, 서울대학교출판부

우병철, 2024, 『고대 동아시아의 무기와 전사』, 진인진

이송란, 2004, 『신라금속공예연구』, 일지사

이은창, 1978, 『한국 복식의 역사-고대편-』, 세종대왕기념사업회

이종선, 2000, 『고신라왕릉연구』, 학연문화사

이한상, 2004, 『황금의 나라 신라』, 김영사

이한상, 2011, 『동아시아 고대 금속제 장신구문화』, 고고

이희준, 2007, 『신라고고학연구』, 사회평론

이희준, 2017, 『대가야 고고학 연구』, 사회평론아카데미

전덕재, 2002, 『한국 고대사회의 왕경인과 지방민』, 태학사

전호태, 2016, 『고구려 생활문화사 연구』, 서울대학교출판문화원

조영제, 2007, 『옥전고분군과 다라국』, 혜안

최병현, 2021, 『신라 6부의 고분 연구』, 사회평론아카데미

▪ 도록

국립경주박물관, 2014, 『천마, 다시 날다』

국립공주박물관, 2024, 『상상의 동물사전, 백제의 용』

국립대구박물관, 2000, 『압독사람들의 삶과 죽음』

국립춘천박물관, 2008, 『권력의 상징, 관-경주에서 강원까지-』

대가야박물관, 2015, 『고령 지산동 대가야고분군』

대구한의대학교박물관, 2005, 『개관10주년기념 발굴유물 특별전』

복천박물관, 2010, 『履 고대의 신』

삼성미술관 Leeum, 2011, 『삼성미술관 Leeum 소장품 선집, 고미술』

▪ 논문

구자봉, 2005, 「삼국시대의 환두대도 연구」, 영남대학교 박사학위논문

권향아, 2000, 「삼국시대 금속유물의 선조기법양상-축조기법을 중심으로-」『문물연구』 4, 동아시아문물연구학술재단

권향아, 2002, 「삼국시대 신라이식의 제작기법 연구」, 동아대학교 박사학위논문

김기웅, 1988, 「신라와 가야의 문화교류-고분 출토 장신구류를 중심으로-」『신라문화제학술발표논문집』 1, 신라문화선양회

김낙중, 2014, 「가야계 환두대도와 백제」『백제문화』 50, 공주대학교 백제문화연구소

김도영, 2011, 「대가야 용봉문환두대도 외환의 제작방법과 복원실험」『경북대학교 고고인류학과 30주년기념 고고학논총』, 고고학논총간행위원회

김도영, 2012, 「삼국시대 용봉문환두대도의 제작기술론적 접근」, 경북대학교 석사학위논문

김도영, 2019, 「삼국・고분시대 금공품의 생산과 유통-한일고분 출토 용문투조대장식구를 중심으로-」『한국고고학보』 110, 한국고고학회

김도헌, 2000, 「진주 중안동 출토 유물」『가야고고학논총』 3, 가락국사적개발연구원

김두철, 2001, 「대가야고분의 편년 검토」『한국고고학보』 45, 한국고고학회

김우대, 2011, 「제작기법을 중심으로 본 백제・가야의 장식대도」『영남고고학』 59, 영남고고학회

김우대, 2013, 「신라 수식부이식의 계통과 변천」『한국고고학보』 89, 한국고고학회

김재열, 2010, 「5~6세기 신라 경산지역 정치체의 관」『신라사학보』 20, 신라사학회

김재열, 2024, 「4~6세기 신라 귀금속 장신구 연구」, 영남대학교 박사학위논문

김재홍, 2001, 「4~5세기 신라의 고분문화와 지역지배」『한국고대사연구』 24, 한국고대사학회

김정희, 2025, 「신라 마립간기 대관 연구」, 울산대학교 박사학위논문

노중국, 1981, 「고구려・백제・신라 사이의 역관계 변화에 대한 일고찰」『동방학지』 28, 연세대학교 국학연구원

리일남, 1991, 「고구려 귀걸이의 형태와 기법」『조선고고연구』 91-3, 사회과학출판사

박보현, 1986, 「수지형입화식관 형식분류 시론」『역사교육논집』 9, 경북대학교 역사교육과

박보현, 1987, 「수지형입화식관의 계통」『영남고고학』 4, 영남고고학회

박보현, 1995, 「위세품으로 본 고신라사회의 구조」, 경북대학교 박사학위논문

박보현, 1997, 「가야관의 속성과 양식」 『고대연구』 5, 고대연구회

박보현, 2014, 「대가야의 관모전립식고」 『과기고고연구』 20, 아주대학교 박물관

박보현, 2017, 「고흥 안동고분 금동관으로 본 분여설의 한계」 『과기고고연구』 23, 아주대학교 박물관

박순발, 2004, 「한성기 백제 대중교섭 일례-몽촌토성 출토 금동과대금구 추고-」 『호서고고학』 11, 호서고고학회

박순발, 2005, 「공주 수촌리고분군 출토 중국자기와 교차연대문제」 『충청학과 충청문화』 4, 충청남도역사문화원

박천수, 2002, 「고고자료를 통해 본 고대 한반도와 일본열도의 상호작용」 『한국고대사연구』 27, 한국고대사학회

성정용, 2010, 「백제 관련 연대결정자료와 연대관」 『호서고고학』 22, 호서고고학회

신대곤, 1997, 「우모부관식의 시말」 『고고학지』 8, 한국고고미술연구소

옥재원, 2016, 「신라 마립간기 지역지배의 양상과 금공위세품의 사여」 『신라문화』 47, 동국대학교 신라문화연구소

윤세영, 1980, 「한국 고대 관모고-삼국시대 관모를 중심으로-」 『한국고고학보』 9, 한국고고학회

윤세영, 1985, 「장신구-가야」 『한국사론』 15, 국사편찬위원회

윤은영 · 전효수, 2015, 「지산동 39호분 장식대도의 보존과 제작기법」 『박물관보존과학』 16, 국립중앙박물관

이경자, 1999, 「대가야계고분 출토 이식의 부장양상에 대한 일고찰」 『영남고고학』 24, 영남고고학회

이승신, 2008, 「가야 환두대도 연구」, 홍익대학교 석사학위논문

이은영, 2011, 「다라국의 귀걸이[耳飾] 연구」 『신라사학보』 21, 신라사학회

이인숙, 1988, 「가야시대 장신구 양식고-관류와 이식 · 경식-」 『한국학논집』 14, 한양대학교 한국학연구소

이인숙, 1992, 「신라와 가야의 장신구」『한국고대사논총』 3, 가락국사적개발연구원 한국고대사회연구소

이한상, 1995, 「대가야계 이식의 분류와 편년」『고대연구』 5, 고대연구회

이한상, 2004, 「삼국시대 환두대도의 제작과 소유방식」『한국고대사연구』 36, 한국고대사학회

이한상, 2004, 「대가야의 장신구」『대가야의 유적과 유물』, 대가야박물관

이한상, 2006, 「장식대도로 본 백제와 가야의 교류」『백제연구』 43, 충남대학교 백제연구소

이한상, 2006, 「무령왕의 환두대도」『무령왕릉 출토유물 분석 보고서Ⅱ』, 국립공주박물관

이한상, 2006, 「이식으로 본 대가야와 왜의 교류」『석헌 정징원교수 정년퇴임 기념논총』, 부산고고학회 외

이한상, 2010, 「대가야의 성장과 용봉문대도문화」『신라사학보』 18, 신라사학회

이한상, 2019, 「고령 지산동 구 39호분 성시구의 용문 검토」『고고학탐구』 23, 고고학탐구회

이현상, 2018, 「백제 한성기 금공품 제작기술 연구」, 공주대학교 박사학위논문

이희준, 1994, 「고령양식토기 출토 고분의 편년」『영남고고학』 15, 영남고고학회

이희준, 1995, 「토기로 본 대가야의 권역과 그 변천」『가야사연구』, 경상북도 외

이희준, 2002, 「4~5세기 신라고분 피장자의 복식품 착장 정형」『한국고고학보』 47, 한국고고학회

임지영, 2022, 「가야 금속상감 기법의 원류와 전개」『고고광장』 31, 부산고고학회

장용준, 2004, 「삼국시대 용문양의 수용과 발전」『한국고고학보』 53, 한국고고학회

町田章, 1997, 「가야의 환두대도와 왕권」『가야제국의 왕권』, 신서원

정동락, 2022, 「전 고령 출토 가야금관의 출토지」『문물연구』 41, 동아시아문물연구소

주경미, 1997, 「삼국시대 이식의 연구-경주지역 출토 수하부이식을 중심으로-」 『미술사학연구』 211, 한국미술사학회

주경미, 1997, 「삼국시대 이식의 제작기법」 『고대연구』 5, 고대연구회

주보돈, 1996, 「마립간시대 신라의 지방통치」 『영남고고학』 19, 영남고고학회

최종규, 1983, 「중기고분의 성격에 대한 약간의 고찰」 『부대사학』 7, 부산대사학회

최종규, 1986, 「성시구고」 『부산직할시립박물관 연보』 9, 부산직할시립박물관

최종규, 1992, 「제라야의 문물교류」 『백제연구』 23, 충남대학교 백제연구소

최종규, 2015, 「가야문화」 『고고학탐구』 17, 고고학탐구회

함순섭, 1997, 「小倉Collection 금제대관의 제작기법과 그 계통」 『고대연구』 5, 고대연구회

함순섭, 2001, 「고대 관의 분류체계에 대한 고찰」 『고대연구』 8, 고대연구회

함순섭, 2002, 「신라와 가야의 관에 대한 서설」 『대가야와 주변 제국』, 한국상고사학회 외

함순섭, 2012, 「신라 수지형대관의 전개과정 연구」, 경북대학교 석사학위논문

2. 중문, 일문

吉林省文物考古研究所 외, 2002, 『洞溝古墓群1997調查測繪報告』, 科學出版社

吉林省文物考古研究所 외, 2004, 『集安高句麗王陵』, 文物出版社

吉林省文物考古研究所 외, 2010, 『集安出土高句麗文物集粹』, 科學出版社

吉林省文物考古研究所編, 2009, 『吉林集安高句麗墓葬報告集』, 科學出版社

遼寧省文物考古研究所, 2002, 『三燕文物精粹』, 遼寧人民出版社

遼寧省博物館·遼寧省文物考古研究所, 2006, 『遼河文明展 文物集萃』

諫早直人, 2012, 『東北アジアにおける騎馬文化の考古學的研究』, 雄山閣

金宇大, 2017, 『金工品から讀む古代朝鮮と倭』, 京都大學學術出版會

東潮, 1997, 『高句麗考古學研究』, 吉川弘文館

小林行雄, 1962, 『古代の技術』, 塙書房

土屋隆史, 2018, 『古墳時代の日朝交流と金工品』, 雄山閣

菊水町史編纂委員會, 2007, 『菊水町史-江田船山古墳編-』, 和水町

東京國立博物館, 1982, 『寄贈 小倉コレクション目錄』

東京國立博物館, 1992, 『修理報告 有銘環頭大刀』

梅原末治・藤田亮策, 1966, 『朝鮮古文化綜鑑』, 養德社

福岡市教育委員會, 2003, 『吉武遺蹟群15-飯盛・吉武圃場整備事業關係調査
　　　報告書-』

濱田耕作・梅原末治, 1923, 『近江國高島郡水尾村鴨の古墳』, 臨川書店

森浩一 外, 1977, 『新澤千塚126號墳』, 橿原考古學研究所

小倉武之助, 1964, 『小倉コレクション目錄』

有光敎一・藤井和夫, 2002, 『朝鮮古蹟研究會遺稿Ⅱ』, 유네스코 東아시아문
　　　화연구센터・財團法人 東洋文庫

朝鮮總督府, 1916, 『朝鮮古蹟圖譜 三』

朝鮮總督府博物館, 1938, 『博物館陳列品圖鑑 12』

高田貫太, 1998, 「垂飾附耳飾をめぐる地域間交渉」 『古文化談叢』 41, 九州古
　　　文化研究會

高田貫太, 2013, 「古墳出土龍文透彫製品の分類と編年」 『國立歷史民俗博物
　　　館研究報告』 178, 國立歷史民俗博物館

谷畑美帆, 1993, 「日本及び朝鮮半島出土の垂飾附耳飾について」 『考古學研
　　　究』 40, 考古學研究會

橋本英將, 2006, 「折衷系裝飾大刀考」 『古代武器研究』 7, 古代武器研究會

金宇大, 2011, 「裝飾附環頭大刀の技術系譜と傳播」 『古文化談叢』 66, 九州古
　　　文化研究會

大谷晃二, 2006,「龍鳳文環頭大刀研究の覺え書き」『財團法人大阪府文化財
　　センター・日本民家集落博物館・大阪府立彌生文化博物館・大阪
　　府立近つ飛鳥博物館 2004年度共同研究成果報告書』

桃崎祐輔, 2008,「江田船山古墳遺物群の年代をめぐる豫察」『王權と武器と
　　信仰』, 同成社

藤井和夫, 1996,「新羅・加耶古墳出土冠研究序說」『東北アジアの考古學 第
　　二 棲域』

馬目順一, 1980,「慶州飾履塚古新羅墓の研究-非新羅系遺物の系譜と年代-」
　　『古代探叢-瀧口宏先生古稀記念考古學論集-』

馬目順一, 1995,「慶州古新羅王族墓の立華飾附黃金製寶冠編年試論」『古代
　　探叢』IV, 早稻田大學校出版部

毛利光俊彦, 1997,「朝鮮古代の冠-伽耶-」『堅田直先生古希記念論文集』, 論
　　文集刊行委員會

三木ますみ, 1996,「朝鮮半島出土の垂飾附耳飾」『筑波大學先史學・考古學
　　研究』7

三木ますみ, 1999,「物見櫓古墳出土の垂飾附耳飾について」『野津古墳群II』
　　7, 熊本縣龍北町教育委員會

森下章司・高橋克壽・吉井秀夫, 1995,「鴨稲荷山古墳出土遺物の調査」『琵
　　琶湖周邊の6世紀を探る』, 京都大學文學部考古學研究室

石本淳子, 1990,「日韓の垂飾附耳飾についての一考察」『今里幾次先生古稀
　　記念 播磨考古學論叢』

野上丈助, 1983,「日本出土の垂飾附耳飾について」『藤澤一夫先生古稀記念
　　古文化論叢』, 古代を考える會

宇野愼敏, 2004,「山梔子形垂飾附耳飾とその背景」『福岡大學考古學論集-小
　　田富士雄先生退職記念』, 小田富士雄先生退職記念事業會

早乙女雅博・東野治之, 1990,「朝鮮半島出土の有銘環頭大刀」『MUSEUM』
　　467, 東京國立博物館

早乙女雅博, 1982,「新羅・伽耶の冠-小倉コレクションの研究(一)」『MUSEUM』
　　372, 東京國立博物館

土屋隆史, 2015,「百濟・大加耶における胡籙金具の展開」『古代武器研究』
　　11, 古代武器研究會

穴澤咊光・馬目順一, 1975,「昌寧校洞古墳群-梅原考古資料を中心とした谷
　　井濟一氏發掘資料の研究」『考古學雜誌』60-4, 日本考古學會

穴澤咊光・馬目順一, 1979,「日本・朝鮮における鱗狀紋裝飾の大刀」『物質
　　文化』33, 立敎大學

穴澤咊光・馬目順一, 1993,「陝川玉田出土の環頭大刀群の諸問題」『古文化
　　談叢』30(上), 九州古文化研究會

찾아보기

• 이한상 _ 李漢祥

부산대학교 사학과를 졸업한 후, 서울대학교 국사학과에서 한국 고대사 연구로 문학
석사와 문학박사 학위를, 일본 후쿠오카대학 인문과학연구과에서 동아시아 고고학 연
구로 문학박사 학위를 취득하였다. 1992년 8월부터 2003년 2월까지 국립중앙박물관
(공주박물관, 경주박물관, 고고부) 학예연구사와 학예연구관으로 근무하였다. 2003년
3월부터 동양대학교 문화재학과 교수를 역임하였고, 2007년 9월부터 대전대학교 역사
문화학전공 교수로 재직하고 있다.

주요 저서로는『황금의 나라 신라』(2004, 김영사), 『공예1-고분미술-』(2006, 예경), 『장
신구사여체제로 본 백제의 지방지배』(2009, 서경문화사), 『동아시아 고대 금속제 장신
구문화』(2011, 고고), 『삼국시대 장식대도 문화 연구』(2016, 서경문화사), 『신라의 성장
과정과 복식사여체제』(2022, 서경문화사) 등이 있다.

대가야의 성장과 금공문화 大加耶의 成長과 金工文化

초판발행일 2025년 4월 25일
지 은 이 이한상
발 행 인 김선경
책 임 편 집 김소라
발 행 처 서경문화사
　　　　　주소 : 서울시 종로구 이화장길 70-14(204호)
　　　　　전화 : 743-8203, 8205 / 팩스 : 743-8210
　　　　　메일 : sk7438203@naver.com
신 고 번 호 제1994-000041호
ISBN 978-89-6062-262-3　93910

ⓒ 이한상 · 서경문화사, 2025